最澄の思想と天台密教

大久保良峻

法藏館

まえがき

若年の頃に迷夢を抱き、漠然と心を惹かれたのは壮大な課題となる分野であったと思う。それは、自分にとって神秘的な世界であったからに他ならず、深海・宇宙・医学が念頭にあった。しかし、それらは私には遠い学問世界であった。

密教に興味を持ったのは、それなりのきっかけがあり、大学院に入った時には天台密教の教学研究を志していた。とはいえ、当初は、特に具体的には何も分からず、ただ円仁の密教義について知りたいという願望のみがあった。円仁から始め、『大日経義釈』に戻り、更に円珍、安然、証真、仁空等の撰述を繙きながらまとめたのが前著『台密教学の研究』である。しかしながら、日本天台宗を確立した最澄の教学がそれぞれの学匠に息づいていることは確かであり、本書では最澄を起点として論ずることにした。

勿論、最澄の密教学は未熟であり、本書所収の最澄関係の論考も密教を中心としたものではない。しかし、いつの間にか時間が経過し現在に到ることで、近時は、最澄の思想には後の台密教学に通底する基盤があることに気づくようになった。つまり諸学匠は独自性を発揮してはいるが、まさに師資、或いは学系上の後継者としての継続性が必ずしも明示されていない部分にも存するのである。法脈的研究では往々にして師弟関係の確認のみで相承を論ずることがあるが、それは極めて表面的なものである。誰かに師事すれば、その師の学問を十全に伝承しているが如き述懐がなされることは好ましくない。

教学上は教理用語で師資の相承を論じうる。しかし、その内容は必ずしも同一のものではなく、個々の把捉の反映による独創性が著しい場合も少なくない。殊に日本天台では円・密・禅・戒・浄といった伝承が複雑に交錯し、教学の中枢と言える分野であっても、立脚点を異にする場合すら存する。そのような中にあって、誇示されることもなく、また口伝法門として尊重されるわけでもないが、師から弟子へと奥深いところで融会し繋がっていることが伝わってくることがある。特に、日本天台における融合性は大きな特色であるし、中でも円密一致は基本線であるので、そのことについて最澄からの流れを見ることに一つの着眼点を設けた。

そこで、先ず最澄を根幹に据え、不十分ながらも従来の研究で未解明の部分を扱った。最澄については、極めて多くの研究が出され、研究を開始した頃は何も新しいことがないのではないかと漠然と予想したことを思い出す。しかし、実状はそうではなく、空海と比べて研究は遥かに遅れている。それは、親撰の著作であっても、『顕戒論』等の数点を除いて、基本的な研究すら十分になされていないからである。私が大学院生の頃、先学によって、最澄の全著作を訓読し解説するような企画が出されなかったわけでもない。しかし、何も実現しなかった。加えて、真言宗には『密教大辞典』という秀逸の辞書があり、その内容は光彩を放っているが、天台宗には辞書もないと言われたことを思い出す。とはいえ、『続天台宗全書』の出版のように、新展開とも言うべき事業により裨益されていることも確かである。ともかく、現状では、最澄については地道な基礎的研究をする以外ないであろう。そのことは、中国天台や最澄以降の日本天台全般に当て嵌まる。

本書では、最初に第一部として講演録を二つ収載した。基本的な問題点を口頭で論じたものであるので、その後の論考を理解して頂く一助となると考えている。中には重複する記述もあるが、それぞれを補う内容になっている。

そして、続いて第二部では最澄に関する論文を並べた。従来の研究では、まだ未解明の部分が残っている分野を扱ったつもりである。併せて、それらは直ちに密教を課題としたものではないとしても、最澄の思想が後の台密教学に受け継がれていることも含意している。第三部では前著『台密教学の研究』以降の密教関係の論考を収めた。中には、最澄との関係を重んじた論考もある。最後に第四部として、円仁の『金剛頂経疏』の冒頭部、すなわち玄義の箇所の訳註を収めた。そこに台密の基盤が凝縮されているという理由による。円仁は最澄の直弟子である。しかし、最澄の親撰の書を積極的に用いて、天台宗を継承したわけではない。それは、止観業出身でありながらも、密教の充足というまさに天台宗の方向性を決定づける基礎作りに尽力したからである。円仁の業績は、その晩年の弟子である安然に継承され、台密教学の完成を迎える。安然の教学については、いずれ何らかの形で公表したいと考えているが、いつになるか分からない。

残る課題があまりに多く、忸怩たるものがあるが、本書が何らかの刺戟になればよいと考えている。大方の批正を請うことにしたい。

平成二十七年　新春

著者

最澄の思想と天台密教　目次

最澄の思想と天台密教

本書では次のような略号を用いた。

大正	大正新脩大蔵経
続蔵	大日本続蔵経・卍続蔵経
仏全	大日本仏教全書
新版日蔵	日本大蔵経（鈴木版）
天全	天台宗全書
続天全	続天台宗全書
真全	真言宗全書
続真全	続真言宗全書
伝全	伝教大師全集
恵全	恵心僧都全集
弘全	弘法大師全集

I

最澄の思想概説

最澄と天台密教

一　はじめに

日本の天台宗は、最澄（七六六、一説七六七〜八二二）を宗祖として延暦二十五年（八〇六）一月に独立開宗しました。その根拠は、その時に止観業・遮那業という天台と密教の年分度者を賜ったことにあります。時に、最澄は四十一歳（或いは四十歳）でした。そこで、平成十八年（二〇〇六）が開宗一二〇〇年に当たるということで、それを記念して平成十七年の秋には京都国立博物館で、また平成十八年春には東京国立博物館で「最澄と天台の国宝」展が開催されました。それを御覧になった方は、天台宗が様々な仏教を融合的に持っていることに気づかれたでしょう。最澄の相承は円・密・禅・戒の四宗相承、或いは四宗融合と言われます。その中、円とは円教のことで、完全な教え（perfect teaching）の意味です。天台宗は最澄が天台法華宗という語を用いていることからも分かりますように、『法華経』に基づく教えを基本として、それを円教と表しているのです。そして、密とは真言密教のことで、最澄の時代において法華円教と真言密教の二つの仏教が天台宗の中心的な部門となり、その密教の尊重が遮那業という年分度者の公認に繋がっているのです。

法華円教と真言密教とでは、それぞれが基づく経典は異なるのですが、日本天台ではその教義の一致を説きます。それを円密一致という言葉で表します。円密一致と類似した意味で、顕密一致という言い方も採用されています。但し、顕と密とでは、密教では勿論、密教以外の仏教でも密（秘密）の語を顕よりも重んずるという一般的傾向がありますし、顕の意味するところが明確ではないので、私は顕密ではなく円密という言い方を採ります。

そもそも、日本の天台宗は天台大師智顗（五三八～五九七）によって大成された中国天台の教学を基盤とするのですが、その時代には『大日経』や『金剛頂経』というような密教の経典はありませんでした。しかしながら、智顗の教学はやはり複合的なものですので、最澄が当時中国仏教の主流であった密教を採り入れることはそう困難ではなかったのです。とはいえ、最澄の密教は独特のものであると同時に、不十分なものでした。それは最澄が入唐した目的が天台山での修学にあったからです。要するに、密教の受法は副次的なもので、偶然とも言うべきものでした。ところが、今申し上げた偶然という考え方も議論の対象になっています。どういうことかと言いますと、入唐以前から密教についての研鑽もあり、従って密教の受法も念頭にあったとすれば、偶然とは言えないというような理解も示されています。私はこのことについて、次のように述べたことがあります。

最澄は唐の貞元二十一年（八〇五）四月十八日に、越州の順暁から密教の伝法を受けた。この順暁との出会いは、概して言えば、偶然と見做し得るものである。因みに、空海が師である恵果（七四六～八〇五）と出会ったことについても、空海の『御請来目録』では「偶然」の語を用いているが、この邂逅は空海の第一目的であった。最澄が受けた密教の内容をどう理解するかということは大きな問題である。

（「最澄と空海」『国文学　解釈と鑑賞』平成八年十月号）

つまり、「偶然」という語が如何なる文脈で使われているかを認識した上で議論しなければ、空回りするだけなのです。後でお話ししますように、最澄の生涯において、密教が極めて重要な役割を果たすことは、様々な場面で知られます。しかしながら、そのことはそれぞれの状況を分析して論ずる必要があります。最澄が短期間の学生、すなわち還学生として入唐したのは天台法門の研鑽を意図してのことであり、密教の受法を予定してはいなかったことは言えるのではないでしょうか。但し、私の言い方が許容されるならば、偶然、つまり予定外の密教受法を考えていた可能性はあったかもしれません。

天台密教の充足は後継者によって行われます。特に最澄の弟子、円仁（七九四〜八六四）による入唐求法は天台密教を空海の密教に比肩せしめるのみならず、天台密教の独自性を打ち出すことになるのです。天台密教を台密と略称しますが、常に言われるのが円仁、そしてそれに続く円珍（八一四〜八九一）の入唐、更に安然（八四一〜八八九〜、一説九一五没）による台密の大成です。このことをもう少し詳しくお話ししましょう。円仁と円珍の入唐は比叡山に多くの典籍や図像・法具をもたらしました。従いまして、台密の成立を円仁—円珍—安然と直線的に理解することも可能なのですが、円珍には別に理解する要素もありまして、円仁から安然へという直接的な流れに注目する必要があるのです。安然は『教時諍論』で、「安然は俗に在っては則ち伝教大師の苗裔なり。道に在っては則ち慈覚大師の門人なり。」と述べています。安然は円仁の業績に準じて台密を大成したのです。

ところで、今御紹介した安然の文に、伝教大師・慈覚大師という諡号が用いられていました。この二つの大師号は貞観八年（八六六）七月十四日に賜ったもので、貞観六年に円仁が没した後、その弟子である相応（八三一〜九一八）が円仁に対する諡号を上表して、円仁と同時に最澄にも贈られることになったものです。そのことは相応の伝記であります『相応和尚伝』（『天台南山無動寺建立和尚伝』）に記されています。因みに空海の弘法大師は延喜二十一年（九二一）、円珍の智証大師は延長五年（九二七）の勅諡です。最澄と円仁に大師号が贈られたのが如何に早かったか知られるでしょう。それは、円仁の時代における比叡山、或いは天台密教の優勢を示すものと言えるでしょう。

二　最澄の密教学

最澄関係の文献は『伝教大師全集』五巻に纏められています。しかし、問題はそれらの研究が、空海の研究に比べて、かなり遅れていると申しますか、研究の余地が多いというのが現状であるということです。そのことは主要な撰述についても言えることですが、殆ど研究されていない書物もあります。例えば、あまり有名でない文献に『註無量義経』という書物があります。この書は『叡山大師伝』や『修禅録』（『伝教大師御撰述目録』）によっても親撰と考えられているものです。尤も、私は目録は必ずしも信用できないということを、しばしば言っているものですから、他の証拠も必要になるでしょう。

そこで、安然の『教時諍』という書物を繙きますと、次のような記述が見られるのです。

六、無量義経云、自㆓従如来得道㆒已来、四十余年、常為㆓衆生㆒、演㆓説諸法四相之義㆒。性欲不ㇾ同、種種説ㇾ法。四十余年、未ㇾ顕㆓真実㆒。伝教大師（云）、如来生年七十一歳、説㆓無量義経㆒。法華経云、如来成道已来、始過㆓四十余年㆒。菩提流支法界体性論云、如来成道四十二年説㆓法華経㆒。天台大師云、霊山八載説㆓法華経㆒。……

（大正七五・三五九頁中下）

これは教判に関する文です。細かい内容につきましては省略させて頂きますが、若干の説明をしていきましょう。この中の、「伝教大師（云く）、如来生年七十一歳にして、無量義経を説く、と。」という箇所が、『註無量義経』巻二（伝全三・六一九頁）に、「四十余年とは、三十成道の後、生年七十一にして、無量義経を説く。故に四十余年と名づく。」と見出されるのです。安然はここでも伝教大師と言っていますね。この文の意味は、釈迦が三十歳の時に得道して、その後五十年間様々な経典を説いたと考え、七十一歳の時に『法華経』の開経である『無量義経』を説いたというものです。

　中国仏教ではインドで書かれた経典を釈迦一代で説いたと理解しますので、その判定がそれぞれの立場となります。天台では五時を立て、四十余年を経た最後を第五法華時、または『涅槃経』の説時を加えて法華・涅槃時とします。『法華経』は誰でも成仏できることを標榜するのですから、『涅槃経』はなくてもよいのでないかと思う人もいるかもしれません。しかしそれでは、入滅を意味する涅槃の時の経典の意義が説かれなくなってしまうでしょう。それを説明する一つが捃拾教と言われるものです。これは何かと言いますと、落ち穂拾いのことです。『法華経』方便品には五千人の増上慢が説法の座を去ってしまうことが書かれていますので、そういった者達を教化し、悟りに向かわせる必要があるのです。また、法華時、或いは法華・涅槃時は八年とされますから、その前は四十二年となり、その数字を四十余年に当て嵌めることで、安然が、「菩提流支の法界体性（ママ）論に云く、如来成道四十二年に法華経を説く、と。」と引用していたこととも辻褄が合うことになります。この文献、つまり『法界性論』は現存しませんが、菩提流支の撰述と伝えられ、重んじられて来ました。但し、偽書と考えられています。

　さて、この『註無量義経』には最澄の思想として重要な教義や、密教に関する言及、更には後の台密の教学に重要な影響を与える思想等が見られます。平安初期の仏教の特色として、速疾成仏や即身成仏思想が挙げられます。そして、それは最澄の立場にもそのまま当て嵌まります。その思想を特色づける教義として、最澄においては、直道、或いは大直道という語が鍵となっているのです。その「大直道」の語は『無量義経』を典拠とするのですから、

『註無量義経』でもその思想を論じています。最澄にとって大直道は『無量義経』に限定されるものでなく、当然『法華経』が該当経典でなければなりません。そのことは、最澄の代表的著作であります『守護国界章』や『法華秀句』の記述によって知られます。また、『守護国界章』巻上之下には、次のように直道経を列記しています。

今、四安楽行、三入・著・坐行、六牙白象観、六根懺悔法、般若一行観、般舟三昧行、方等真言行、観音六字句、遮那胎蔵等、如レ是直道経、其数有二無量一。（伝全二・三四九頁）

これは分かりにくいかもしれませんので、少し解説しておきます。この中、最後に「遮那胎蔵」とあることは特に重要です。遮那は遮那業の遮那、つまり毘盧遮那でして、次の胎蔵と共に基本は『大日経』の法門ですので、密教を意味します。それでは他のものは何に基づくのかと申しますと、『摩訶止観』巻二上に解説されている四種三昧なのです。四種三昧と密教との関わり、類似性は指摘されていますが、それが様々な行で構成されていることに注目する必要がありまして、最澄もその見地に立ったと言えるでしょう。最初の四安楽行は『法華経』安楽行品の四安楽行、三の入・著・坐行とは『法華経』法師品に基づく弘経の三軌と言われるもので、如来の室に入り、如来の衣を著、如来の座に坐して経を説くことです。その三は順に大慈悲心・柔和忍辱心・一切法空の意味が宛てられます。そして、六牙白象観は『法華経』普賢菩薩勧発品、六根懺悔法は『法華経』法師功徳品に依拠する行です。以上は四種三昧の内の半行半坐三昧で、更にその中の法華三昧となります。般若一行観は『文殊説般若経』と『文殊師利問経』に基づくもので、四種三昧の内の常坐三昧、般舟三昧行は『般舟三昧経』によるもので、四種三昧の内の常行三昧のことです。方等真言行は『大方等陀羅尼経』に基づく行で、半行半坐三昧のもう一つである方等三昧、観音六字句は『請観音経』と『七仏八菩薩所説大陀羅尼神呪経』を根拠とするもので、四種三昧の内の非行非坐三昧となります。最澄は、以上のように、天台と密教の実践を並べ併せて直道の語のもとに統括したのです。

最澄の密教に対する理解は『大日経義釈』程度のものとするような説が現在でも紹介されています。しかし、『大日経義釈』が十分に理解できたら大変な密教学者と言えるように思います。台密は『大日経義釈』の密教と言われるほど、同書の内容は重要です。『大日経義釈』は『大日経』の註釈書で、『大日経疏』とは幾らか違いがあるとしても同様の書物です。『義釈』は円仁、『疏』は空海の将来ということで、台密では『義釈』を重用します。但し、最澄が用いた本はそれ以前に日本にあったもので、『疏』系統の本です。ともかく、これらの註釈書には天台学や、その根幹となる『法華経』・『大智度論』等の典籍が相当に活用されているものですから最澄も注目しました。しかしながら、その教義を十分に自説に組み込んでの教義を樹立する時間はなかったかと思います。後継者の課題となったと言えるでしょう。

最澄は『依憑天台集』で、一行が天台教学を活用して『大日経』の註釈書を著したことを指摘しています。『依憑天台集』は諸宗の学匠が天台学に依拠していることを説いた本です。『依憑天台集』では、一行が明らかに天台教学に基づいた四つの文章を引いていますが、それにより最澄の密教義を展開しているわけではありません。最澄は、それほど一行の註釈書を引用しているわけではありませんし、どの程度理解していたかは分からないのです。そう考えると、『註無量義経』に影響が見られることは注目されることになります。とはいえ、それは僅かのことであり、『大日経義釈』を積極的に活用して円密一致教学を構築することは、後継者の課題として残ったのです。

三　天台教学と密教学

ところで、皆さんは三密という言葉は御存じでしょうか。三密とは身密・口密（語密）・意密（心密）のことですが、これらは密教独特の言葉ではありません。一般の仏教語で、しばしば仏の活動を意味します。つまり仏の特性を表す語なのです。そして、衆生の活動は身・口・意の三業という言葉で表現します。三密と三業を厳密に分けずに使う場合がないわけではありませんが、基本的には今お話しした区別があります。その三密に行という語を加えて三密行とし、手に印を結び、口に真言を唱えるといった定型化された行が密教ならではの三密行となります。天台宗では円密一致という原則がありますから、三密という用語が密教の立場かどうかを論ずることは、状況によっては意味がないことにもなりますが、三密というと、すぐに密教に結びつけて考えているような場面によく出会います。それは阿字という語についての言及も同様で、密教的な使い方かどうか、若しくは密教と関係なく論じうるのかということを念頭に置いて議論しなければならないのが原則です。しかし、不十分な論及がしばしばなされているようです。

話を『註無量義経』に戻します。『註無量義経』には三密についての言及があります。そこには、明らかに密教の教義を意識して用いている場面があり、最澄が密教義を導入していることが注目されるのです。また、密教とは区別して考えられる三密について論ずる中に、『無量義経』の「唯仏与仏」についての議論があります。「唯仏与仏」の語は『法華経』方便品にも見られますが、最澄は『無量義経』の「唯仏与仏」を説明して、唯仏の仏は妙覚仏、与仏の仏は分証即の四十一位の仏、言い換えれば初住から等覚までの四十一位のことであるとして、仏の境界を論じたのです。この話は、修行の階梯でありますす行位に関わりますので、それを説明しておきましょう。

（六即）　　　　　　　　　（五十二位）

理即

名字即

観行即――五品弟子位
相似即――十信
分証即（分真即）――十住
　　　　　　　　　十行
　　　　　　　　　十廻向
　　　　　　　　　十地
　　　　　　　　　等覚
究竟即――妙覚

天台教学では、基本的に六即の分証即（分真即）からを聖者とし、成仏もその段階を基準とします。それは十信位から妙覚位までの五十二位の内、十住の初である初住から成仏することを意味します。つまり、分証即（分真即）には、初住から等覚までの四十一位が含まれることになります。その初住位の成仏と言えば、龍女成仏です。最澄も『法華秀句』巻下で即身成仏としての龍女成仏を論じ、行位を「分真証」としていますので、初住を起点とする立場と見られます。そしてその中で、龍女について、「開㆓口密㆒」、「開㆓身密㆒」と説明しているものですから、密教の三密と結びつけて解釈しうるのではないかということが、以前より指摘されています。しかし、それは密教を除外しても表記しうることに注意しなければなりません。

最澄と法相宗の徳一との論争では、しばしば行位の問題が取り上げられています。その中には、天台宗の初住位をめぐる議論もあり、『守護国界章』巻中之中では、『法華文句』巻二の教説が論じられています。その中で重要なのは、天台が『法華経』序品の句を基に、初住の功徳を掲げていることでして、その中には、「初住に秘密蔵に入る」とか「初住に事理は分に究竟す」というような密教に関係づけられるような記載もありますし、「初住の真解口密の功徳」という記述もあります。ここに口密の語があることは重要で、初住に三密の功徳が具わることを意味するわけです。

また、最澄は華厳宗の信満成仏説を天台の初住成仏と合致するものとして重視しています。信満成仏につきましては、『依憑天台集』に引かれる李通玄の『新華厳経論』巻三の文を示せば、次の通りです。

円教者、得二一位（即）一切位、一切位即一位一。故十信満心、即摂二六位一、成二覚正等一。依二普賢法界、帝網重重、主伴具足一故名二円教一。如二此経等説一、蔵法師、作二如レ是会釈一云云。（伝全三・三五五頁）

これは、李通玄が法蔵撰『華厳経探玄記』巻一の説を紹介したものです。信満成仏とは、先に見ました行位の十信位の満心、つまり最後のところで成仏するという考えで、天台で言う初住成仏の直前になります。最澄はそれらを同じ意味で用いたようです。信満成仏説はその位において一切の位を摂めることを強調する教説ですので、必ずしも天台の初住成仏とは一致しませんが、天台も円融・相即を主張していますから着眼の仕方によっては同様のものとなります。ともかく、華厳宗の信満成仏説は日本の密教に影響を与えることになり、台密では安然が積極的導入を図りますが、その前提に最澄がいることに注目する必要があるでしょう。

詳しくは省略しますが、安然の教学において、最澄説が大きな意味を持つことが幾つもあることは重要です。例えば最澄が『註無量義経』や『守護国界章』巻中之下で、仏の三身の倶体倶用を説いたことは、天台教学本来の三身相即以上の意味を持つものとして、受容されることになるのです。

四　徳一との論争と密教

最澄と徳一との論争におきまして、密教は中心的なものではありません。また天台宗と法相宗はそれぞれの教義を確立していますから、いくら論争を繰り返してもそれぞれが翻意することはないのです。しかしながら、当時の密教の隆盛はこの論争に新たな動向を与えることになります。特に、『決権実論』では徳一に対して、「北轅者は、未だ灌頂を受けず、未だ真言を学ばず。偏に権宗を執して、歴劫の顕教に永く迷う。」のように大きく纏めている場面が見られます。同様のものとして、「北轅者は、未だ龍樹の論を解せず、瑠璃の空を執し、未だ密厳の教を聞かず、熱鉄の空と謂うは異なれり。」という記述も見られ、これを密教義とは無関係とする説も出されていますが、私は密教のことが前提にあるのではないかと思っています。龍樹の論とは『大智度論』とも考えられるのですが、ここでは「密厳の教」と共に『菩提心論』に説かれる密教義を言っているのではないかと考えたいのです。

『菩提心論』は空海が将来し、最澄と徳一の手にも渡りました。徳一はそれにより『真言宗未決文』の中で幾つもの疑問を表出しましたし、最澄も引用しました。最澄は『法華秀句』巻上末で、定性二乗の成仏を首肯する『菩提心論』の文を引用したのです。定性二乗とは、本性の定まっている声聞と縁覚は成仏しえないとする考えですが、天台宗はその考えを採りませんし、『菩提心論』でもそのことを説いているのです。先に言及した『決権実論』や、『菩提心論』を引用した『法華秀句』を著した時には空海との交流は途絶えています。しかしながら、最澄は『菩提心論』を尊重し、徳一に突きつけたのです。

ついでに申し上げますと、『法華経』方便品の「無一不成仏（一として成仏せざるはなし）」という句につきましても、徳一は「若し不定種性の有情あって、法華経の一句を聞かば、一として成仏せざるはなし」(『決権実論』)と述べています。「無二不成仏」は後の応和の宗論では法相側から別の読み方、つまり「無の一は成仏せず」という読み方がなされたという伝説があります。漢文としては「一として成仏せざるはなし」と読むべきですので、徳一は正当の読みで会釈を施したのです。

前にも申し上げましたように、こういった論争は結論が出ていますので、それに合わせて議論していくことになります。従いまして、ここでは密教が絡まってきて、最澄がその意義を重んじたという指摘に止めることにします。

五　まとめ

以上、やや専門的な内容になりましたが、日本天台の宗祖として、密教を導入したことが後の台密の隆盛に繋がったことは理解して頂けたのではないでしょうか。最澄について、原典研究を推進することで、きめの細かい研究をする必要があるように思っています。なお、最澄が中国で受けてきた密教の内容や、空海との関わりにつきましては、また別に機会を改めたいと思います。

日本天台創成期の仏教

——最澄と円仁を中心に——

一　最澄と円仁

先ず、最澄と円仁について簡単にお話しします。最澄の生まれた年には、天平神護二年（七六六）説と、神護景雲元年（七六七）説という両説があります。これは私の論文ですと、七六六年を最初に書いて、一説、別の説として七六七年と出していますが、例えば電子辞書内蔵の代表的な辞典では七六七年しか書いていなかったりしますので、不統一な感があります。ですが最近は七六六年の方を採ろうという人が増えてきていまして、私もその年を最澄の生年としています。

神護景雲元年（七六七）生誕は最澄の弟子が書いた伝記や文章から導かれます。その伝記『叡山大師伝』は「一乗忠撰」とあり、かつては仁忠撰と言われていました。しばしば下の一文字で人名を表しますから、見ただけでは何忠か分からないのです。最近は、仁忠ではなく真忠と看做されています。二人とも最澄の弟子です。それからやはり最澄の弟子の光定という人が著した『伝述一心戒文』があります。これらには、五十六歳で没したと書いてあります。それを元に計算していくと、先ほど言いました一説の方の、七六七年生まれになります。ではどうして七六六年が出て来るのかと言いますと、よく博物館などで展示される国宝の来迎院文書から算定されます。公文書ですね。その一つの「度牒案」を見ますと、「最澄年十八」とはっきり年齢が書いてあります。その中に「延暦二年」とあり、七八三年です。ということで、まさに七六六年生まれで、五十七歳の生涯ということになります。「度牒案」にもう一つ「宝亀十一年（七八〇）」と見られるのは、最澄が十五歳の時に得度したということです。これは『叡山大師伝』にも合うので、どちらが正しいかというのは江戸時代以来の問題ではありますが、七六六年を基準にしていく方が分かりやすいということです。この「度牒案」で有名なのは、「黒子」、つまりほくろの位置の記載ですね。首の左に一つあるとか、左の肘折の上に一つあるとか、その人の特徴をこのような文書に記録しているわけです。これらは現存しますので、図録でも見られますが、博物館等で展示された場合にはぜひ御覧になって下さい。

そして、円仁は最澄と二十八歳違います。円仁は中国に足掛け十年滞在して、日記（『入唐求法巡礼行記』）を残しましたので、そのことが有名になっていますが、教理上は、『金剛頂経疏』と『蘇悉地経疏』という二つの経典註釈書が、日本密教史上極めて重要です。密教について興味のある方はすぐ「空海」とおっしゃるかもしれませんが、日本で最初に密教の儀礼を行ったのは、不十分ながらも最澄でした。その後、天台宗の密教を空海の密教に並ぶところにまで発展させたのが円仁です。そして普通に密教と言いますと、胎蔵界・金剛界という両部になるのですが、天台宗は円仁がもたらした蘇悉地部を加え、三部の密教ということを誇るのです。そのもとになる『蘇悉地経』の註釈書が『蘇悉地経疏』です。『蘇悉地経』という名前を聞いたことがない方がいらっしゃるかと思いますが、日本の天台宗にとっては非常に大事な経典なのです。

さて、最澄と円仁は、それぞれ伝教大師と慈覚大師という日本で最初の大師号を同時に賜った人でもあります。その大師号を誰が上奏したのかと言いますと、円仁の弟子であった、相応和尚なのです。相応という人は回峯行を始めた人と言われています。相応が最初に申請したのは円仁の大師号でした。しかし、それは却下された。なぜかと言うと、円仁の師である最澄にまだ大師号が与えられていないから両方に申請するようにということで、一度戻されたのをもう一度申請し直しまして、伝教大師と慈覚大師の諡号を同じ日にもらったわけです。そのことが相応の伝記（『天台南山無動寺建立和尚伝』）に書かれています。これは最澄の没後四十四年、円仁の没後二年、貞観八年（八六六）七月のことでした。

二　修行の階梯について

ここから本題に入ります。大きく分けて二つ、細かいことで更に二つの話になります。先ずは行位論、修行の段階ですね。天台教学では最も基本になる重要なものです。先ほど密教の話もしましたが、空海の真言宗との大きな違いは、天台宗では天台教学と密教を一致するものとして捉え、中国の天台宗の思想を密教に導入することなのです。

教義の話ですから、少し難しいかなと思われるかもしれませんが、話の都合上、名前を印象づけておいて頂きたいのです。六即という六段階についてお話しします。最初が「理即」、二つ目が「名字即」、三つ目が「観行即」、四つ目が「相似即」、五つ目が「分真即」或いは「分証即」、最後は「究竟即」と言います。この六つの段階を智顗が立てまして、これが天台宗の主要な段階になります。理即とは何かと言うと、まだ仏教も何も知らない段階です。

名字即というのは少し文字による勉強をした人が該当します。観行即は言葉を勉強した上で修行をしている人です。相似即というのは、簡単に言いますと、仏に似てくるということですね。分真即・分証即は一部分悟りに入ること、「分」というのは「部分的に」という意味です。究竟即というのは究極の仏を指します。それぞれに即という字がついているのは、それぞれの段階で実は仏に他ならないということです。

後でもお話ししますが、「成仏」とか「即身成仏」という言葉をよく使います。一体どの段階が成仏なのかという問題が、最澄の時にも出て来ます。どの段階が成仏なのかと言われても、実は全ての段階に成仏という言葉をつけることが可能なのです。理即成仏とか名字即成仏とか、全ての段階につけることが可能ですが、実は理即成仏というのはおかしい言葉です。もともと何も知らないのですから、仏になるという意味がないのですね。ですから、理即成仏は中国仏教でできた本来成仏という言い方と同じで、もともと成仏しているという意味になり、新しく成仏するという意味はありません。ということは、誰も彼も皆、もともと仏だということになります。名字即というのは言葉を聞くことですから、そのような話を聞くことで名字即の成仏を遂げてしまうことになります。更にこれから、坐禅等の修行をすれば観行即までいけるわけです。そして、それを続けていって、身体が綺麗（清浄）になっていくと相似即になる。そこまでが凡夫で、その段階を越えた分真即から聖位、つまり聖者になっていく。悟りの境地に入っていくということになります。究竟即というのは本当の仏ですね。

これらの段階を、一般の仏教では五十二位に分けていきます。この五十二位について簡単に話しますと、相似即は十信位です。分真即には十住位・十行位・十廻向位・十地位・等覚位という合計四十一の位を当て嵌めます。その中で四十一段階進むということですね。究竟即は妙覚位、ということで究極の仏になります。こういう段階を設けているわけです。

一体どの段階を基準に考えるか。中世の天台宗、鎌倉仏教の祖師達が修行した時代、比叡山では名字即でよいのだということをしきりに説いていたのですね。もともと仏なのだから、ちょっと勉強すればよいのだと。ということは、そのあとは修行しなくてもよいということになって、考え方によっては堕落していた時代とも取れるわけです。ところが中世の時代、もともと仏であるということを強調していきますと、当時の人たちの芸術論や自然観などに有効な影響も与えていくわけですよね。ですから良い点も悪い点も両方あるわけです。本来の天台教学では名字即で満足してはいけないので、一つずつ上っていくということになりますが、但し、各段階が仏としての意味を持つ。ですから、もともと仏なのだけれども更に進んでいく。途中の段階でよいとする考えは、増上慢という言葉で否定します。では最後まで行ったらどうなるか。これはなかなか最後まで行けないので理論的に考えるだけですが、究竟即に到った時には、自分がもともと仏であったということが改めて分かる段階なのではないかと思います。『徒然草』第二一七段に、「究竟は理即に等し。大欲は無欲に似たり。」と見られるのがそういった考え方です。種から始まり果実を生ずるとしても、果実は種でもあるのです。ともかく途中で慢心を抱いてはいけないというのが本来の考え方です。ですが、それは日本の思想に様々な影響を与えていくことになります。

　そこで、最澄と円仁の話ですから、先ず最澄と行位の話をしていきます。若き日の最澄が二十歳の時に『願文』を作成して、自分の願いを五つ並べました。二十歳の若き日の情熱にあふれる最澄が、比叡山に登った時にどういうことを誓ったか。その一つ目が、「我未だ六根相似の位を得ざるよりこのかた、出仮(しゅっけ)せじ。」で、六根相似という位に到らない限り出仮しない、と言うのです。出仮というのは仮(け)に出ずること、つまり世の中に出ることです。最澄は比叡山に籠もって六根相似位、先ほど言った相似位に到るということを目標に掲げたのです。そして、四つ目の願は、「未だ般若の心を得ざるよりこのかた、世間の人事の縁務に著せじ。相似の位を除く。」で、相似の位に到るまでは世間的な事柄には関わらないことを宣言しました。

六根相似の位に到達することは難しいのか易しいのか、ということになります。これはなかなか難しいのですね。天台大師智顗も相似即の前の五品弟子位、つまり観行即にとどまり、相似位までは到らなかったと言われるのですが、天台宗の教理上では一生の内に簡単にいけるようなことが説かれています。ですがなかなかいけない。

仏に似るということは、六根が清浄になることです。その六根について先ず説明致します。六根というのは仏教では「眼・耳・鼻・舌・身・意」という六つの感覚の器官を指します。仏教学では我々の感覚器官は六つなのです。今、感性という言葉がしきりに使われますが、この六つから考えることが可能です。そしてその対象を六塵と言います。『般若心経』による仏教入門では、六塵と言わずに六境ですね。六塵、或いは六境とは六根の対象である「色・声・香・味・触・法」のことです。なお、六塵は旧訳と言われますが、比叡山で用いられた旧訳経典の言葉が多々日本語として使われています。

眼で見る色というのは物質です。耳で聞くのは声。それから鼻で嗅ぐのが香です。舌で味わうのが味ですね。身体は「触」、接触することですね。意というのは心です。その対象を「法」という言葉で表します。私達はこれらで、色々なものを感じ取っています。とはいえ、感知できないものもありますよね。例えば、テレビやラジオの電波は、我々は感じ取れないから機械を使って感じ取っています。我々の目の前に、感知できない電波、音波、色々なものがたくさんあるはずなのですね。しかし、仏教学では人間の世界だけを論じているわけではありませんから、電波を受信する機械がない時代でも、動物の能力にも気づいています。そのことは後で問題にします。今は、最澄の六根相似の位ということで話をしました。

そしてもう一つの、最澄の修行の階梯に対する表明を見ます。即身成仏という言葉は、最澄と空海が同じ頃に使っています。天台宗と真言宗、両方同時に使い始めて、現在でも教理上の重要な用語になっています。そして、即身成仏を説明する代表が龍女なのですね。龍王の娘の成仏が、『法華経』の提婆達多品という章に出て来ます。八歳の女の子であり、龍ですから畜生ですね。その龍女が『法華経』の力で即身成仏したということを、最澄は『法華秀句』という最晩年の本で力説しているのです。そしてその位を最澄は何と説明したかと言うと、「是れ則ち分真証」と述べたのです。つまり、分真即、或いは分証即という聖者の位で、五十二位で言うと十住の最初である「初住」からの位になります。分かりにくいかもしれませんが、究極の成仏ではなくて、途中の段階の分真即、要するに部分的に真理を悟ったところに龍女成仏を置いたわけです。実はその主張の源流は、中国の天台宗に見出されます。そのことを今は詳しくお話ししませんが、六即のような天台宗の教義が、日本の文化や思想に浸透し、多大な影響を与えていることが重要なのです。

六即と成仏との関わりは、円仁の時代に具体的な教理として、かなり細かな議論がなされるようになります。先ず、天台宗における密教と顕教の区分が、真言宗と異なることが重要です。というのは、『法華経』も密教の内に入れるからですね。円仁は『金剛頂経疏』で、顕教ではなかなか成仏できないけれど、密教なら一生の内に成仏できると述べています。そしてその段階に「似・分・究竟」があって、「若し似の仏眼は、凡位に之を得」と説いています。これは六即を採用しているのです。相似即・分真即・究竟即、これが全部密教の力で得られるのである、と円仁は解釈したのです。この中、最後の究竟即が得られるかどうかは、中国天台の教学ではかなり難しいのですが、相似即と分真即は得られるのです。だから最澄が、龍女を分真証と言ったのも、文献上は得られることになっています。そして「似の仏眼」というのは、凡夫位である相似位に仏眼が得られることを意味します。仏教では五眼と言って眼を五つに分けます。私たちの眼は肉眼、仏の眼が仏眼です。

ところで、ここでは相似位を重んじ、その前の段階である理即・名字即・観行即が入っていませんね。やはり天台学から言えば六即全部を尊重しなければいけないのです。円仁の弟子の安然が書いた『即身成仏義私記』の中には、円仁が話した言葉を記録しています。六即について、最初の理即を除く、名字即・観行即・相似即・分真即・究竟即という位において、皆成仏できることが書いてあります。既にお話しした通り、理即はもともと仏であるということで、改めて仏になるという意味はありませんから、ここでは省略されています。このように、名字即や観行即という低い段階で成仏できるという考えを円仁は出しています。そして、後の話と関係するのは「円教の俗諦は、不生不滅」と述べていることです。これは、我々の現実の中に悟りの境地があるという教義です。現実の世界に究極の真理を見出すというのは、天台の考え方なのですね。

三　現実肯定の思想

次に、現実肯定の思想、つまり現実の世界に究極の世界を見出せるかどうかということについてお話ししたいと思います。このことは経典の本体とは何かという経体論に関わります。少し専門的になりすぎかもしれませんが、天台宗では経文の解釈に先立ち、「五重玄義」と言って、「釈名・顕体（弁体）・明宗・論用・判教」という解説法を採ります。第一の「釈名」が名前を解釈すること、第二の「顕体（弁体）」が本体を顕すことです。これからの話は、一番目も関係しますが、二番目が中心になります。

先ほどお話ししました、我々の世界が永遠の真理を現しているという考え方につきましては、円仁の伝記である『慈覚大師伝』に注目すべき記述が見られます。円仁は下野（栃木県）から十五歳の時に比叡山に登ったと言われます。その時に、最澄が語ったとされる言葉があるのです。最澄は四十三歳です。円仁に何を話したかというと、世の中の人は世諦、つまり我々の迷いの世界である世俗諦の「不生不滅の理」が分からない。究極の悟りの世界が不生不滅だというのは分かるのだけれども、我々の世界が不生不滅だというのはなかなか分かってくれない。だから天台の円教（完全な教え）を広めて人々を救いなさいと、そういうことを最澄が十五歳の円仁に語ったというのですね。同じ文が『俗諦不生不滅論』という円仁の著作に見られますが、『慈覚大師伝』では最初の出会いの時に語られたということになっています。

それでは、私達の現実の世界をどう考えていくのか。そのことにつきましては、最澄の『守護国界章』に、「山家は経体を出して云く、色等の紙墨を経体と為し已りて、五塵を取りて経体と為す。」と見られる文が、後半の話の一つの大きな鍵になります。経の本体とは何かということを説いているのです。「山家」というのは比叡山を指したり、天台大師智顗を指したり、最澄そのものを指したり、或いは天台宗のことを指したりするのですが、ここでは智顗のことです。天台大師が色であるところの紙や墨を経の体だと述べて、更に五塵を取って経体としている。つまり六塵全てが経の体である、と中国の天台宗で言っているということを示したわけです。たったこれだけの文なのですが、実は私は、最澄がこのことを述べたということが非常に大事だと思っています。

そのもとになる記述が、智顗の『法華玄義』（巻八上）に見られます。これをよく読んでいきますと、六塵全てが重要で、皆、経に他ならないということになってきます。

実は、この教義を活用したのが円仁なのです。更に、それを活用したのが安然です。どういう教理になるのかと言いますと、例えば、一枚の葉がヒラヒラと舞い落ちるのも究極の世界であり、或いは小川のせせらぎも究極の世界であるということになります。そういう、現実を非常に重視する教えが天台の中に出て来る。実はその『法華玄義』の記述は、分かりにくいかもしれませんが、五重玄義の顕体の文ではないのですね。体を顕す箇所ではなくて、経という名前を解釈している箇所の説なのですが、最澄や円仁は、これを経の本体を顕す言葉として引用したということです。

どういうことが書いてあるかと言いますと、経によって悟ることができるとすれば、先ず耳で経を聞けますよね。そうであれば、声を耳で聞いて悟れることになる。そして、意（心）の働きの優れた人は、その対象である法が経となる。それから、現実に経典の文章を眼で見て読めますよね。だから色も経として捉えうる。そこで、声・法・色という三塵は経になるとしても、残りの三塵は経にならないということが書かれています。なぜ経にならないかと言うと、経を持っていて、読まないとしたら、お守りにはなるかもしれませんが、いくら鼻で香りを嗅いだとしても、また手（身体）で触れたとしても内容は理解できませんよね。だから鼻や身では何も悟れない。或いは経を食べて、舌で味覚として味わっても無駄ですよね。それでは味覚等は悟りに繋がらないのかと言えば、他土では六塵や一塵を用いることが説かれます。もしも、現在だったら香りで職業をしている人、或いは味覚で職業をしている人、身体の感覚を追究している人、色々いますよね。そういうことから、究極の世界に入りうることを、私たちは分かっていますが、ここでは、仏教の悟りを得る話ですから、「他の国土では」ということで例を出して来ます。

その典拠として重要なのが『維摩経』です。この経には色々なことが示されていまして、その教説に基づいて、食べ物が経になったり、天衣に触れて悟ったり、仏の光明を見て悟ったり、言葉がなくても心を観じて悟ったり、或いは香りで仏事をなしたりするというようなことが書かれています。そして、私達の世界では、鼻が驢・狗・鹿等の動物に及ばないように、香・味・触という三塵では悟れないとまとめています。しかしながら、それは感受する方の問題で、六塵そのものは経たりうることが説かれているのですから、本当は全てが悟りに繋がることになります。円仁や安然はそういった観点から、まさに天台密教ならではの現実観を展開していきます。その教義が、最澄にも見られることをお話ししたかったのです。

そして、そのことに関連して、天台宗における名文句中の名文句として知られる、「一色一香無非中道」という言葉を紹介しておきたいと思います。天台大師智顗が作った言葉ですね。「色」は先ほど申し上げた「眼根」、つまり眼で見る対象ですから物質的なものです。そして次には、香を並べているのですね。先ほどは、人間が悟る根拠とはしていなかった、鼻で嗅ぐものです。「ほんのわずかな色も香も中道でないものはない」。つまり現実の世界、六塵全部、或いは六境全部を挙げてもよいと思うのですが、「声・味・触・法」を言わないで二つだけ挙げたのです。一色・一香に、永遠の真理を見ることは、なかなか体得できることではないかもしれません。しかしながら、彫刻や絵画を見て、これは人間業ではないと思うようなものもありますし、ともかくあらゆるものが悟りに繋がるということは、なんとなく理解はできるのではないかなと思うわけです。

四　その他の問題

以上、ここまで二つの観点から話をさせて頂きました。あとは少し補足的な話をします。比叡山の修行については、最澄が十二年間籠もらなければいけないと言いました。比叡山における修行として、回峯行がよく知られていますが、それとは別に十二年籠山というのは今でも大変な修行になっています。十二年籠もる根拠というのは、『蘇悉地経』に見られるのですね。最澄はその経典の記述をもとに、年分度者が十二年間籠もる制度を設立しました。年分度者とは国から認められた二人の得度者で、一人は止観業、一人は遮那業で、それぞれ天台と密教を専門とします。

最澄の『顕戒論』では、密教の方は、「二六歳を期して、念誦・護摩し」と説明されています。「二六」というのは、仏教では掛け算が通例ですから、二×六＝十二年です。円仁も十二年間の籠山修行に入りました。ところが、半ばでやめてしまうのです。それは、山の中での要請があり、比叡山をおりて、人々を救おうということになったからです。なお、円仁は遮那業ではなく止観業でした。しかし、遣唐使として中国に行きますと、長安を中心に、密教が盛んだったのですね。ですから、もともとは密教の学生ではなかったのですが、結果として、空海より新しい密教を持ってきて、天台密教を充実させ、日本の密教界を一新することになるのです。

最後に、「一隅」について、話をしたいと思います。「一隅を照らす」という言葉は御存じでしょうか。天台宗は今「一隅を照らす運動」をしています。そのこと自体はよいのですが、学問上は、実は「一隅を照らす」と読んでよいかどうかという問題がずっと燻っているのです。それは、最澄の直筆が現存し、「照千一隅」と書いてあるからです。この読み方は、大きく二つの説に分かれていて、「千」を「于」の字と理解する立場の学者が、「一隅を照らす」、または「一隅に照る」と読んだのです。ところが、もう一方の立場では、最澄の字が「千」と書いてあることに併せて、その原典と考えられる文献から推せば、「千里を照らして一隅を守る」となると捉えるのです。つまり、「照千里」と「守一隅」、これをあわせて書いたものであるということになります。それなら「照千守一」にすればよいのではないかということになるかもしれませんね。従って、「千」とする立場の問題は、読み方にあるのです。うまく読めないから、「照千・一隅」としたり、「照千一隅」と棒読みすればよいという考えも出されました。

私は漢文として「千を一隅に照らす」と読めばよいのではないかということを言っているのですが、もう非常にたくさんの論争がなされたあとですので、あまり反応がないのです。「千を一隅に照らす」という読み方はどういうことかと言うと、漢文では最も基本的な読み方で、「於」という字が「一隅」の上に省略されていると考えればよいのですね。どうしてそういう読み方を誰もしなかったのか、よく分からないのです。

それが漢文の読みとして正しいということを、一例によって示します。「垂迹娑婆」という言葉はどうでしょうか。「娑婆に垂迹す」とも読めますが、「迹を娑婆に垂る」と読みます。意味としては、仮の姿（迹）を我々の世界（娑婆）に現している、ということになります。それは、「於」を入れて「垂迹於娑婆」としても同じです。こういう例はたくさんあります。「於」という字がなくても、漢文の基本的読み方です。天台宗の文献にも色々あります。最澄の書いた文の中にも出てきます。ですから、どちらがよいかは別にしたとしても、そういう読み方を話題にしなかったこと自体に、私は疑問を投げ掛けているのです。

付記

「照千一隅」は漢文として、「千を一隅より照らす」と読むことも可能です。しかし、一隅は「守一隅」であって、本来、起点を示す言葉ではありませんので、「千を一隅に照らす」という読みを提示しています。

Ⅱ

最澄の思想

——その源流と新機軸——

天台教学における龍女成仏

一　はじめに

『法華経』提婆達多品に説かれる龍女の成仏は、大乗仏教における成仏思想の代表として常に衆目を集めて来た。そして、日本仏教では、龍女は即身成仏の具現者として先ず挙げるべき存在になっている。龍女成仏は、特に日本天台における法華円教の即身成仏論として多彩な展開を遂げることになるが、台東両密では密教による即身成仏を果たした例証としても龍女を議論の中枢に据えるのである。『法華経』は密教では『観智儀軌』（『成就妙法蓮華経王瑜伽観智儀軌』）として採択されるのであるから、龍女が密教の立場から議論されるのも当然の趨勢と言えるであろう。

龍女成仏と言えば、変成男子や五障のみが抽出されて論じられることも多く、必ずしも成仏に関わる教学的な問題点は十分に解説されていないのが現状と言えよう。そもそも、日本の文化や思想を考える場合、比叡山、すなわち天台宗の教義に留意しなければならないのは、その影響から言っても容易に理解されるのであり、龍女成仏についても中国天台の解釈を基本に据える必要がある。

ところが、その中国天台の教学がなかなか難解なのである。そこで、本章ではその解明を試みることを目的とするが、後の受容と展開を視野に入れることで問題点が明確になると考えている。日本仏教における即身成仏思想については、既に幾つかの論考で扱ったので、それらの議論も踏まえることにする。[1]

最初に、龍女成仏を扱う上で、論及すべき基本的な問題点を挙げておくことにしたい。通途の如く、龍女が女身であり畜生であり、更に八歳という年齢であることが先ず考究されなければならないであろう。『法華経』の経力は、そういった機根を成仏させるということが主張されることになるのは当然であり、例えば、最澄は『法華秀句』巻下の即身成仏化導勝八で、「……六趣之中、是畜生趣、明二不善報一。男女之中、是則女身、明二不善機一。長幼之中、是則少女、明二不久修一。雖レ然、妙法華甚深微妙力、具得二二厳用一。明知、法華力用、諸経中宝、世所二希有一。」[2]と説くが如く、『法華経』の甚深微妙力を顕揚している。ここで、最澄が八歳の龍女を「不久修」、つまり長くは修行をしていない者として扱っていることは留意すべき点である。しかしながら、龍女は即身成仏、或いは一生成仏を主張する上で、最も優れた機根とせざるをえないことにもなる。従って、龍女が過去世に修行をしていたことが想定されることにもなり、その場合は『法華経』、もしくは円教以外の修学をしていたと看做す方が理解が容易になるであろう。最澄はそのことに触れないが、湛然が『法華文句記』巻六上で、「龍女雖レ畜以二乗急一故、先習二方便一。」[3]と述べたことは、余教による修学を前提とすることになるのであり、重要な意義を持つ。[4]しかしながら、平安初期の学匠、つまり、最澄や空海、円仁、円珍、安然等は即身成仏や速疾成仏といった教理の構築に心血を注いだのであり、過去世の修学については日本天台や東密の学匠の研究課題となった。

また、龍女成仏には、「龍女権実」という論題が直ちに示すように、権・実の問題が関わってくる。権と実という二義によって龍女成仏を論ずることは中国天台以来の伝統であるが、その意義づけは一定ではなく、複雑である。

権と実には権者と実者の意味もあるし、権巧や実得の意味もある。そして、それらが絡み合うことで、多様な見解が提示されることになるのである。

　このことは、龍女がどこで成仏したのかという問題とも呼応する。龍女が成仏した場所は、後で引用する提婆達多品の文で確認できるように、海中なのか南方無垢世界なのか、或いは両方なのかという議論となる。権実の問題は、究極的には、最澄が即身成仏化導勝で、「有人会云、是此権化。実凡不レ成。難云、権是引レ実。実凡不二成仏一、権化無用。経力令レ没。」(5)と述べているように、不可離の関係で説明すれば足りるであろう。しかし、その内容は簡単ではない。例えば、一つの完成形態として『台宗二百題』の「龍女権実」(6)が挙げられるが、そこでは龍女を実者と捉えた上で、権巧と実得の二義が併存することを説いている。特に、南方無垢世界の成仏に対しても権巧と実得の二義を説いていることは、証真教学の延長線上にあると言える。その実得とは生身のまま無生法忍を得ること、つまり生身得忍の義として理解されることが一般的であり、法身を得ていない肉身のままの龍女が神通力で南方の成仏を示したことになる。

　ところが、後で分析するように、中国天台の教説は権を中心にしている。従って、龍女を権者と捉えた上で議論を展開する場合もある。この解釈については、やはり後で触れることにしたい。また、南方の成道は、無生法忍を得てから生身を捨て、実報無障礙土で法性身を得たとする立場による権巧と理解することが可能になるのである。但し、実得は勿論、権巧であっても、天台の立場は龍女を旧聖ではなく新聖と看做すのが基本であると同時に、仮に旧聖であったとしても権実二義は共に経力を顕すという解釈も可能になる。(7)

　権実の二義を権巧と実得とし、更に権者と実者という概念を導入した場合、龍女は大別して三様の解釈ができることになるであろう。すなわち、旧聖であれば権者が海中と南方の両方で成仏を示現したとする解釈となる。また、新聖であれば実者が海中で成仏（得忍）した後、海中・霊鷲山・南方のどこかで生身を捨て法身を得て、南方で成仏を権示したとする解釈、すなわち、権巧の義が出て来る。もう一つは実者である龍女が海中で生身得忍しそのままの体で神通力により南方に往ったとする解釈であり、それは実得となる。最初の二つは南方における権という観点からの意義が語られることが知られよう。

なお、天台教学における龍女成仏は基本的には初住位とされる。しかしながら、その行位は妙覚位とされることもあるし、『法華経』の迹門・本門それぞれに初住と妙覚を配することもある。

以上のような解釈はしばしば錯綜していて、各個人の理解として解明しなければならないかもしれない。とはいえ、天台教学は智顗と湛然の解釈を基準に据えるのであり、共通の観点が存しなければならないはずである。以下に『法華経』を出発点として、順次検討を加えることにしたい。

二　『法華経』提婆達多品の龍女成仏

龍女成仏を理解する上で、先ず見ておかなければならないのが、次に示す『法華経』提婆達多品の記述であることは言うまでもない。この経文の基本的な立場を見ておくことにする。

文殊師利言、我於二海中一、唯常宣二説妙法華経一。智積問二文殊師利一言、此経甚深微妙、諸経中宝、世所二希有一。頗有下衆生、勤加精進、修二行此経一、速得上仏不。文殊師利言、有。娑竭羅龍王女、年始八歳。智慧利根、善知二衆生諸根行業一、得二陀羅尼一、諸仏所レ説甚深秘蔵、悉能受持、深入二禅定一、了二達諸法一、於二刹那頃一、発二菩提心一、得二不退転一。弁才無礙、慈二念衆生一、猶如二赤子一。功徳具足、心念口演、微妙広大、慈悲仁譲。志意和雅、能至二菩提一。智積菩薩言、我見二釈迦如来、於二無量劫一、難行苦行、積レ功累レ徳、求二菩提道一、未二曾止息一。観二三千大千世界一、乃至無レ有下如二芥子一許、非中是菩薩捨二身命一処上。為二衆生一故。然後、乃得レ成二菩提道一。不レ信下此女於二須臾頃一便成中正覚上。言論未レ訖時、龍王女、忽現二於前一、頭面礼敬、却住二一面一。以レ偈讃曰、

深達二罪福相一、遍照二於十方一。
微妙浄法身、具レ相三十二一。
以二八十種好一、用荘二厳法身一。
天人所二戴仰一、龍神咸恭敬、
一切衆生類、無下不二宗奉一者上。
又聞成二菩提一、唯仏当二証知一。
我闡二大乗教一、度二脱苦衆生一。

時舎利弗、語二龍女一言、汝謂三不レ久得二無上道一、是事難レ信。所以者何、女身垢穢、非二是法器一。云何能得二無上菩提一。仏道懸曠、経二無量劫一、勤苦積レ行、具修二諸度一、然後乃成。又、女人身、猶有二五障一。一者、不レ得レ作二梵天王一。二者、帝釈。三者、魔王。四者、転輪聖王。五者、仏身。云何女身速得二成仏一。爾時、龍女有二一宝珠一。価直三千大千世界。持以上レ仏、仏即受レ之。龍女謂二智積菩薩・尊者舎利弗一言、我献二宝珠一、世尊納受。是事疾不。答言、甚疾。女言、以二汝神力一、観二我成仏一。復速二於此一。当時衆会、皆見下龍女、忽然之間、変成二男子一、具二菩薩行一、即往二南方無垢世界一、坐二宝蓮華一、成二等正覚一、三十二相八十種好、普為二十方一切衆生一、演中説妙法上。爾時、娑婆世界菩薩・声聞・天龍八部・人与二非人一、皆遥見下彼龍女成仏、普為二時会人・天一説上レ法。心大歓喜、悉遥敬礼。無量衆生、聞レ法解悟、得二不退転一、無量衆生、得レ受二道記一。無垢世界、六反震動、娑婆世界三千衆

生、住二不退地一、三千衆生、発二菩提心一而得二受記一。智積菩薩及舎利弗、一切衆会、黙然信受。(8)

この経文は、「微妙浄法身、具レ相三十二。以二八十種好一、用荘二厳法身一。」という法身相好を論ずる時に重要な意味を持つ偈文を挟み、二つの場面から構成されている。(9)

前半では、海中の龍宮（娑竭羅龍宮）より霊鷲山に来詣した文殊師利が、海中で『法華経』を説いてきたことを述べ、更に、智積に対して、八歳である龍女の成仏を説明している。そして、智積がそのことを信じない様子が描写されているのである。ここにおいて、龍女が「能至菩提」とされることに併せ、「刹那の頃」に菩提心を発したことや、「須臾の頃」に正覚を成じたことが記されている。このことは、成仏と瞬間性との関わりからも注目する必要がある。(10)

後半には、舎利弗がいわゆる女身の五障を語り、龍女が「忽然の間」に変じて男子と成って、南方無垢世界に往き等正覚を成ずるという、人口に膾炙する変成男子による龍女成仏の最高潮場面が説示されている。しかも、龍女自ら、「我が成仏を観よ」と語っているのである。

右の経文に明らかなように、龍女は海中で菩提に至っているのであり、それはまさしく「初発心時便成正覚」という文の体現とも言える描写となっている。それでは、変成男子及び、それに続く南方無垢世界の成仏を如何に理解したらよいのか、大きな問題が出て来ることになる。

三　『法華文句』と『法華文句記』の解釈

先ず、『法華文句』巻八下の釈文を示せば次の通りである。

第七、龍女現成、明証復二。一者、献レ珠表レ得二円解一。円珠表三其修二得円因一。奉レ仏是将レ因剋レ果。仏受疾者、獲レ果速也。此即一念坐二道場一、成仏不レ虚也。二正示二因円果満一。胎経云、魔・梵・釈・女、皆不レ捨レ身不レ受レ身、悉於二現身一得二成仏一。故偈言、法性如二大海一、不レ説レ有二是非一。凡夫・賢聖人、平等無二高下一、唯在二心垢滅一、取レ証如レ反レ掌。

第八、爾時娑婆下、明二時衆見聞一、復二。先明二見聞一。二人・天歓喜、彼此蒙レ益。南方縁熟、宜下以二八相一成道上。此土縁薄、秖以二龍女一教化。此是権巧之力、得二一身・一切身、普現色身三昧一也。(11)

海中における成道は、この記述より前になるが、詳しい解説がなされているわけではない。すなわち、経文で言えば、偈文を挟んだ後半が龍女成仏の核心部分と捉えられているのであり、ここでは『胎経』の引用に先ず注目しなければならないのである。それは、『菩薩処胎経』巻四(12)の長行に基づく取意略抄文と偈文であり、魔王・梵天王・天帝釈に併せ、女人が、今の体を捨てたり、新たな体を受けたりすることなく、現身成仏することが説かれている。そして、もう一つ重要なのが右の『法華文句』で「権巧之力」という解釈を施したことである。

『法華文句』の説明は必ずしも分かりやすいとは言えない。そこで、次には湛然の『法華文句記』巻八之四の註釈を検討することにしたい。

正示二円果一中、云二龍女作仏一者、

問。為下不レ捨二分段一、即成仏上耶。若不二即身成仏一、此龍女成仏、及胎経偈、云何通耶。

答。今龍女文、従レ権而説、以証二円経成仏速疾一。若実行不レ疾、権行徒引。是則権実義等、理不二徒然一。故胎経偈、従二実得一説。若実得者、従二六根浄一、得二無生忍一、応二物所レ好、容下起二神変一、現身成仏、及証中円経上。既証二無生一。豈不レ能レ知三本無二捨受一。何妨二捨レ此往レ彼。余教凡位、至二此会中一、進断二無明一、亦復如レ是。凡如レ此例、必須㆔権実不二、以釈㆓疑妨㆒。言㆓権巧㆒者、不㆔必一向唯作㆓権釈㆒。秖云㆔龍女已得㆓無生㆒。則約㆓体用㆒而論㆓権巧㆒。非㆑謂㆘専約㆓本迹㆒為㆗権巧㆖也。故権実二義、経力倶成。他人釈㆑此、或云㆓七地・十地等㆒者、不㆑能㆑顕㆓経力用㆒故也[13]。

右の記述からは様々な教義上の問題点が導出される。この説明が有する難解さは、後の学匠による思索を俟つことで幾らか解消することにもなるが、見解が分かれる根源ともなる。しかしながら、湛然が論じた内容は、龍女成仏を理解するための基本的な課題を扱っているものなので、ここで概略を押さえておくことにしたい。

問で論じているのは、分段身の捨・不捨に関わる問題である。このことについては、日本天台で即身成仏を立論する上で大きな問題点となるが、方向性は同じではない。特に、日本天台では円仁・憐昭・安然が徹底した分段身の不捨を主張することで、独特の立場を確立する[14]。それは、無生法忍を得れば生身（分段身）を捨てて法身を得るというのが天台学の基本であるのにも拘らず、それをそのまま採択せず独自の教義を提示したものと言える。

しかし、無生法忍を得ることについて、生身を捨てて法身を得るという義と、生身を捨てずに生身のままでいる生身得忍という義の二義を区別して論ずるのが通常の基本説であり、この問もその二義を前提にしていると考えられる。具体的な解釈については次節で触れる。

答では、『法華文句』が権の立場で説示していることを言うのであり、その権をどのように捉えるか問題になるが、ともかく天台の立脚点が示されたことになる。そして重要なのが、権が速疾であるのは実行の成仏が速疾であることを示すためのものとしていることである。権は実を引くためのもの、要するに権実不二といった理解は諸学匠一轍の見解として踏襲されることになる。続けて、『菩薩処胎経』の偈文を実得の義とし、実得とは無生法忍を得てから神変を起こし、現身成仏することであると言う。『菩薩処胎経』については偈文だけでなく、長行の略抄文を含めた全体を意味するものであろうし、神変については生身得忍により生身のまま神通力を示現することを意味すると解しうるであろう。

次の、「既証二無生一。豈不レ能レ知三本無二捨受一。何妨二捨レ此往一レ彼。」という記述は分かりにくい点もあるが、無生法忍を得てから生身を捨て法身を得るとしても、生身と法身を全く切り離してしまうことも円教の立場からは問題になるので、「本より捨受なし」という条件をつけて捨の義を説いていると看做すことが可能である。(15) そのことは、更に龍女を説明して、已に無生法忍を得ていることを記し、その権巧とは体用に約して論じたものであり、「非レ謂下専約二本迹一為中権巧上也。」としていることからも窺えよう。つまり龍女の権巧は、生身を捨て法身を得た龍女が、実報無障礙土から来て、南方無垢世界で示したものとなる。但し、龍女がどこで法身を得たか明瞭ではない。既に海中で生身を捨てていれば、霊鷲山に出現したのは実報無障礙土からの示現ということになるし、そうでなければ変成男子を示した時、或いは、南方無垢世界で権巧を顕示した時に生身を捨てて法身を得ることになるであろう。ともかく、権巧を示すのは、実得の義として、生身の身体でも体現しうることを権示したということになるのである。

また、龍女成仏を七地、或いは十地とする他人の解釈は、経の力用を顕すこと能わざる説として斥けている。第十地を挙げる根拠は、次に示す吉蔵の『法華義疏』巻九や、基の『法華玄賛』巻九本の記述に見出されるようである。

吉蔵『法華義疏』巻九

於二刹那頃一、発二菩提心一、得二成仏一者、伽耶山頂経、明レ有二四種発心一。一初発心、謂入二初地一。二行発心、二地至二七地一。三不退発心、謂八・九地。四一生補処発心、謂第十地。龍女発心・成仏、是第四義也。然十信菩薩、亦能八相成道。位不レ可レ知也[16]。

基『法華玄賛』巻九本

華厳経説、十信菩薩、八相成道。今或説レ此、勧二示衆人一。伽耶山頂経、浄光天子問レ有二幾発心一、文殊答、有レ四。一証発心、謂入二初地一。二行発心、次六地。三不退発心、八・九地。四一生補処発心、謂第十地。今此龍女、或即第四発心。化為二龍女一、小而能学二法華一、速得二菩提一、勧二奨衆人一、非レ為二実爾一[17]。

これらに共通するのは、『伽耶山頂経』[18]で言う四種発心（初発心・行発心・不退発心・一生補処発心）を掲げ、その第四の一生補処発心を第十地の龍女の発心・成仏に該当せしめていることである。天台教学で、龍女成仏を基本的に聖者の初である初住位としていることとの差異を見る必要があろう。

四　日本天台における解釈

日本天台における法華円教の成仏論は、最澄以来、即身成仏の法門であり、それは取りも直さず龍女成仏論と言える。その龍女の成仏を様々な観点から論ずることで、即身成仏の理論が構築されて来たのであるが、その思想は一様ではない。

特に問題になるのは、前に見た中国天台の教説がどの程度咀嚼され取り込まれているかということであろう。智顗と湛然の註釈は、日本天台の規矩準縄となるからであり、権と実の関わり、つまり権実不二、或いは権実一致といった観点が常に踏襲されていることは当然のことである。しかしながら、『法華文句』や『法華文句記』の龍女成仏について十分に分析した上での即身成仏論は証真の業績まで俟たなければならないのである。

その証真の即身成仏論については既に論じたので[19]、ここでは龍女成仏に関することの概略と重要な点を紹介するに止め、他との比較を少しく行うことにしたい。

証真は分段身の捨・不捨を論じている『法華文句記』の問答の問について、『法華疏私記』巻八末で、「若不レ捨者、従二六根浄一得二無生忍一、捨レ報即生二果報浄土一。従二於界外一分二影同居一、方現二八相一。故応レ捨レ之。若云レ捨者、龍女、胎経皆云三即身成仏不二捨受一也。[20]」と解説している。つまり、生身（分段身）の不捨による成仏を説くならば、無生法忍を得た後、生身を捨て実報無障礙土（果報浄土）に生じ、三界の外から八相成道を示現することになるはずであるし、一方、捨を主張するならば、龍女や『菩薩処胎経』は捨受なき即身成仏を説いているではないか、という意味であると述べているのである。

そして証真は、『法華文句』及び『法華文句記』の立場は、実体より権用を起こすという権巧、つまり即身成仏を権示するという観点からの解釈であることを述べ、それは同時に生身のままに成仏するという実得の義があることを示したものであるとする。従って、龍女成仏に対しても実得の義に立脚しての解釈が可能であるとするが、その場合は生身得忍であるから、応用（権用）を起こすことのない、単なる神通による現身成仏ということになる。更に、証真は龍女の権実について、「権実未レ定。疏文且約二権巧一而釈。不レ遮三亦約二実得者一。故記云、若実得者等。[21]」と述べ、『法華文句』は且く権巧に約して釈したものであり、権実未定と判ずるのである。ここに証真の立場が明記されていることに注目しなければならない。権実未定という主張は、換言すれば権と実との両様の解釈が可能であることの提言に他ならず、『法華文句記』の解釈において随所にその視点が反映することになるが、細かい点は別稿に譲ることにしたい。

なお、証真の教学で、もう一つ明記しておかなければならないのが、龍女を新聖とするか旧聖とするかという議論である。『法華疏私記』巻八末の提婆達多品は次の記述で括られる。

問。今家為下亦云二龍女是旧聖一、有中已今本迹上。若云レ爾者、何故、今文破二他人義、七地・十地不レ顕二経力一。若不レ爾者、何必龍女一向是実。故記云、不三必一向唯作二権釈一。亦佗記云、若拠二権迹一、此復別論。答。龍女、新・旧聖、誰可二定判一耶。而異二他釈一。他云、龍女発心是第七地、或是十地。故速成仏也。今家意云、設是旧聖、亦現二凡夫即身成仏一。故権実二義倶顕二経力一。然今記中、権実二義、倶約二新聖一。得忍已後、生二実報土一、起レ応来レ此名為二権巧一。若不レ生二報土一、但以二肉身一起二神通一者、名二実者一。故余処記云、若拠二権迹一、此復別論者、此約二旧聖一也。(22)

ここでは、龍女が旧聖である可能性を示唆しているが、既に見たように権巧・実得の二義による解釈は共に新聖に約したものであるとしているのであり、ここまでの総括と言えよう。しかし、龍女が新聖であるか旧聖であるかということについては明言を避け、しかも、たとえ旧聖であったとしても、凡夫の即身成仏を現ずるのであるから、権実の二義は共に経力を顕すとする。そして、更に、余処の記として、『法華文句記』巻六上の、「若拠二権迹一、此復別論。(23)」という文を掲げ、これは龍女が旧聖であることを示していると言う。この記述は、龍女を旧聖と捉える上で重要な根拠となる。

そこで次には、証真とは異なった観点から龍女成仏を解釈する立場を取り上げ、検討することにしたい。それは、聖覚の撰と伝えられてきた『例講問答書合』の教説である。(24)

『例講問答書合』巻二では龍女を権者とする立場から議論を展開するのであり、先ず、「問。龍女、権者・実者ノ中ニハ、何ソ耶。答。解釈、権者ト判也。(25)」の如く、権者であることを明記する。勿論、権と実とは不二の関係にあり、そのことは、「権ハ必引レ実故ニ不レ可レ有二相違一。(26)」、「雖二権者也一、権ハ必引レ実。豈不レ顕二経ノ勝用一耶。(27)」等と説明されている。

ここで問題になるのは、その権者を新聖ではなく、旧聖と捉えていると考えられることである。そのことについては、次のように述べている。

於二妙楽大師一段解釈一者、誠似レ約二新聖権一権者也存申事可二旧聖権一。依レ之、余処解釈、若拠二権迹一、此復別論。文 是約二旧聖権一見。今釈又非レ謂下専約二本迹一為中権巧上也。文 故約二本迹一為レ権義可レ有レ之。本書不レ云釈見。(28)

ここでは、『法華文句記』の説述が、新聖の権に約するに似ているが、実には旧聖の権のことであるとする。そして、余処の解釈として、前引した『法華文句記』巻六上の、「若拠二権迹一、此復別論。」という記述を引く。また、『法華文句記』の、「非レ謂下専約二本迹一為中権巧上也。」という説に対して、本迹に約する権、つまり旧聖の権と看做しうる義があるからの発言であるとしているのである。

勿論、このことは権巧が新聖の権を意味することを否定するものではなく、同時に、新聖の権に実得の義が伴うことを認めるものである。従って、「不必一向唯作権釈者、本書約二新聖権一。新聖権、実得義有レ之。(29)」とも記している。

実得については、次のように解説している。

胎経偈、直以二生身一開二即身成仏悟一見故、従二実得一説云也。次若実得者云下、約二龍女一、若実得云作二容有釈一也。実行生身得忍者、以二肉身一可二現身成仏一。生身得忍不レ可レ起二応用一故容起神反釈也。今家意雖レ不レ許二神通八相一、仮令約二生身得忍一釈故如レ此云也。(30)

ここでは龍女における実得の義を容有の釈とした上で、生身得忍について説述している。『例講問答書合』では龍女を旧聖の権者と捉える他、新聖の権（権巧）・実（実得）の二義について論及していることに注目する必要がある。生身得忍を実得とするのは証真と同じである。

しかしながら、新聖にも権者の意味を認めるのであり、必ずしも明瞭ではないところもあるが、その議論を検討することにしたい。『法華文句記』で「今龍女文、従権而説」とする「龍女文」が『法華文句』の教説を指すことは問題なかろう。そのことに対する『例講問答書合』の解説は次のようである。

是新聖権釈新聖権者也、権者示現不顕経勝用云難可有之。故若実行不疾、権行徒引。是即権実義等理不徒然釈也。海中三道転三徳、又示生身来霊山故釈権者也。[31]

つまり、新聖の権者としての意義も論じているのであり、この場合もやはり、権実不二を基調としている。そして、「海中三道転三徳、又示生身来霊山故釈権者也。」という主張は、仮に新聖の権者であるとすれば、龍女が、海中で法身を得た後、生身を示現して霊鷲山に来詣し、更に南方で権巧を現ずることになるかもしれない。しかしながら、後述のことからも、旧聖の権者に当て嵌まる解説と見てよいと思われる。龍女を基本的に旧聖の権者とする同書の立場は、分段身の捨・不捨を問題にする『法華文句記』の文に対する解釈にも、同様の理解が反映することになる。次のようである。

問雖問分段捨・不捨、答約権実事、権者龍宮転生身成法身故、不捨分段身。若実道者、以生身来霊山於南方八相成道時可捨生身故、捨分段身成。仍以権者・実者答分段捨・不捨也。[32]

右の記述は、「又記釈問以分段捨・不捨問之。答以龍女権実答之。問答似乖角、如何。[33]」という問についての答であるが、その解釈は『法華文句記』の問意の解明とはいえ、新聖の権巧と実得という二義を該当せしめず、権者と実道という語による解説になっていて、直ちには意を酌み難いように思われる。要するに、『法華文句記』の問で分段身の捨・不捨を問うているのは、先ず、権者ならば龍宮で生身を転じて法身になっているので、不捨分段であるとする。これは、更に霊鷲山での生身の示現があり、それに続く南方での成仏の権示を意味するのであろう。つまり、それは旧聖の権であり、もし、新聖の権であるならば、龍宮における分段身の捨があることになるが、そのことへの論及はなく、単に「転生身」としている。また次に、実道として、生身のまま霊鷲山に来て、南方における八相成道の時点で生身を捨てるという解説を施しているのであり、生身を捨て法身を得ることで権巧を示すことになるのであるから、新聖の権を実道として述べていると考えられ、実得の説明はないことになる。証真が、新聖の権巧と実得という観点から同文を解釈したこととは、立場が異なっているのである。

『例講問答書合』は、証真以降の学者が、証真説を研究した上で、独自の路線を出そうとした文献かもしれない。それは現時点での憶測であるが、一つの可能性としておきたい。本書のように権者を基準に龍女成仏を論ずることの可否は考究すべき問題であるが、証真が様々な可能性を示したことに先ず注目しなければならないであろう。

五　結　語

天台教学に準拠して即身成仏を論ずるとすれば、龍女成仏に対する理解が最重要であることは既に述べたことからも知られるであろう。そして、それは無生法忍を得ることを如何に理解するかということに他ならないのである。最澄の即身成仏論が不十分なのは、その点にある。しかし、そこに本格的な即身成仏論へと継承される基盤が確立したことが何よりも肝要と言える。[34]最澄の後継者の中で、無生法忍を得る意義を積極的に論じたのが円仁であり、その独自の見地は憐昭の『天台法華宗即身成仏義』や安然の『即身成仏義私記』の根幹となったのであった。[35]それは徹底的な生身の不捨を主張するもので、安然の密教義による即身成仏論の立脚点にもなっている。円仁は、無生法忍を得て生身を捨てるというのは、転捨のことで実は不捨であると主張したのである。従って、その立場における生身得忍の義は通常の意味とは異なるのであり、生身のままであるというのではなく、生身のまま法身に転じていることを意味している。つまり、本章で論じてきたような、生身得忍と無生法忍を得て生身を捨てるという二義を分けるという立場とは異なっているのであり、円仁の教義では、それらは同一のものとなるのである。但し、生身が法身に転じない場合があることは言うのであり、もし無生法忍を得ても生身のままであるとすれば、「観智未熟」(36)であると説いている。

しかしながら、『法華文句』や『法華文句記』における龍女成仏の説示は、無生法忍を得る義を実得と権巧という二つの立場によって理解すべき要素を持つのであり、それは証真の解釈に明らかであろう。但し、証真は生身の捨・不捨の問題については、必ずしも一方に偏せず、見方によって同時に存するものとしている(37)。つまり、生身を捨て法身を得ると説くのはその通りであるとしても、内証の実理に約せば捨受なしとしうることも述べているのである。生身の捨・不捨に対する証真の主張がやや分かりにくい点を持つのは、円仁の徹底した不捨説をも容認すべき要素があることを理解しているからかもしれない。

即身成仏思想が多彩な展開を遂げるのは、東密でも同様である。空海説が完成形態というわけではないのである。台密では、殊には安然による空海説の導入があり、更にその後の互いの研鑽による影響が見逃せない。台密の基本説となる安然の義は、生身の不捨を力説した即身成仏論となっている。東密の学匠は安然の教学に注目すると同時に、『秘蔵記』の、「凡仏者、捨二有漏五蘊等身一、有二無漏五蘊等微細身一。」(38)という記述を見出すのである。ここには、有漏身の捨が明瞭に説かれている。なお、この文に対して、江戸期の隆瑜は、『秘蔵記拾要記』巻五で、「隆云、今ノ文ニ云フレ捨ト、転捨ノ義ニシテ、実ニ捨スル二生・仏異執ヲ一也。」(39)と述べるのであり、円仁や安然に近い説を出している。ここに、東密の教学における生身（分段身）の捨・不捨の問題が見られるが、今は問題点の提示に止めておく。

ともかく、天台教学に則って、龍女成仏を実得と権巧の二義に分類するとすれば、即身成仏を実得の義、つまり生身得忍において論じようとする立場が出て来ることも当然であろう。それは文言通りの不捨の義である。しかし、それだけでなく、龍女成仏は様々な観点から論じられることは上述のことに明らかであろうし、その他、例えば自行と化他、或いは初住と妙覚というような両義性を以て釈されることもある。本章では、そういった問題点には入らないが、天台教学の根本的な立場につき紹介できたのではないかと思う。

註

（1）即身成仏については、拙著『天台教学と本覚思想』、同『台密教学の研究』所収の論考で扱っている。

（2）伝全三・二六一頁。

（3）大正三四・二五七頁中。このことについては、拙著『天台教学と本覚思想』「証真の即身成仏論」参照。

（4）道暹の『法華経文句輔正記』巻五では、「先於二龍宮一、已曾習二前三教一。別在二地前一、名二方便一耳。」（続蔵一―四五・八三丁右下）と、円教以前の三教による修学を説いている。また、証真は、『法華疏私記』巻八末（仏全二二・六八一頁上）で、円教の速成に、「一、於二権教一久已純熟。今聞二円教一、即生取レ証故、被接人一生取レ証。二、本受レ円、退レ円、入レ偏。久修二偏行一、今、円毒発、速破二無明一。三、直行円久已純熟、於二一生中一、従レ凡入レ聖。亦是速疾。」という三類があることを述べ、更に、「今、龍女者、於二三類中一、豈可二定判一。」と言う。しかしながら、「先習方便」の義に基づき、「若昔修レ円、不レ可レ云レ速。故知、権熟、今始受レ円。故云三先修二方便一也。」と主張している。このことについては、拙著『天台教学と本覚思想』「一生入妙覚について―証真を中心に―」参照。

（5）伝全三・二六四頁。

（6）古宇田亮宣編『和訳天台宗論義二百題』三三八頁～。

（7）註（22）所引、『法華疏私記』巻八末の文、参照。
（8）大正九・三五頁中下。
（9）法身相好については、拙著『台密教学の研究』（一六八頁～一七〇頁）参照。
（10）一念や一刹那の成仏については、拙稿「一念成仏について」（『早稲田大学大学院文学研究科紀要』第五〇輯・第一分冊）〔本書所収〕参照。
（11）大正三四・一一七頁上。最も根本的、かつ難解な記述であるので訓読を付しておく。「第七に、龍女現に成じて明証するに復二なり。一には、珠を献じて円解を得るを表す。円珠は其の円因を修得するを表す。仏に奉るは是れ因を将って果を剋す。仏が受けること疾なりとは、果を獲ること速やかなり。此れ即ち一念に道場に坐して、成仏すること虚しからざるなり。二に正しく因円果満を示す。胎経に云く、魔・梵・釈・女は、皆、身を捨てず身を受けずして、悉く現身に於いて成仏することを得、と。故に偈に云く、法性は大海の如く、是非有りと説かず。凡夫も賢聖の人も、平等にして高下無く、唯、心垢の滅のみ在って、証を取ること掌を反すが如し、と。第八に、爾時娑婆の下は、時衆の見聞を明かすに復二なり。先に見聞を明かす。二に人・天歓喜して、彼此益を蒙る。南方は縁熟すれば、宜く八相を以て成道すべし。此の土の縁は薄ければ、秖、龍女を以て教化す。此れは是れ権巧の力にして、一身・一切身の、普現色身三昧（普く色身を現ずる三昧）を得るなり。」
（12）大正一二・一〇三四頁下～一〇三五頁下。
（13）大正三四・三一四頁中下。最も根本的、かつ難解な記述であるので訓読を付しておく。「正しく円果を示す中に、龍女作仏と云うは、問う。分段を捨てずして即ち成仏すと為すや。若し即身に成仏せずんば、此の龍女成仏と、及び胎経の偈とは、云何が通ぜんや。答う。今の龍女の文は、権に従って説き、以て円経の成仏の速疾なることを証す。若し実行疾からずんば、権行徒らに引かん。是れ則ち権実の義等しく、理は徒然ならず。故に胎経の偈は、実得に従って説く。若し実得ならば、六根の浄きに従って、無生忍を得、物の好む所に応じて、容に神変を起こし、現身に成仏し及び円経を証すべし。既に無生を証す。豈に本より捨受無しと知ること能わざらん。何ぞ此を捨て彼に往くことを妨げん。余教の凡位は此の会中に至り、進んで無明を断ずること亦復是の如し。凡そ此の如き例は、必ず須く権実不二、以て疑妨を釈すべし。権巧と言うは、必ずしも一向に唯、権釈のみを作さず。秖、龍女は已に無生を得と云う。則ち体用に約して権巧を論ず。専ら本迹に約して権巧と為すと謂うには非ざるなり。故に権実の二義、経力倶に成ず。他人此を釈して、或は七地・十地等と云うは、経の力用を顕すこと能わざるが故なり。」

（14）その問題については、拙著『天台教学と本覚思想』「円仁の即身成仏論―特に生身の捨・不捨について―」・「日本天台における法華円教即身成仏論―『即身成仏義』諸本を中心に―」参照。

（15）「往彼」の「彼」について、証真は『法華疏私記』巻八下（仏全二二・六八五頁上下）で、「問。指㆓何処㆒為㆑彼。若指㆓南方㆒、既云㆓即身往㆓南方㆒。不㆑可㆑云㆑捨㆑此。若指㆓報土㆒者、今明㆓実得者現身成仏㆒。不㆑云㆓報土㆒也。答。一云、記意云、若約㆓内証実理㆒、常平等故、本無㆓捨受㆒。若約㆓事相㆒、常差別故、亦捨㆓分段㆒受㆓法性身㆒。此是還結㆓上従権而説㆒也。一云、雖㆑無㆓捨受㆒、而此土機見㆓即身成仏㆒、南方機見㆑現㆓八相㆒。故亦受㆑身也。輔云、若八相成仏、応須㆑捨㆑身故也。已上」と述べている。すなわち、実報無障礙土のみならず、即身に南方に往く場合も、機見からは捨受があることを言うのである。なお、「輔云」とあるのは、道暹の『法華経文句輔正記』巻八（続蔵一―四五・一四〇丁右下）の文を指す。

（16）大正三四・五九二頁中。

（17）大正三四・八一六頁下。

（18）大正一四・四八五頁上中。

（19）拙著『天台教学と本覚思想』「証真の即身成仏論」・「一生入妙覚について―証真を中心に―」参照。

（20）仏全二二・六八四頁下。

（21）仏全二二・六八五頁上。

（22）仏全二二・六八六頁下。

（23）大正三四・二五七頁中。この直前の文が、註（3）所引の文である。

（24）但し、撰者については必ずしも明瞭ではない。『天台宗全書　解説』及び『正続天台宗全書　目録解題』では猪熊良聖撰とする。

（25）天全二三・二二一頁上下。

（26）天全二三・二二一頁下。

(27) 天全二三・二三二頁上。
(28) 天全二三・二三三頁上下。
(29) 天全二三・二三三頁下。
(30) 天全二三・二三二頁下。
(31) 天全二三・二三二頁下。
(32) 天全二三・二三二頁下。
(33) 天全二三・二三二頁上。
(34) 拙稿「最澄の教学における成仏と直道」(渡邊寶陽先生古稀記念論文集『法華仏教文化史論叢』所収)〔本書所収〕参照。
(35) 拙著『天台教学と本覚思想』「日本天台における法華円教即身成仏論――『即身成仏義』諸本を中心に――」参照。
(36) 拙著『天台教学と本覚思想』一一四頁、一三六頁等、参照。
(37) 註(15)及び拙著『天台教学と本覚思想』一六三頁、参照。
(38) 真全九・一八頁上。定本弘全五・一三六頁。また、拙著『台密教学の研究』三〇六頁、三一一頁、参照。
(39) 真全九・三二〇頁上。

最澄の教学における成仏と直道

一　成仏論の問題点

天台教学は融合性の高さを一つの特色とし、しかも日本天台宗は、密教の本格的導入もあって、その度合いを一層促進することになった。しかしながら、最澄は密教を重視しつつも、自身の教学中における影響は希薄であるし、天台法華宗という語を重用しているように、その思想の根幹は天台法華教学にある。そこで問題となるのは、最澄がどのように天台教学を説述したかということである。

そもそも、天台三大部及びそれらに対する湛然の註釈を詳細かつ本格的に検討した学者として、先ず指を屈すべきは、中古の哲匠と言われる証真であろう。証真に至るまでには、最澄以来の日本天台諸師の研鑽の蓄積があるが、証真はそれらを下敷きにし、日本で問題となった点を独自の観点から解明しつつ三大部私記を著したのである。

それでは、日本天台の宗祖、最澄を出発点として、後にまで大きな問題となる教義にどのようなものがあるかと言うに、やはり代表的な思想として成仏論が挙げられるのではなかろうか。成仏論とは換言すれば即身成仏論に他ならず、諸学匠が様々な見解を提示したのである。そして、現今の学者によっても即身成仏に関する研究論文が多々発表されているが、問題は即身成仏を論ずる上での基本事項が必ずしも明らかにされず、そのために古来の学匠の表面的立場ばかりが幾度となく語られているということである。このことは日本仏教の即身成仏思想全般に当て嵌まることであるが、特にその傾向が著しいのは天台教学を機軸とした成仏論であろう。

というのは、法華円教の成仏論は、『法華経』提婆達多品の龍女成仏によって論じられるのが通例であり、そこに絡む複雑な議論が十分に取り扱われているとは思われないからである。龍女成仏に対する中国天台の教義は『法華文句』巻八下[1]を出発点とし、湛然の『法華文句記』巻八之四[2]で幾つかの重要な問題点を含んだ議論がなされるようになる。実は、それらの解釈が課題になると同時に、かなり難解なのである。特に、その解明は証真によって果たされたと言える点も多々ある[3]。要するに、最澄の段階では、その教説中に、後世に問題となる事柄は勿論であるが、湛然が採り上げ議論したことも十分に組み込まれていないのではないかという危惧が存するのである。そして、その最澄の説が円仁や安然によって継承され、最澄が残した課題の解決が企てられたのである[4]。但し、円仁や安然の法華円教即身成仏論は中国天台の教説をそのまま踏襲したというよりは、この身のまま、或いはこの身を捨てないという意義を強調したものになっている。

今ここで、最澄の即身成仏論について詳しく述べることはしない。それは、従来の研究でも多々論じられているからである。しかし、即身成仏とは如何なるものかということを考える上での問題点と、最澄説との関連については述べておかなければならないであろう。何となれば、最澄が『法華秀句』巻下で「即身成仏化導勝八」を設けたことが日本天台における法華円教即身成仏論の出発点であるにも拘らず、基本的な問題点が認識されないまま最澄や後継者の思想が論じられているように思われる場合があるからである。

先ずは、即身成仏と速疾成仏の関係である。或いは、それに一生成仏を絡ませてもよいかもしれない。特に成仏が速疾であることを言うことも平安仏教当初からの特色であるが、それと即身との関わりが必ずしも明快でないことも多い。即身というからには身体についての議論が必要であり、その点について中国天台で萌芽とも言うべき議論がなされているのに、最澄説では不明瞭である。つまり、成仏した時点で、身体がどうなるのかということが、議論に組み込まれる必要がある。最澄は『普賢観経』に依拠して、「即入之言者、即身無レ異。他宗所依経、都無二即身入一。雖二一分即入一、推二八地已上一、不レ許二凡夫身一。天台法華宗、具有二即入義一。四衆・八部一切衆生、円機凡夫、発心・修行、即入二正位一、得レ見二普賢一。不レ推二八地一、許二凡夫一故。[5]」と天台法華宗における凡夫身の即身入（即入）の義を誇るが、正位に入った時点やそれ以後の身体については言及していないのである。そして、最澄が三生成仏までを即身成仏としたことは、成仏した時の身体のことを議論するならばあまり意味のあることではなくなる。つまり、このことは即身の問題ではなく、速疾の範疇における議論である。従って、最澄の三生説は即身成仏思想としては、定説として踏襲されるわけではない。

　更に、身体の捨受の問題は、龍女の変成男子とは別の問題であることへの注意が必要である。すなわち、問題となるのは、無生法忍を得た時に生身の体を捨てて法性身（変易身）を得るという教説が基本になっているということである。しかも、それは天台教学では初住位であり、その位はまさに龍女の成仏を立論する位でもある。従って、龍女成仏には初住位であることによる生身の捨の義があると同時に、変成男子の義がある。そのことについて、最澄は変成男子において取捨の義を論ずるものの、無生法忍を得た時のことには言及しないのである。なお、無生法忍を得た時に生身を捨てると説くのは、「転捨」であり、実は「不捨」であることを主張するのが円仁であり、安然の『即身成仏義私記』では最澄説を起点としつつも円仁説を根本義とし、不捨の義を力説する。そういった円仁や安然の説は天台教学の一面の強調と言えなくもないが、それなりに問題を持つものであるし、その立場で中国天台で説かれる「一生超登十地」の義を如何に把握しうるか、注意深い検討が要求される(6)。

また、龍女成仏を説明する言葉として、「権」の語は極めて重要であり、やはり解釈が分かれるところである。『法華秀句』には、「権是引レ実。実凡不レ成仏、権化無用。(7)」とあり、権は実を引くためのものであるとするが、これは『法華文句記』の説を相当に簡略にしたものである。『法華文句』には「権巧」、『法華文句記』には他に「権行」といった語が見られるように龍女成仏を権という観点から説明するのが基本となるかもしれない。しかし、このことに関連して、日本天台では「龍女権実」の論題で議論がなされるようになるが、龍女が実者なのか権者なのかということと、権巧・実得ということが複雑に絡まり、問題意識の違いもあって、一様ならざる議論を展開していることにも配意しなければならない。そのような複雑さの中にあって、基本的な考えとして押さえておかなければならないのは、初住、或いは分真即の成仏を説くとすれば、権巧とは無生法忍を得た後に、生身を捨て法身を得てから示すものであり、また実得とは無生法忍を得ても生身のままの状態、つまり生身得忍の義と理解せざるをえないことである。

そのように見ると、最澄の即身成仏論は、基盤となる中国天台の思想解明という点において、また後に展開する思想との比較において、ともに不十分の感を免れないのである。しかし、その不十分さが後の学匠の躍進を導いたとも言えるのではなかろうか。

ともかく、最澄の即身成仏論は、「即身成仏」の語を用いたところに最大の評価を与えるべきかもしれない。即身成仏思想が抱える問題点は多様であり、後継者への課題として、指針を示したことが重要なのである。即身成仏以外の成仏はあるのかという疑問が出されたり、即身成仏が幾つかの種類に分けられたりするのも後の展開である。空海の『即身成仏義』も完成されたものでなく、色々と問題点を持つことに留意する必要があると考えられる(8)。

二　大直道思想について

即身成仏に関連して、最澄が直道思想・大直道思想を強調したことは知られている。[9] 特に、次に示す『守護国界章』巻上之下の文は著明なものである。

夫権小・権大・実一乗、其道懸別難二思議一。……其修行道、亦有二迂回・歴劫・直道一。其修行者、歩行迂回道・歩行歴劫道・飛行無礙道。麁食者所レ示、多分小乗止観者、相二似歩行迂回道一。又、多分菩薩止観者、相二似歩行歴劫道一。此二歩行道、有レ教無二修人一。当今人機、皆転変、都無二小乗機一。正・像稍過已、末法太有レ近。法華一乗機、今正是其時。何以得レ知、安楽行品末世法滅時也。今、四安楽行、三入・著・坐行、六牙白象観、六根懺悔法、般若一行観、般舟三昧行、方等真言行、観音六字句、遮那胎蔵等、如レ是直道経、其数有二無量一。[10]

ここに説かれるのは、迂回・歴劫・直道という三種であり、直道は飛行無礙道とも換言されている。この直道思想は、やはり最澄が強調した神通乗とは深い関わりを有するのであり、そのことは、『顕戒論』巻上の、「三種神通乗、仏果已必定。是当二別・円戒一。直道菩薩等。[11]」という記述によっても窺われる。また、右の記述で種々の直道の経のあることを言う中に、「遮那胎蔵」の語があることは注目されるであろう。というのは、『大日経義釈』巻一一（『疏』巻一五）には、「謂大乗者、謂真言行菩薩由レ具二足方便一故、行二大直道一、一向無二留難一、得レ至二於真実一。猶如下乗二調良之乗一、行二大直道一至中於大城上。此即是諸仏最上秘要之法。[12]」という記述が見られ、最澄は当然この文を見ていたと考えられるからである。ここに、円密一致で大直道を主張しうる根拠があると言える。

さて、その大直道の語は『無量義経』に、「若有二衆生一得レ聞二是経一、則為二大利一。所以者何、若能修行、必得三疾成二阿耨多羅三藐三菩提一。其有二衆生一、不レ得レ聞者、当レ知、是等為レ失二大利一。過二無量無辺不可思議阿僧祇劫一、終不レ得レ成二阿耨多羅三藐三菩提一。所以者何、不レ知二菩提大直道一故、行二於険径一多二留難一故。……善男子、我説二是経一、甚深甚深真実甚深。所以者何、令三衆疾成二阿耨多羅三藐三菩提一故。一聞能持二一切法一故、於二諸衆生一大利益故、行二大直道一無二留難一故。(13)」と見られ、それは『守護国界章』巻中之上では次のように説明されている。

歴劫与二直道一、如レ説二無量義一。

問。其無量義所レ説、何如耶。

答。無量義経説法品云、次説二方等十二部経・摩訶般若・華厳海空一、宣二説菩薩歴劫修行一。已上経文 解云、此則説二三中歴劫菩薩、大乗門外牛車一。麁食仏乗耳。次経云、善男子、是則諸仏不可思議甚深境界、非二二乗所レ知。亦非二十住菩薩所レ及。唯仏与レ仏、乃能究了。已上経文 是則大直道、甚深不思議無上大乗。無量義経所レ説仏乗也。

問。何以得レ知三無量義経以為二大直道一耶。

答曰、無量義経十功徳品云、善男子、我説二是経一、甚深甚深真実甚深。所以者何、令三衆生疾成二阿耨多羅三藐三菩提一故。一聞能持二一切法一故、於二諸衆生一大利益、行二大直道一無二留難一故。已上経文 又、法華経譬喩品云、与二諸菩薩及声聞衆一、乗二此宝乗一、直至二道場一。已上経文 是両経文、十七種名為具足。同大直道。但開合異耳。未レ乗二宝乗一諸菩薩等、非二三中大一、更為二誰人一耶。当レ知、求二仏道一者、努力努力、莫レ入二歴劫険難路一。但除二円根未熟者一。以二余深法一利喜故。一乗・三乗差別義、如二照権実鏡中説一。(14)

この記述に明らかなように、最澄が大直道を力説するのは、『無量義経』に併せ、『法華経』が大直道を説く経典であることを言うためである。同様の観点からの記述は、『法華秀句』巻下の仏説経名示義勝二にも見出される。

謹案二無量義経一云、次説二方等十二部経・摩訶般若・華厳海空一、宣二説菩薩歴劫修行一。已上経文 大唐伝云、方等十二部経者、法相宗所依経也。摩訶般若者、三論宗所依経也。華厳海空者、即華厳宗所依経也。倶説二歴劫行一、未レ知二大直道一。其大直道者、是果分故、是故無量義経云、善男子、是則諸仏不可思議甚深境界。非二二乗所一レ知。亦非二十地菩薩所一レ及。唯仏与レ仏乃能究了。已上経文 当レ知、果分之経具二十七名一。無量義経者、法華序分、第三如来欲説法時至成就。故約二未合義辺一、雖レ名二随他意一、能生一法無相理智、同二法華経一。故法華十七名初、無量義名也。夫歴劫修行不二果分行一。是因分行。未レ捨二方便一故名為二険径一。是故、十功徳品云、若有二衆生一得レ聞二是経一、則為二大利一。所以者何、若能修行、必得三疾成二無上菩提一。其有二衆生一、不レ得レ聞者、当レ知、是等為レ失二大利一。過二無量無辺不可思議阿僧祇劫一、終不レ得レ成二無上菩提一。所以者何、不レ知二菩提大直道一故、行二於険径一多二留難一故。已上経文 当レ知、歴劫修行頓悟菩薩、終不レ得レ成二無上菩提一。未レ知二菩提大直道一故。終不之言、大小倶有。直道直至已顕日興。是故、法華経宗、諸宗中最勝。法相之賛・三論之疏、不レ順二法華一。具如二別説一。[15]

ここでの主張の眼目は、天台法華宗が最勝であることを大直道の語で説くところにある。ところで、この中に「法華十七名初、無量義名也。」と記されていることや、前引の文中に「是両経文、十七種名為具足。」とあったことは何を意味するのであろうか。そのことは、後で問題にする『註無量義経』の巻一にも、「釈曰、無量義経者、法華開経分也。十七名中之第一名也。[16]」と見られるところである。実は、これは『法華論』(『妙法蓮華経憂波提舎』)巻上に、「此大乗修多羅有二十七種名一。顕二示甚深功徳一、応レ知。何等十七、云何顕示。一名二無量義経一者……二名二最勝修多羅一者……三名二大方広経一者……四名二教菩薩法一者……五名二仏所護念一者……六名二一切諸仏秘密法一者……七名二一切諸仏之蔵一者……八名二一切諸仏秘密処一者……九名二能生一切諸仏経一者……十名二一切諸仏之道場一者……十一名二一切諸仏所転法輪一者……十二名二一切諸仏堅固舎利一者……十三名二一切諸仏大巧方便経一者……十四名二説一乗経一者……十五名二第一義住一者……十六名二妙法蓮華経一者、有二二種義一。何等二種。一者出水義。……二華開義。……十七名ニ最上法門一者……」[17]と記される十七名の第一名に由来するものである。

ともかく、最澄は天台法華宗の優越性を主張すべく大直道思想を前面に打ち出したのである。それは換言すれば速疾成仏の主張であり、即身成仏と共に最澄の教学を特色づける思想である。しかしながら、前にも触れた如く、最澄が成仏に関わる諸問題を十分には論じなかったため、具体性については不明瞭の感を拭えない。しかも、最澄における『無量義経』の尊重は、『註無量義経』という著作を視野に入れた時にも、同様の問題を導くことになるのである。

三 『註無量義経』について

『註無量義経』が最澄の代表的撰述とされることがないのは、同書が持つ内容的な問題に因るのであろう。しかしながら、『叡山大師伝』[18]にその書名が見られ、また問題はあるが、『修禅録』(『伝教大師御撰述目録』)に「無量義経注釈三巻」[19]と記されていることもあり、本書は最澄の真撰として扱われるのが通例である。[20]そこで、ここでは上来述べた成仏論や大直道思想との関わりから検討を加えてみたい。

先ず、大直道については、『註無量義経』巻二に、蔵・通・別の三教が「疾成の大直道」ではないとした上で、「円教即是菩薩等、雖ニ是直道一、不ニ大直道一。今是一法門、既異ニ先説一。故下経文云、四十余年、未レ顕ニ真実一。」[21]と述べている。つまり、円教を直ちに最勝とするのではなく、それは直道ではあるが大直道ではないとし、『無量義経』の法門とは一線を画しているのである。なお、『無量義経』に至るまでの四十余年については、『註無量義経』巻一に、「四十余年者、三十成道後、生年七十一、説ニ無量義経一。」[22]と記しているように、成道後四十一年で『無量義経』

を説いたとし、それまでに、「四十余年所㆑説之教、略有㆓四教及以八教㆒。」[23]という記述の如く、円教を含めた四教・八教を説いたと言う。勿論、その円教は爾前の円である。

大直道の語は本書中に散見するものの、経典の該当箇所ではさしたる註釈が施されているわけではない。また、巻二には五味を五時のこととして解説しているところがあるが、そこでも、「今醍醐初分時、但説㆓直道内証無相之一法門㆒、引㆓導紆廻歴劫菩薩㆒、廻㆓入大直無留難道㆒。其義甚深。」[24]という記述が見出される程度である。なお、同所には「円教菩薩、得㆓無障礙円融相即、一即是多、多即是一、百界千如、三千世間、実中実法㆒。」という文も見られ、「一即是多、多即是一」という表現は華厳的[25]であるが、同じ言い方は『守護国界章』巻上之下[26]で使われているのであり、そこに最澄らしさを看取すべきであろうか。

また、『註無量義経』巻一には、「三仏倶常、倶体倶用。」[27]とあり、この三仏（三身）の倶体倶用説は『守護国界章』巻中之下に、「円教所㆑説常住三身、倶体倶用」[28]と見られる。三身の倶体倶用説は、安然によって相即の三身以上の位置づけを与えられ、尊重されることになるものであり、[29]そのような重要な教義が『註無量義経』・『守護国界章』の両書に記されていることは重要であろう。

さて、「唯仏与仏」の語は『法華経』方便品に、「唯仏与㆑仏、乃能究㆓尽諸法実相㆒。」[30]と見られるものであるが、その語は『無量義経』にも、「善男子、是則諸仏不可思議甚深境界、非㆓二乗所㆒㆑知。亦非㆓十住菩薩所㆒㆑及。唯仏与㆑仏乃能究了。」[31]と見出される。この『無量義経』の文は前引した『守護国界章』巻中之上[32]・『法華秀句』巻下[33]にも引用され、最澄が重用した文であることが知られる。[34]そして、この『無量義経』の文に対して、『註無量義経』巻二では次のような註釈を施しているのである。

是則結㆓歎諸仏意密㆒也。言㆓善男子㆒者、指㆓大荘厳㆒。言㆓是則㆒者、承㆓上事勢㆒、申㆓明其理㆒也。言㆓諸仏不可思議一者、指二上内証口密・身密一。言二甚深境界一者、明二内証意密一。是則五時三密不可思議。言二非二乗所知一者、非二折体二乗所レ知。言二亦非十住菩薩所及一者、通教十地、別教十地、内外菩薩所レ不レ能レ知。是故名為二亦非十住菩薩所及一。言二唯仏与仏乃能究了一者、唯簡特義。簡二蔵通別大小二乗・七乗・九乗一、特二妙円教果仏・因仏分極究了一。言二唯仏一者、究竟即、是妙覚果仏。言二与仏一者、分証即、是四十一仏。言二乃能究了一者、果仏能究、因仏能了。是故名為二乃能究了一也。[35]

ここで注目すべきは、『無量義経』で十住の菩薩の及ぶ所に非ずとすることについて、通教の十地、別教の十地を該当させるのみで、円教の初住以上については唯仏与仏の語に収める見解を提示していることである。要するに、「唯仏」を究竟即・妙覚位、「与仏」を分証即、つまり初住以上の四十一位に配したのである。そこで、その妥当性が問題になるが、証真は『山家註無量義経抄』でそのことに言及し、容認すべく議論を展開している。すなわち、証真は、「与仏者分証者、問。既云二究了一。何互二分証一。例如二法華唯仏与仏唯是究竟一。答。亦有二分証三密徳一。今文三密亦可レ通レ分。故以レ究為レ極、以レ了為レ分也。不レ同三法華、但云二究尽一。[36]」と言うのであり、『法華経』の唯仏与仏と区別して理解する旨を述べているのである。

ところで、右記した『註無量義経』の文中には、口密・身密・意密、或いは三密の語が見出されたが、これらの語は直ちに密教の語として理解されるべきものではない。[37] しかしながら、本書には明らかに密教の教義が導入されているのであり、注目される。[38] すなわち、同書巻一には、伎楽の語を、「伎者、菩薩舞伎、即金剛儛等身密印也。楽者、菩薩音声、即金剛歌詠等口密真言也。[39]」と解釈する場面があり、印・真言の語が用いられているのである。更に、同じく巻一には、「法身之体、無レ所レ不レ遍。猶如二虚空一。……三諦之境、無レ所レ不レ照。猶如二大日一。[40]」の如く、毘盧遮那ではなく大日という言い方が見られる。なお、毘盧遮那という言い方は円密二教で用いられるが、本書巻一[41]では「金剛五智慧」に併記して「毘盧遮那阿字心恵」と見られ、これも密教の立場からの表記であろう。このように、本書には密教的要素が組み込まれているのであり、そのことは次に示す巻二の記述からも窺うことができる。

言レ劫者、印度語略、具存二本音一、応レ言二劫跛一。有二二義一。一者、妄執義。二者、時節義。時節義有二小中大時一。芥城・排石、人日・天珠。妄執義有二麁・細・極執一。三瑜祇行、一生得レ超。今約二受苦一、取二時節義一。芥城難レ尽、是故名為二無量億一也[42]。

これは、無量億劫の輪廻を説明するもので、それは芥子劫や払石劫（磐石劫）という時節の義に基づく劫のことであるとする。しかし、ここで注目すべきは、劫の義として、時節以外に妄執の義を挙げていることである。そもそも、劫（劫跛）に時分と妄執の二義を認め、妄執の義を秘密の釈としているのが『大日経義釈』巻二[43]（『疏』巻二）の説なのである。そこでは、妄執の立場ならば、一生に麁・細・極細という三妄執を度して一生成仏することが主張されているのであり、右の記述はまさにそれに依拠したものと言えるであろう。『註無量義経』で、何も典拠を示さず、『義釈』（『疏』）の教義を活用していることはやや問題ではあるが、密教義に依る一生成仏説を導入していることは重要である。但し、ここではその義を主張する文脈ではない。『註無量義経』に円密一致の方向性が見られることが肝要なのである。

さて、『無量義経』と言えば、最澄以後、即身成仏を立論する上でしばしば重んじられる、「即於二是身一、得二無生法忍一、生死煩悩一時断壊、昇二於菩薩第七之地一[44]。」という文の扱いが問題になる。これは、『無量義経』十功徳品第三で明かされる十功徳の中、第七功徳不思議力を説く文中に見られる記述である。そこで、『註無量義経』巻三[45]の該当箇所を見るに、そこには十分な解釈は付されていないのである。なお、同文は諸本によって少しずつ異なるが、意味を汲む上では問題ないし、『註無量義経』をはじめ円仁の『金剛頂経疏』巻一[46]における引用等、日本天台諸師の引用はほぼ右記のようになっている。この『無量義経』の説の重要性は、是の身において無生法忍を得るということなのであり、その点が諸学匠により先ず重視されたのである。[47] そして、即身成仏論では、無生法忍を得た時の生身の捨・不捨の義が難関となったのであるが[48]、最澄の段階では深い議論はない。また、無生法忍を得る位は、天台教学では円教の初住、別教の初地とするのが基本であるから、『無量義経』に「第七之地」とあることは問題となる。そのことについては証真の『山家註無量義経抄』[49]で解明が試みられ、通教の意に附した説であるというような解釈もなされているように、直ちに円教で無生忍を得る位とは把捉できないのである。

四　結　語

最澄が密教を重んじていたことは、例えば、『決権実論』で、徳一に対して、「北轅者、未レ受二灌頂一、未レ学二真言一。偏執二権宗一、歴劫顕教永迷[50]。」と誇っていることからも察知されよう。しかしながら、最澄の密教は教相・事相ともに萌芽的なものであり、比叡山における密教の充足は後継者達の手に委ねられたのである。のみならず、法華円教の即身成仏についても、その教理づけは後の学匠の課題となった。

特に、円仁によって、円密一致を旗印とする台密の隆盛が図られ、また法華円教の即身成仏論も新たな展開を示す理論が提示されるようになる。それらは、最澄が準備した方向性に則ったものである。そのように見てくると、最澄が密教尊重の基本的立場を示したことや、法華円教の即身成仏を喧伝して、併せて、大直道や神通乗を強調したことは、まさに日本天台ならではの理論として結実して行くことが推知されるのである。日本天台における諸学匠の見解は、一概ではない。しかし、踏襲すべき基本線を最澄が設定したことは確かである。

本章では、そういった観点から、最澄の教説を若干探ってみた。そして、必ずしも最澄の思想を知る書としては活用されていない『註無量義経』に焦点を当てた結果、他の最澄の文献と共通する見地に立っている点があることが窺えたのである。中でも、成仏論に関わる記述が、他の文献と同類の課題を残していることや、或いは、同書ならではの幾らかの密教義の導入が見られることは重要であろう。『註無量義経』には、その他にも注目すべき記述が見られるのであり、更に検討をする必要がある。今回触れなかった撰述年代も考究しなければならないが、その時期を特定することは困難と考える。

註

（1）大正三四・一一七頁上。本書三九頁、参照。
（2）大正三四・三一四頁中下。本書三九頁～四〇頁、参照。
（3）証真の説については拙著『天台教学と本覚思想』「証真の即身成仏論」参照。
（4）拙著『天台教学と本覚思想』「日本天台における法華円教即身成仏論―『即身成仏義』諸本を中心に―」参照。
（5）伝全三・二六七頁。
（6）安然の『即身成仏義私記』に対して最初に詳細な検討を加えたのは池山一切円氏であるが、同書の一生超登十地説に関して、「又、十地菩薩に虎狼悪獣の怖れがあると云われるのはこの十地菩薩は次第順次に証して十地に登ったのではなく一々の地を超入した超登十地であって法身未熟であるから肉身があり虎狼の怖れがあると答えている。」（「安然の即身成仏義私記とその脈譜」叡山学会編『安然和尚の研究』一〇頁）という解説が見られる。その後、末木文美士氏も同書を扱い、右の問題点に対して、「後者は「超登十地」、即ち九地を超えて一気に十地に達した菩薩であり、それ故、未だ法身を得ておらず、「虎狼獅子の怖」が残っている。このように、凡夫性を残した菩薩であり、甚だ注目される。」（「安然『即身成仏義私記』について」高崎直道博士還暦記念論集『インド学仏教学論集』六四一頁）と、池山氏に類似した見解を示した。しかし、これらの解釈は至当とは言えないのである。というのは、同書における円仁及び安然の解釈は、超登であるから肉身のままであるというものではない。観智純熟すれば生身を捨てることなく法身を得て、十地に超登するという説を前提として、観智未熟であっても超登十地の義があるとしているのである。つまり、十地に肉身があるのは超登だからというのではなく、観智未熟だからということなのである。これは、中国天台の教説の転換とも言えるもので、十地において法身に転じていない生身のあることを重んじてはいないという点に注目する必要がある。このことについては、拙著『天台教学と本覚思想』「日本天台における法華円教即身成仏論──『即身成仏義』諸本を中心に──」（特に註(19)）参照。

(7) 伝全三・二六四頁。
(8) 空海の『即身成仏義』が持つ問題点については、拙著『台密教学の研究』第十一章「安然と空海」第二節、第八章「台東両密における行位論の交渉」、拙稿「日本仏教の教学研究と文献」（『日本の仏教』五）参照。
(9) 例えば、勝又俊教『密教の日本的展開』（一三二頁～一四一頁）、田村晃祐『最澄教学の研究』（四四五頁～四五一頁）参照。なお、大直道の語を中国天台で用いた例としては、『摩訶止観』巻三下（大正四六・三三頁上）の、「円教止観、是頓而非㆑漸、行㆓大直道㆒。即㆑辺而中。」という記述が挙げられる。
(10) 伝全二・三四八頁～三四九頁。
(11) 伝全一・七三頁。この中、三種の神通乗とは、『不必定入定入印経』に基づく、月日神通乗、声聞神通乗、如来神通乗のことである。神通乗については、拙著『台密教学の研究』第十四章「神通乗について」参照。
(12) 続天全、密教1・五〇八頁下。
(13) 大正九・三八七頁上中。
(14) 伝全二・三九五頁～三九六頁。『法華去惑』巻一（伝全二・五二頁～五三頁）も同文。
(15) 伝全三・二四一頁～二四二頁。
(16) 伝全三・五五五頁。
(17) 大正二六・二頁下～三頁上。
(18) 伝全五・附録四四頁～四五頁。
(19) 伝全五・附録一五二頁。

(20) 塩入亮忠氏は「伝教大師の本覚思想—仏身論を中心として—」(『印度学仏教学研究』九—一)で、最澄真撰であるが、従来全く顧みられなかった文献であるとし、また、多分晩年のものであると言う。しかし、田島徳音氏(『仏書解説大辞典』)は慎重な立場を採り、天台大師風の注釈を未だ熟知していないようであることを述べ、『法華玄義』や『法華文句』を閲読する以前の撰述である可能性を示唆している。但し、本書は五時や四教・八教といった天台教学との関わりは希薄ではなく、まさに天台学を基準にしている。

(21) 伝全三・六〇六頁。

(22) 伝全三・六一九頁。但し、証真の『山家註無量義経抄』(新版日蔵、法華部章疏四・二五〇頁下)では、「生年七十二説無量義経者、問。玄五(大正三三・七三八頁中)云、七十二歳説二法華説一云云。」としている。

(23) 伝全三・六二四頁。

(24) 伝全三・六三六頁~六三七頁。

(25) この語の出典は、もとをたどれば『華厳経』十住品(大正九・四四六頁上)である。

(26) 伝全二・三〇八頁。

(27) 伝全三・五八一頁。

(28) 伝全二・四七六頁。

(29) この点については、拙著『台密教学の研究』第六章「日本天台における法身説法思想」第二節、参照。

(30) 大正九・五頁下。

(31) 大正九・三八六頁下。

(32) 註(14)。

(33) 註(15)。

(34) 最澄が尊重した『無量義経』の文については、浅井円道『上古日本天台本門思想史』(七七頁~七八頁)参照。

(35) 伝全三・六四三頁。

(36) 新版日蔵、法華部章疏四・二五三頁上。

(37) 三密については、拙著『台密教学の研究』第二章「台密の三密論」参照。

(38) このことについては、三﨑良周『台密の研究』（一八一頁、一九二頁）に指摘がある。
(39) 伝全三・五七八頁。
(40) 伝全三・五七九頁。
(41) 伝全三・五八三頁。
(42) 伝全三・六〇九頁。
(43) 続天全、密教1・五八頁下。また、拙著『台密教学の研究』第一章「『大日経義釈』の教学と受容」参照。
(44) 大正九・三八八頁中。
(45) 伝全三・六六五頁～六六六頁。
(46) 大正六一・一二頁中。
(47) 拙著『天台教学と本覚思想』（一一三頁～一一四頁）参照。
(48) 拙著『天台教学と本覚思想』「円仁の即身成仏論―特に生身の捨・不捨について―」参照。
(49) 新版日蔵、法華部章疏四・二五四頁上下。「経昇於菩薩第十七(ママ)之地者、問。何故必至二第七地一耶。又、此無生忍為二是何位一。若云二初地一、何云二七地一。若云二七地一者、円教無生、何在二七地一。答。若依二五大院、菩薩或(ママ)広釈一分為二二地一。初云二得無生忍一、是初地。次云二第七地一、是中根人。若登二法雲一、是上根人云云。私云、経文次云三生死怨敵自然散壊証二無生忍一。是結三上文生死煩悩一時断壊、昇二於菩薩第七之地一也。故不レ可下以二無生七地一分為上レ二也。只是同二仁王・瓔珞等七地無生一也。七地已尽二見思分段生死一故云二生死煩悩一時断壊一也。別・円地位、多附二通意一故、今円文亦附二通意一。又以二十地一対二十功徳一故超二七地一為二第七功徳一、超一レ登十地一為二第十一也。」とある。この中に、「五大院、菩薩或(ママ)広釈」とあるのは、安然の『普通広釈』のことであろうが、その記述は証真の引用とはやや異なる。とはいえ、安然の説は独特のものであり、証真の引用と共通する観点からのものであるから、基本的には証真の採択するところではなかろう。ちなみに、『普通広釈』巻上（大正七四・七六五頁中）には、「無量義云、受一レ持此経一、即於二是身一得二無生忍一。是即身入二習種仏位一。是中下根。即身若入二性種一、是中中根。即身若入二道種仏位一、是中上根。又云、昇二於菩薩第七之地一。是即身入二聖種仏位一。是上下根。即身若入二等覚仏位一、是上中根。」と見出される。
(50) 伝全二・六九〇頁。

最澄の成仏思想

一　宗祖としての教学的特色

平安初期の仏教は、速疾成仏の主張に併せ、即身成仏という教義の萌芽を特色とする。即身成仏を自宗の成仏思想として顕揚したのは、最澄と空海であり、以後、それぞれの後継者達はその義を解明すべく研鑽を重ねることになるのである。そのことは、宗祖による天台・真言両宗の即身成仏思想が出発点としての価値を持つと共に、様々な問題点を残すものであったことを意味する。(1)

本章で論ずる最澄の教義も独自の特色を有すると共に、後の研究課題を幾つも含むものであった。それは、後世における新たな展開を意味するばかりでなく、本に戻っての検討を要求するものであり、より厳密な追究の必要性に依るものである。従って、最澄の教学を中国天台の教義に照射することで、その特色が明瞭になることもある。特に、中国天台の教義が難解である場合、最澄以降の学匠の尽力が解明の糸口となることは多々あり、龍女成仏を骨子とする即身成仏思想もその顕著な例になるであろう。(2)

最澄が、徳一との論争や、大乗戒独立に精力的に取り組んでいたことから言えば、天台教学全般の解明に時間を費やすことはできなかったと推察される。特に即身成仏思想の明確な顕現化は最晩年の『法華秀句』においてなされるのであり、このことはそれまでの、徳一や空海との人間関係を加味して、その思索の展開を辿らなければならないであろう。

最澄の成仏思想に関する先行研究は多く、即身成仏思想のみならず、大直道思想[3]や二乗作仏に関わる問題点は常に言われることである。しかしながら、教学上、未解明な事柄がないわけではなく、ここでは、上述のようなことを踏まえて、最澄の思索と人間関係などを考慮しつつ、成仏思想に関わる問題の検討を試みることにしたい。

二　最澄の成仏思想の帰結

最澄の成仏思想としての終着点が、『法華秀句』巻下に即身成仏化導勝八として論述された教説である。そのことについては幾つもの研究があり、周知のこととなっている。そもそも徳一との論争が『法華秀句』で終わるのは、最澄が没してしまったからであり、その即身成仏思想は更に論争という形で展開する要素を残していた。それは、最澄の教学が中国天台の教学を必ずしも十分には組み込んでいないからである。従って、後の学匠は最澄説を出発点として、日本天台ならではの即身成仏論を構築していくが、常に天台教学に遡及しての検討が行われることになった[4]。

なお、『法華秀句』は『法華輔照』とも称され、例えば、安然の『即身成仏義私記』では即身成仏化導勝の記述を「法華輔照下巻[5]」の文として引用し、また、源信の『即身成仏義私記』では「補照（ママ）[6]」の文として扱っている。

また、『法華秀句』でもう一つ注目すべきは、巻上末（仏説已顕真実勝一）に『菩提心論』の文が引用されていることである。[7] それは『菩提心論』で二乗作仏を説く箇所であり、灰身滅智した定性の二乗が成仏しうることを説くもので、次のように記されている。

……仏性論云、有二三種余一。謂、煩悩余・業余・果報余。約二権教一、雖三灰身滅智名二無余滅一、然約二実教一、説下住劫之後、聞二法華経一、廻心作仏上。已有二三余一。何無二余善一。唯約二神通作用弱一故、名二入時尽一。若不レ爾者、違二金剛頂宗一故。故大唐至徳二年（当二大日本国天平宝字元年一也）天竺三蔵阿目佉抜曰羅（二合）訳金剛頂瑜伽中発阿耨多羅三藐三菩提心論云、二乗之人、雖レ破二人執一、猶有二法執一。但浄二意識一不レ知二其他一、久久成二果位一。以二灰身滅智一、趣二其涅槃一、如二大虚空湛然常寂一。有二定性一者、難レ可二発生一。要待二劫限等満一、方乃発生。若不定性者、無レ論二劫限一。遇レ縁便廻心向大。（已上論文）当レ知、入二無余一定性、雖レ尽二神通善根之相一、然其神通性及一切善根、永不二滅尽一。要待二劫限等満一、方乃発生。明知、短翮者所レ結之文、況余善根豈有二余留一耶者、短翮者臆説。不レ可二帰信一。[8]

すなわち、最澄は金剛頂宗に違うとして、徳一の立場を誹議する文脈で『菩提心論』を用いたのである。言うまでもなく、『菩提心論』には密教の即身成仏思想が説かれている。しかしながら、最澄はその点には論及しなかった。『菩提心論』については、空海及び徳一との関係も見なければならない。ともかく、定性二乗の議論の検討には、『菩提心論』も視野に入れて考究する必要が出て来る。

なお、そのことについて論ずる前に、即身成仏化導勝に説かれる最澄の即身成仏説に関する問題点を列記しておくことで考察の便としたい。

『法華秀句』巻下の即身成仏化導勝八の中軸は龍女成仏にあり、直ちに密教義と言える主張はなされていない。しかも、『法華文句』や『法華文句記』における龍女成仏の解釈を組み込んでいない。とはいえ、権実について、「有人会云、是此権化。実凡不レ成。難云、権是引レ実。実凡不二成仏一、権化無用。経力令レ没。[9]」と記していることは、天台教学における龍女成仏論の根幹を示したものと言える。但し、権は旧聖の権なのか、新聖が権を示したのかというような話題はない。

また、成仏した時点で生身がどうなるかという議論もなされていないが、最澄は変成男子に関わる議論でそれを論じ、「有人云、変成男子者、未レ免二取捨一。今謂、法性取捨、法性縁起、常差別故。法性同体、法性平等、常平等故。常平等故、不レ出二法界一。常差別故、不レ礙二取捨一。[10]」の如く、常平等・常差別という要語に基づく名言を残した。身体の取捨の問題は、変成男子よりも無生法忍を得た時、つまり天台円教の初住位における議論となるべきであるとしても、「捨」を認めつつ常平等であることを説いたのは、『法華文句記』巻八之四で、この問題を、「既証二無生一。豈不レ能レ知三本無二捨受一。何妨二捨レ此往一レ彼。[11]」と論じたことと共通点を有する。

そもそも、中国天台の教学から推せば、龍女に新聖（実者）としての成仏があり、しかもそれは権巧と実得という二義が同時に存することになる。[12]その実得は全く身体の取捨を論じない立場であり、それを即身成仏の義として採ることも可能である。しかしながら、最澄にはそういった議論はなく、生身の凡夫が成仏するという意味で即身成仏という語を用いたと考える方が妥当なようであり、即身成仏した時に生身を捨てるという意味を有していたと見てよかろう。

このように考えると、最澄が三生成仏までを即身成仏と捉えたことの意味もやや解明されるかもしれない。次に示す最澄の三生説も著名なものである。

能化龍女、無二歴劫行一、所化衆生、無二歴劫行一。能化・所化、倶無二歴劫一。妙法経力、即身成仏。上品利根、一生成仏、中品利根、二生成仏、下品利根、三生成仏。見二普賢菩薩一、入二菩薩正位一、得二旋陀羅尼一。是則分真証。[13]

即身成仏が生身の不捨を意味するとしたら、成仏した時点のことのみを議論すればよく、生を何回隔ててもよいことになる。最澄が三生成仏を掲げたのは速疾性を兼ねての主張であると言えるであろう。勿論、速疾ということの意義も単純ではないが、即身成仏には一生成仏という語と共に立論される要素がある。それでは、なぜ最澄は三生説を樹立したのであろうか。このことについても幾つかの見解が示されている。一つは華厳の三生説の影響と見る説である。[14] その根拠の一つが次に示す『守護国界章』巻上之中の記述である。

仁王経云、十善菩薩発二大心一、長別二三界苦輪海一。已上経文 是則十信終心、出二分段海一。十住之位、何不二無漏一哉。本業発心、与二華厳一不レ同。仁王十信、豈同二瓔珞一哉。諸有智者、智厳三蔵・賢首法師・大原法師、立二十住位於界外一、判二三生証於直道一。誰者不二仰信一哉。[15]

ここで智儼・法蔵（賢首法師）・澄観（大原法師）という華厳家の学匠を列記し、三生説を顕揚していることは常に指摘される。但し、そのことだけでなく、信満成仏説が論じられていることにも注目する必要があろう。華厳の信満成仏と天台の初住成仏説は実は行位に照らせば、十信の満位と初住であるから異なるものであり、特に天台円教では初住から界外の身、すなわち生身（分段身）を捨て法身（変易身）を得るのであるから、重要な差異がある。しかし、この文脈では、信満成仏と初住成仏が同致するものとして扱われ、そこに最澄の立脚点があると考えられる。因みに、最澄は『依憑天台集』[16]では「大唐五台山居士、華厳宗李通玄判二天台位一造二華厳会釈十四巻一」という項目を設け、李通玄の『新華厳経論』巻三の記述を引用するのであり、その中で信満成仏を、「五円教者、得二一位一切位、一切位即一位一。故十信満心、即摂二六位一、成二覚正等一。依二普賢法界、帝網重重、主伴具足一故名二円教一。如二此経等説一。蔵法師、作二如レ是会釈一云云。[17]」と説明している。

さて、三生説にはもう一つ問題がある。それは南岳慧思の三生説であり、極大遅を三生とする。[18] すなわち、『法華経安楽行義』に、「極大遅者、三生即得。[19]」と見出され、その説を承けて湛然が次のように述べていることで、大要が知られよう。

実教中、六根・五品一世可レ期。乃至金光明経、一生十地。故南岳用二普賢観意一云、六根極遅、不レ出二三生一。[20]

（『法華文句記』巻八之一）

南岳云、一生望レ入二銅輪一、但浄二六根一。又云、能修二四安楽行一、一生得レ入二六根一。極大遅者、不レ出二三生一。若為二名聞利養一則累レ劫不レ得。[21]

（『止観輔行伝弘決』巻四之二）

最澄が慧思に端を発する三生説を参看した可能性は十分にあろう。『普賢観経』が根拠になっていることも同様である。しかし、注意すべきは六根位、つまり相似即についての主張であり、初住、或いは分真即（分証即）に入ることを論じてはいないことである。

行位の問題は他にもある。天台教学では基本的に龍女成仏を初住位とし、最澄が分真位としたことは問題がない。しかし、他宗との比較において、八地説を批判していることは必ずしも明瞭ではない。それは『法華秀句』に見られる次の記述である。

当レ知、普賢経者、能結二法華経一也。即入之言者、即身無レ異。他宗所依経、都無二即身入一。雖二一分即入一、推二八地已上一、不レ許二凡夫身一。天台法華宗、具有二即入義一。四衆・八部一切衆生、円機凡夫、発心・修行、即入二正位一、得レ見二普賢一。不レ推二八地一、許二凡夫一故。[22]

そもそも、『法華文句記』巻八之四[23]では、他人の説として七地・十地説を挙げ、それを批判している。この七地説はやはり不明であるが、十地説は『伽耶山頂経』に基づく主張であり、吉蔵の『法華義疏』巻九[24]や基の『法華玄賛』巻九本[25]に見えている。それではなぜ八地を論じたのであろうか。その八地説は凡夫が成仏するという意味ではないとしているのであり、最澄としては凡夫が初住に入り聖者になることを「即身入」と捉えているのである。この問題については後で検討することにしたい。

三　徳一との論争と密教義

既に少しく触れたように、最澄と徳一との論争で、定性二乗の作仏を認めるかどうかということは根本課題の一である。その結論については言うまでもないことであるが、そこでの議論の応酬は、二人の思索の深化を念頭に置いて多角的に検討する必要があろう。先ず問題にしたいのは、次に引用する『決権実論』の文である。

山家問難　問二入滅二乗廻心向大一第七

問。入滅二乗者、為二廻心向大一已否。

答。入滅二乗者、灰心滅智。是故、不二廻心向大一。唯有二清浄真如一、不定性二乗、定不二入滅一故。

難曰、違丙法華経第三化城喩品云乙是人雖下生二滅度之想一、入中於涅槃上、而於二彼土一、求二仏智慧一、得甲レ聞二是経一。

北轅者通曰、末学者第七問難。

今愍教授云、汝由レ不レ知二已・今・当之三字差別一、而如レ是迷執。経唯言二当入涅槃一、不レ言二已入一。亦不レ言二今入無余涅槃一。当レ知、彼法華経、約下不定性声聞、住二有余涅槃一、求上入二無余一、而説二当入涅槃一。不レ説二已入無余涅槃一。後従レ彼起、廻心向大。何以知レ然。正法華第四云、声聞・縁覚、生死已断、度二於三界一。臨レ欲二滅度一、仏在レ前住、誨以二要法一、発二菩薩意一。既云二臨滅度一。明知、未レ入二無余滅一。若入二無余滅一、灰身滅智、猶如二虚空一。仏住二誰前一、誨二何等法一也。

山家救云、汝已・今・当失、北轅自所レ犯、不二是山家犯一。汝今諦聴、善思二‐念之一。山家所引文、但有二是人雖生滅度之想、入於涅槃、而於彼土、求仏智慧、得聞是経句一、以無二当入涅槃之句一。今、北轅者、以二何当字一、偽噴二已・今一。若言レ引二生滅度想、当入涅槃之経文一者、其句当一字、為レ説二過去事一、為レ説二未来事一、為レ説二現在事一。若言二過去一者、全違二経文一。其句首云二我滅度後、復有弟子一。是故、明知。汝已入噴、還示二汝愚一。若言二現在一者、亦違二経文一。汝今入噴、重顕二汝愚一。若言二当来一者、汝当入之言、定当入之当。其経文云二入於涅槃、而於彼土一故。若言二臨当之当一者、彼土之言、有二相違一也。夫授記当成之当字、豈同二臨当之字一哉。正法華文、余処所説。彼土求レ慧、得レ聞二是経一。豈非二已入無余之彼一哉。北轅者、未レ解二龍樹論一、執二瑠璃空一、未レ聞二密厳教一、謂二熱鉄空一者異。是故、名二四不通一也。[26]

この種の論争は一般的に決着することはない。互いが自身の信奉する立場からそれぞれの依拠となる文献を提示し、自説に適合しない説、つまり論争相手の依拠となる文証には何らかの会釈を施すことで議論が進行し、自説を根底から覆すことはないからである。塩入亮忠氏も「畢竟水掛論に堕するの感ある」[27]ことを言う。ここでの最澄の論難は「当入涅槃」という字句に関わるが、そのことよりも最後に北轅者が龍樹の論を解していないことや、密厳の教を未だ聞いていないことを非難していることに注目したい。これは先学の研究[28]に依れば、それぞれ『大智度論』巻九三の文と『大乗密厳経』のこととなる。確かに、そのように考えられる要素がないわけではない。しかしながら、ここで大きくまとめている記述の趣旨は、『菩提心論』に基づく密教義にあると推察したい。

『大智度論』巻九三の文は後でも触れることになるが、ここで引用すれば次の通りである。

問曰、阿羅漢、先世因縁所レ受身、必応レ当滅。住レ在何処一而具レ足仏道一。

答曰、得二阿羅漢一時、三界諸漏因縁尽、更不三復生二三界一。有二浄仏土一、出二於三界一、乃至無二煩悩之名一。於二是国土仏所一、聞二法華経一、具レ足仏道一。如二法華経説一、有二（阿）羅漢一、若不レ聞二法華経一、自謂レ得二滅度一、我於二余国一、

為説二是事一。汝皆当二作仏一。(29)

これは『法華経』による阿羅漢の作仏を説くもので、『守護国界章』巻下之上の「弾下麁食者謬破中定性二乗入二無余一後回心上章第二」(30)で徳一が古法師の説として引用し批判する文中に見出される。(31)この古法師とは法宝のことと考えられ、『一乗仏性究竟論』巻五の引用と合致する。(32)そこで、注目すべきは、最澄の引用により、この『大智度論』巻九三の記述に対する徳一の見解が知られることである。徳一は次のように釈した。

又準二智論一云、羅漢往二他方浄土一。如何相違。

答。準二瑜伽文一、応レ会二法華及智論一。拠二応化声聞一語。非二実声聞一。謂、将レ引二懈怠不修善者一、而仏・菩薩、化二作声聞一。又、或応レ云、法華及智論、約二密意一説、非三実声聞往二生浄土一。已上麁食者、報二古義一所レ立(33)

要するに、『法華経』（化城喩品）や『大智度論』の文は、実の声聞ではなく、仏・菩薩の化作であるか、或いは密意に約したもので、やはり実の声聞のことではないとしているのである。こういった議論の内容はともかく、徳一は今問題になっている『大智度論』巻九三の教説に対し、法相宗の立場から論じたことは注目しなければならない。

それではどうして、前に見た、北轅者が龍樹の論を解せず、密厳の教を未だ聞いていないと非難したことが密教義と考えうるのであろうか。それは、『決権実論』の特色として言えるように思われるのである。次の記述は、双方の主張の核心を知る上で重要であると共に、文脈に関係なく密教義で纏めていることが緊要である。

山家問難　問下皆名二仏子一一切衆生作仏上第三

問曰、若名二仏子一、一切衆生、来世作仏已否。

答曰、縦使雖三名為二仏子一、然彼畢竟無涅槃性者、決定来世不レ作二仏道一。

難曰、違三法華経第一巻方便品偈云二諸法従本来、常自寂滅相。仏子行道已、来世得作仏。一

奥州北轅者通曰、末学者第三問。

今愍教授云、不定性二乗・不定性増上慢及断善闡提之仏子行レ道已、来世得二作仏一也。

山家救云、北轅此釈、妙理未レ尽。所以者何、北轅者未レ解二三世定性一故。過去定性、住二不退位一、聞二法華経一、現在定性、聞二法華経一、得レ成二仏道一、未来定性、入滅之後、住二妙浄土一、於二彼土一聞二法華経一、得二仏滅度一。夫三世定性、若不レ聞二法華一、不レ得三廻心向二大乗一故。北轅者、未レ受二灌頂一、未レ学二真言一。偏執二権宗一、歴劫顕教永迷。善星畢死、再生二北轅一。不レ若、伏二我慢幢一、習二受職事一、現生二仏家一。是故、名為二四不通一也。(34)

要するに、徳一は『法華経』方便品に「来世得作仏」とあるのは、不定性の二乗・不定性の増上慢、及び闡提(断善闡提・大悲闡提・無性闡提)の中の断善闡提のことであるとするのである。因みに、『決権実論』の次の「問二畢竟無涅槃性成仏一第四」の箇所には、『法華経』方便品の「無一不成仏」の句に対する徳一の、「今愍教授云、若有二不定種性有情一、聞二法華経一句一者、無三一不二成仏一也。(35)」という見解が示されている。最澄の説は結論としては言うまでもないが、最後に灌頂を受けていないことを難じているのである。このようにやや唐突に密教義を持ち出し、それを結論として顕彰することは、その前の「問三一切衆生皆為二仏子一第二」でも同様であり、そこでは、「北轅者未レ見二亦未レ聞三入仏三昧耶・三平等深義一、発二不平等見一。当レ犯二越三昧耶一。自堕及堕レ他。寧雖レ近二悪獣一、不レ近二悪知識一。(36)」と記している。

このように『決権実論』には密教義が濃厚に現れている。『決権実論』が書かれたと考えられる弘仁十一年(八二〇)は既に空海との交流は途絶えている。しかしながら、前に見たように、定性二乗の作仏を説く上で、『菩提心論』の教義が重要な働きをしているのであり、それが空海の将来した文献であることも考えなければならないで

あろう。最澄が『菩提心論』を入手した年時は不明である。そこで徳一の方に目を転ずることにしたい。

検討するのは、『真言宗未決文』である。注目すべきは、本書の十一疑のうち、第三即身成仏疑から第七菩薩十地疑までの五疑がいずれも『菩提心論』を扱っていることである。従来の研究では、弘仁六年（八一五）四月の勧縁疏（『続性霊集補闕抄』巻九「奉レ勧二諸有縁衆一応レ奉レ写二秘密蔵法一文」）との関係が論じられ、それ以降の撰述とすることはほぼ認められるようである。(37) 勧縁疏には奉書されるべき書が「三十五巻」とあり、その中に『菩提心論』一巻が含まれていたことは想像に難くない。ここで確認しておかなければならないのは、この勧縁疏により徳一が『菩提心論』を見ることになったのではないかということである。すなわち、『真言宗未決文』の執筆には『菩提心論』の入手が関わっていると考えられることになる。そして、後の付加と考えられる部分を除けば、第十一鉄塔疑のところで、「此所レ述之諸疑問者、恐謗法業、招二無間報一。唯欲下決二所疑一、増二明智解一、一向帰信、専学中其宗上耳。庶諸同法者、莫下依二此疑問一、嫌中軽彼宗上。(38)」の如く穏当に総括しているように、本書は空海に対する交流の一環として率直に疑点を掲げたものと看做しうるであろう。

成仏との関わりで常に問題になるのが、第三即身成仏疑であり、そこでは先ず『菩提心論』について論じ、更に追記がなされているのである。後の付加と考えられる箇所は、次のように記されている。

又、釈摩訶衍論第七云、証発心者、従二浄心地一（初地）乃至菩薩究竟地（第十地）、証二何境界一。所謂真如智、名為二法身一。是菩薩於二一念頃一、能至二十方無余世界一、供二養諸仏一、請二転法輪一、唯為四開二導利三益衆生一、不レ依二文字一。或示三超レ地速成二正覚一。以レ為二怯弱衆生一故。或説下我於二無量阿僧祇劫一、当上レ成二（イ能）（仏道）一。以レ為二懈慢衆生一故。摂示二如レ是無数方便一不可思議、而実菩薩種性根等、発心則等、所証亦等。無レ有二超過法一。以三一切菩薩、皆逕二三阿僧祇劫一故。但随下衆生世界不同、有レ所二見聞一、根・欲・性異上故、示二所行一亦有二差別一。准二此論文一、天台宗所レ言即身成仏者、謬執二菩薩示現之文一、以為二真実菩薩之行一。発菩提心論与二此摩訶衍論一、倶龍樹菩薩所造。豈有二相違一哉。是故当レ知、発菩提心論所レ言、今、真言行人、能従レ凡入二仏位一者、亦超二十地菩薩境界一者、依二菩薩示現〔行二而〕説、非二実菩薩一。而彼真言・天台二宗学徒、不三善推二究已(ママ)宗所依経論一、妄立二別宗一云二即身成仏一者、違二諸論一、誤二後学徒一。諸有智者、勿二謬依学一。(39)

ここでは、真言宗のみならず天台宗への論及がなされ、しかも文末の言辞は疑問というよりは、かなり厳しい批判となっている。最澄との論争が反映した心境と考えられるのではなかろうか。そこで、具体的内容としては二つの問題点を挙げたいと思う。一つは『釈摩訶衍論』の依用である。『守護国界章』巻上之中では、行位に関して、徳一が『釈摩訶衍論』巻一の文を挙げたことに対し、同書の依用そのものを批判する。次のようである。

弾曰、汝引二釈摩訶衍論一、不レ足レ為二誠証一。何者、翻訳不二分明一故、隋唐諸目録、不レ載二見録一故、其真言字、不レ相二似梵字一故、其義理相二違本論一故。姚興在レ秦、真諦在レ梁、秦代筏提訳、已同二梁家論一。若正義論者、従レ秦以降、至二唐開元一、目録不レ載、疏師不レ引。是以、不レ足二帰信一。此論者、大安寺戒明法師、去天応年中、自レ唐将来。尾張大僧都、為レ伝撿勘日、已勘成二偽論一。汝何以二疑論一、輙遮二華厳住一。此亦一愚失耳。(40)

この批判は、そのまま『真言宗未決文』にも通用することになり、弘仁九年（八一八）の撰とされる『守護国界章』披見以降に、最澄に見せるために『真言宗未決文』の付記をしたとは考えにくい。徳一が誰に向けて、いつ執筆したか簡単には決められない要素がある。但し、『真言宗未決文』に引く『釈摩訶衍論』巻七の文はそのまま『大乗起信論』の文でもある。(41)『大乗起信論』で歴劫を説くことは日本天台でも解釈が分かれるが、(42)ともかくここでは『釈摩訶衍論』を引用しているのである。

第三即身成仏疑のもう一つの問題は、天台・真言の即身成仏を、共に菩薩の示現としていることである。龍女の即身成仏が権化かどうかということは『法華秀句』でも論じられているが、それは中国仏教の議論でもある。(43) 従って、そのことを根拠に、即身成仏疑の付加の部分を『法華秀句』以後と見る必要はないであろう。

さて、『真言宗未決文』でもう一つ検討しなければならないのが、第五決定二乗疑である。そこで扱われるのは、最澄が『法華秀句』巻上末で引用した『菩提心論』に他ならない。

決定二乗疑者、発菩提心論云、決定二乗之人、雖レ破二人執一、猶有二法執一。久（久）成二果位一。以二灰身滅智一、趣二其涅槃一、如二大虚空湛然常寂一、難レ可二発生一。要待二劫限等満一、方乃発生。今疑、此文即有二自語相違失一。何者、既云二灰身滅智、如大虚空一。即亦云二要待劫既（ママ）等満、方乃発生一。一何相違。滅二身智一、何以為レ因、更発二生身智一耶。仏性論云、因尽果未レ（尽）名二有余涅槃一。因果倶（尽）名二無余涅槃一。既灰身滅智、如二虚空一。何以為レ因、更復〔発〕生耶。無因生者、非二釈種一故。又、智度論第一百巻云、入二無余涅槃一、不二復更出（イ生）一。彼智度論、此発菩提心論、倶龍樹菩薩造。何故智度論、不二復更出（イ生）一。此発菩提心論、更待二劫満一、方乃発生。豈菩薩造二二論一、而一論説レ出（イ生）、一説（ママ）説二不出（イ生）一耶。此疑未レ決。(44)

これは、定性二乗の作仏を認めない立場から、『菩提心論』自体の説を疑うもので、独自の会釈を加えていない。そして、注意すべきは、ここでは前に見た『大智度論』巻九三の文を引用することなく、『菩提心論』に対峙する説として『大智度論』巻一〇〇の記述に言及するのである。このこともよく分からない。『大智度論』巻九三で阿羅漢の作仏を説いていたことは法宝の注目するところとなり、徳一はそれを自らの観点から会釈していたのである。『真言宗未決文』撰述当時はまだ最澄との論争が始まっていなかったのであろう。しかしながら、『真言宗未決文』のような取り上げ方では、単純に『大智度論』巻九三を引用することでの反論がなされてしまうことが予測されるのではなかろうか。

そこで、そのことを確認することにしたい。『真言宗未決文』に加えられた反駁については既に研究があるので、[45]それを活用したい。その中、『大智度論』巻九三を引用するのは、了賢の『他師破決集』巻四、[46]及び『杲宝私抄』巻一二[47]であり、それを証文として用いている。この論争の限界と言えるであろう。

ところで、こういった論争において十分に評価されていない学匠に信証がいる。教判論争でも誤解され、[48]今の徳一の論駁でも見落としがある。[49]そこで蛇足ながら、信証が第五決定二乗疑を如何に論じたか見ておくことにしたい。信証の『真言宗未決文』に対する基本的立場は、『大日経住心鈔』（『大日経干栗多鈔』）巻六本に、「東都徳一述二十一疑一、遺二未決文一。以二常情之一隅一、謬疑二秘密之万端一。不レ足レ決。仍以二十一疑難一、還立二十一殊勝一而演二其正義一。徳公未決自可レ決レ之。[50]」と示される通りであり、十一義全てを論じている。そして、第五決定二乗疑については次のように言う。

第五、二乗廻心殊勝者

一切顕教、或説レ廻、亦説二不廻一。或説二一切無一レ不レ廻。了義大乗説二一向廻一。未了義説二定性者不一レ廻、不定性者廻一。故真言一切二乗悉具二毘盧遮那遍一切性一故以二方便一転成二大日尊一。其意在二疏一一。未決文云、彼智度論、此菩提心論、倶龍樹菩薩造。何故智度論、不二復更生一。此発菩提心論、要待二劫満一、方乃発生。豈菩薩造二二論一、而一論説レ生、一論説二不生一耶。此疑未レ決云。一龍樹菩薩随レ機故説二廻・不廻一。非レ疑。[51]

仏性論として、「毘盧遮那遍一切」を説示したのは円仁であり、その主張は『金剛頂経疏』巻一[52]に見られる。信証もその立場にあることが知られよう。そして、『真言宗未決文』の疑については随機の説と述べるのであり、簡略である。

定性二乗の作仏を認めるか否かということについては時代が変わっても、それぞれの立場があり、必ずしも鮮度の高い議論にならないのは仕方がないことであろう。それは、最澄と徳一の論争においても同様かもしれない。しかしながら、空海が将来した『菩提心論』を両者が手にした時に、それぞれが自説との関わりから眺めたことは確実である。密教の即身成仏を顕揚する『菩提心論』は最澄をも困惑させたかもしれない。同書の即身成仏説の導入は後継者の課題となった。そのような問題点を持っていたことが、新しい息吹となったのではなかろうか。ともかく、徳一との論争において、最澄が密教義を重んじたことは十分に認識しておく必要があろう。

四　行位の問題

行位の問題は成仏思想の基本でもある。特に天台では、様々な行位を教判によって整理し、円教の行位を尊重する。それは他宗の主張と合わないことを意味するのであり、時として不毛の議論ともなってしまう。しかしながら、それぞれの立場が明確になるという点もあるので、ここでは要点に限定して論じていくことにしたい。徳一と最澄の議論には、根本的かつ意義のある交渉も展開している。

前に触れたように、龍女成仏について、『法華文句記』巻八之四では七地・十地を説く他人の説を挙げていた。しかし、最澄は即身入（即入）に関して、八地説を紹介している。一方、天台円教の基準が初住位にあることは根本説となっている。そこで以下に、八地説と初住説につき検討を加えることにしたい。

そもそも、円教の初住位は生身（分段身）を捨て、法身を得る位であり、そのことは、『守護国界章』巻中之中にも、「天台所レ伝初住、永出二分段一故。仁王十信、永別二三界一。況便成十住、何非二不退一哉。[53]」と記されている。天台が初住位の功徳を説くのは、『法華文句』巻二上[54]に詳しい。そこでは『法華経』序品の句を基に、十三の功徳を明かしているのであるが、先ず竪に十地に約して論じ、続けて横に初住に約して論じている。そのことをめぐる議論が『守護国界章』巻中之中[55]に見られる。

『守護国界章』の構成について今は立ち入らないが、「麁食者曰、辺主云、今以二十三句一、作二横竪一消レ文。一竪約二十地一義便。二横約二初住一義便。……」、「麁食者又云、又、彼云……」として『法華文句』の文を引用する。最初の「一竪約二十地一」は初地乃至第十地への配当であり、徳一はそれに対して、「今謂、不レ爾。法華論、既約二八地以上三地一説、不レ通二余地一。何背二聖説一、更別臆説。経列二八万菩薩名一、言二其名曰文殊師利菩薩・観世音菩薩等一。此等八万大士、就レ本是已成仏。就レ迹説レ之、是八地以上。如何違レ経。豈此等大士、其位居二初地等一。[56]」と述べるように、『法華論』[57]に依拠して第八地以後の三地のみを挙げる。

また、後の「二横約二初住一」は天台教学を理解する上で極めて重要なものであり、「初住入二秘密蔵一」、「初住事理分究竟」等、十三の功徳が挙げられる。この中で注意すべきものに、「初住真解口密功徳」という記述があり、初住成仏に三密の功徳が具わることが知られる。『法華秀句』の即身成仏化導勝八で龍女について、「開口密」・「開身密[58]」と述べたことも、天台教学から導き出されるのである。徳一の誹議は前に同じく、『法華論』により第八地以上の三地のみを説いている。

最澄と徳一は様々な観点から、行位について議論している。中でも、右に見たように、初住位を基準にする天台義に対して、徳一が八地を特記していることは注目してもよいかもしれない。但し、問題点として挙げた『法華秀句』の八地説、すなわち一分即入ありとする八地説との関係は明瞭ではない。

そこで、次に検討したいのは、華厳思想との関わりである。『守護国界章』巻下之中の「救二華厳家一乗義一章第十一」の中には『華厳五教章』の行位説をめぐる議論がなされている。やはり、その詳細については省略するが、

「麁食者曰、又、彼第五門云、本業経・仁王及十地論・摂論、於レ中以二初・二・三地一、寄二在世間一、四地至二七地一、寄二出世間一、八地以上寄二出出世一、於二出世間中一、四地・五地寄二声聞法一、第六地寄二縁覚法一、七地寄二菩薩法一、八地以上寄二一乗法一。[59]」の如く引用されているのが、『華厳五教章』巻一[60]の記述である。これは、別教一乗の「五約二寄位一差別」を説述するものであり、特に八地以上を出出世の一乗に寄せるとしていることが眼目となっている。今は具体的内容には入らないが、最澄は華厳宗を徳一の批判から擁護しているのである。勿論、この華厳の教義を、直ちに自説に合致するものとして取り込むわけではない。とはいえ、華厳の信満成仏説はそのまま天台の初住成仏のこととして採用していることからも窺えるように、華厳教学の影響は考慮に入れてもよかろう。

なお、八地以上を出出世とする教説は、智儼の『孔目章』巻三では、大乗終教の十門の中の第三で、「三者約レ位。従二初歓喜地一至二第三地一、是世間法相同二三界一。第四地已去至二第七地一、相同二無流一、於二世間身中一、得二彼三乗無流徳一、名為二出世一。第八地已去至二第十地一、名二出出世一、即得二成仏一。第八地成二法身一、第九地成二応身一、第十地成二化身一。此為下於二十地中一別地相上故作二是説一。[61]」と記されている。そして、更に「一乗の義に約せば」として次のように論じていることは注目を要するのではなかろうか。

第五約二一乗義一者、十信終心、乃至十解位・十行・十迴向・十地・仏地、一切皆成仏。又在二第十地一、亦、別成仏。如二法宝周羅善知識中説一。何以故。一乗之義、為レ引二三乗及小乗等一、同二於下位及下身中一、得二成仏一故。又於二八地已上一、即成二其仏一。如下於二此位一成中無礙仏上、一切身故。此拠二別教一言。若拠二同教一説、即摂二前四乗所レ明道理一。一切皆是一乗之義。[62]

ここでは、別教一乗に拠る成仏の行位として、特に八地以上を抽出する説も示されているのである。この思想が直接最澄の見解に反映してはいないかもしれないが、以上を勘案するに、最澄が八地を挙げた根拠は、徳一との論争で認識され、しかもその原由は華厳教学に基づく理論であった可能性は低くなかろう。

五　結　語

最澄の成仏思想の特色を、密教義や行位説という観点から探ってみたが、定性二乗の成仏や龍女成仏が根本課題となることが知られたのではなかろうか。尤も、そういった問題は今までにも幾度となく論じられている。しかしながら、同じ資料の解説のみでは、視点の変化があったとしても焼き直しの感は免れないであろう。基本的な事柄でさえ、未解明の点が残っていることに留意しなければならない。

特に、最澄は日本天台における即身成仏の基盤を構築したという点で極めて重要である。最澄が即身成仏を論じたのは晩年の『法華秀句』であり、そのことがしばしば強調される。しかし、最澄が論じた以上に、龍女成仏に関連して生身の体の成仏をどう理解するか、中国天台では議論していたのである。但し、その内容は難解でもあり、日本天台では諸学者の研究課題となった。従って、最澄の思想の検討には、中国天台の教学の検討と、後世の展開の検討が不可欠となる。即身成仏思想は、空海においても十分なものとは言えない。二人の学匠が画期的な基盤を作り、後の学匠が進展させたという見方も必要であろう。

とはいえ、二乗作仏等、最澄の段階で動かしえない結論を持つ問題が論争の対象となっていたことも事実である。それは、結論が出ている課題と言える。しかしながら、まさに最澄と空海による密教の将来は、新たな視点を提供したのであり、重要な意味を持つことになった。また、最澄が空海将来の『菩提心論』に即身成仏が明瞭に説かれていることを知った時に、どのような考えが脳裏に浮かんだか明瞭ではないとしても、その二乗作仏の文証は新鮮な確証を与えることになったと言えるであろう。

最澄と徳一の間で、後にも繰り返し論じられるような議論がなされていたことにも注目しなければならない。行位論もそうであり、そのことについては別に論ずることにしたい。

註

(1) 空海の『即身成仏義』については、拙著『台密教学の研究』第十一章「安然と空海」第二節、参照。
(2) 拙稿「天台教学における龍女成仏」(『日本仏教綜合研究』四)〔本書所収〕参照。
(3) 拙稿「最澄の教学における成仏と直道」(渡邊寶陽先生古稀記念論文集『法華仏教文化史論叢』所収)〔本書所収〕参照。
(4) 拙著『天台教学と本覚思想』「日本天台の法華円教『即身成仏義』諸本について」、「日本天台における法華円教即身成仏論―『即身成仏義』諸本を中心に―」参照。
(5) 仏全二四・一七九頁下。
(6) 恵全三・二三五頁。
(7) このことについての指摘は、浅井円道『上古日本天台本門思想史』(一八〇頁)になされている。
(8) 伝全三・七八頁～七九頁。
(9) 伝全三・二六四頁。
(10) 伝全三・二六四頁。常平等・常差別の語は、慧思撰とされる『大乗止観法門』巻一(大正四六・六四三頁下)に見られる。このことについて詳しくは、拙稿「最澄の名言」(『天台学報』五六)参照。
(11) 大正三四・三一四頁中下。
(12) 拙著『天台教学と本覚思想』「証真の即身成仏論」、拙稿「天台教学における龍女成仏」(『日本仏教綜合研究』四)〔本書所収〕等、参照。

(13) 伝全三・二六五頁〜二六六頁。
(14) 例えば、浅井円道『上古日本天台本門思想史』（一八五頁〜）がある。また、田村晃祐『最澄教学の研究』（五二五頁〜）では、浅井氏や塩入亮忠氏の説を紹介して論じている。
(15) 伝全二・二七五頁〜二七六頁。
(16) 伝全三・三五二頁〜三五五頁。
(17) 『新華厳経論』の原文は、大正三六・七三五頁中。これは、法蔵の『華厳経探玄記』巻一（大正三五・一一五頁下）に「五円教者、明二一位即一切位、一切位即一位一。是故十信満心、即摂二五位一、成二正覚等一。依二普賢法界、帝網重重、主伴具足一故名二円教一。如レ此経等説。」と見られる説に基づいている。同書巻一（一一七頁上）には、「乗二此乗一者、十信満心即得二六位一。」という記述も見られる。このような信満成仏説は安然に大きな影響を与えることになる。拙著『台密教学の研究』（二〇八頁）参照。
(18) 千葉照観「伝教大師の即身成仏義」（『天台学報』二四）は慧思の三生説に言及している。
(19) 大正四六・七〇〇頁中。
(20) 大正三四・二九八頁中。
(21) 大正四六・二五八頁中。
(22) 伝全三・二六七頁。
(23) 大正三四・三一四頁下。
(24) 大正三四・五九二頁中。
(25) 大正三四・八一六頁下。
(26) 伝全二・六九五頁〜六九六頁。
(27) 「山家と徳一との二乗成仏論」（『山家学報』八）。
(28) 岩波・日本思想大系『最澄』二六三頁の注、及び補注。
(29) 大正二五・七一四頁上。
(30) 伝全二・五三七頁〜。

(31) このことについては、田村晃祐『最澄教学の研究』(一〇九頁〜)に論及がある。
(32) 浅田正博「法宝撰『一乗仏性究竟論』巻第四・巻第五の両巻について」(『龍谷大学仏教文化研究所紀要』二五)一三六頁上。
(33) 伝全二・五四〇頁。
(34) 伝全二・六八九頁〜六九〇頁。
(35) 伝全二・六九一頁。
(36) 伝全二・六八九頁。
(37) 従来の研究をまとめた研究に末木文美士『平安初期仏教思想の研究』(八六頁〜)がある。また、徳一と空海の交友については、高木訷元『空海と最澄の手紙』(三四頁〜)参照。
(38) 大正七七・八六五頁上。
(39) 大正七七・八六三頁下。
(40) 伝全二・二七八頁。『釈摩訶衍論』の真偽については、拙著『天台教学と本覚思想』(三四四頁〜)参照。
(41) このことの指摘は、苫米地誠一「『真言宗未決文』即身成仏疑について」(『印度学仏教学研究』三三―一)にある。
(42) 拙著『天台教学と本覚思想』(一七九頁)参照。
(43) 拙稿「天台教学における龍女成仏」(『日本仏教綜合研究』四)〔本書所収〕参照。
(44) 大正七七・八六四頁上中。
(45) 末木文美士『平安初期仏教思想の研究』(一〇四頁)の表による。その先行研究に、小野塚幾澄「『真言宗未決文』における即身成仏の疑について」(田村晃祐編『徳一論叢』所収、表は同書一二九頁〜一三〇頁)がある。
(46) 真全二一・二七九頁上。
(47) 真全二〇・一七九頁上。
(48) 拙著『台密教学の研究』第五章「台密教判の問題点」、第十二章「信証と台密」参照。
(49) 註(45)所掲の末木論文、及び小野塚論文共に、『大日経住心鈔』(『大日経干栗多鈔』)を現存しないとするが、仏全四二と仏教大系『大日経疏』五に所収。

(50) 仏全四二・二九二頁下。仏教大系『大日経疏』五・四八四頁。なお、第三の即身成仏については、拙著『台密教学の研究』第十二章「信証と台密」で論じた。

(51) 仏全四二・三〇〇頁上。仏教大系『大日経疏』五・四九三頁。

(52) 大正六一・一四頁下。

(53) 伝全二・四三九頁。

(54) 大正三四・二一頁下〜。

(55) 伝全二・四三四頁〜四三七頁。『法華去惑』巻三、伝全一・九三頁〜九五頁。田村晃祐『最澄教学の研究』(二三八頁〜二四〇頁)参照。

(56) 伝全二・四三五頁。

(57) 大正二六・二頁中。

(58) 伝全三・二六四頁。

(59) 伝全二・六二六頁〜六二七頁。

(60) 大正四五・四七七頁下。

(61) 大正四五・五六一頁上。

(62) 大正四五・五六一頁上中。この文章については、吉津宜英『華厳一乗思想の研究』(六五頁)参照。

最澄と徳一の行位対論
――最澄説を中心に――

一　行位論鳥瞰

最澄と徳一の論諍は、天台宗と法相宗の論諍でもあり、それぞれの宗が一乗思想と三乗思想を基準とする以上、決着を見ることは困難である。従って、応和の宗論でも、各々が勝利を宣言することも可能であるし、客観的にどちらの方が勝ったとは言えないという立場を取ることもありえよう。また、三一権実論諍と簡単に略示され、両者の最終的な帰着点を明示することは容易であるとしても、法相宗の五性各別説は複雑な絡みを見せるのであり、根本的な二乗作仏についての定性と不定性による分類も実は多様な議論として展開しているのである。更には、一闡提を断善闡提・大悲闡提・無性闡提とする分類も、その論諍を色付けている(1)。

こういった議論は大枠から言えば成仏論に他ならず、その成仏論に行位の問題が付随するのは当然の趨向であろう。そして、その行位論の差異が、論諍においても重要な論点となるのである。天台宗の行位が智顗により大成された天台教学を軌範とすることは言うまでもなく、独自の教判によって整理された行位論は台密にも導入されることになる。特に、安然によって、智顗の時にはなかった密教諸経論の行位説までもが天台教学に準じて整理されたことは、円密一致を強調する台密教学の展開として極めて重要な意義を持つ[2]。最澄と徳一の行位に関わる論諍は、直接的には密教義ではないとしても、安然に至る先蹤として注目を要する点がある。それは、安然の密教義は、天台教判を駆使することによって全仏教を統合するものであり、最澄説も種々採択しているからである。最澄説検討の意義は、そういったところにも見出される。

二　初発心について

最澄説の特色として、華厳宗の教義の導入が挙げられるのであり、それは三生成仏や信満成仏という教説への着眼を意味する[3]。但し、最澄による三生説の導入は、機根論とも関わり、それなりに問題を持つものであって、常に後世に踏襲されるわけではない。

それでは、信満成仏説はどうであろうか。これも華厳教学における重要教義であり、最澄の理解がどの程度であったか不明な点もあるが、最澄は概ね天台の初住成仏説と同じものと見ていたと言えるようである。但し、この初住位の尊重が天台教学の核心になるのであり、そこには様々な議論が絡むのであるから、やはり簡単にはいかない。信満成仏と言うと、真言宗（東密）の教学である初地即極との類似性が指摘されることがあるが、そういった教義が成立する以前に最澄が採り入れ、更に安然が台密の教学として活用したことに大きな流れを見るべきであろう。

仮に初住成仏と信満成仏を同義とした場合、一つには初住即極とも言うべき教義が成立し、それ以後の行位を経ることの意義を模索することになる。例えば、初住以後の位は自身の修行の階梯ではなく、化他の位であるとするような考えと共通点を見出すことも可能であろう。[4] 安然は信満成仏説を密教義に採り入れ、初住から妙覚までの四十二位があるのは余教の菩薩が真言門に入るための地位であるとする。[5] そういった議論を突き詰めていくと、本覚思想における名字即位の偏重にも繋がることになる。

もう一つは、初住成仏を信満成仏と同等と見るとしても、後の位を経歴することの意義を認める考えもある。その場合でも、勿論、初住位が妙覚位までの諸位と相即していることは前提となる。安然の教義にはそういった面も見られる。

以上のように、華厳宗の信満成仏を如何に採り入れるかということや、それと初住成仏との関わりは一決を見るものではなく、慧澄癡空の『止観輔行講義』[6]・『法華文句記講義』[7]、大宝守脱の『止観輔行講述』[8]等では初住即極の語をも用いて論じている。

ともかく、最澄にとって華厳の信満成仏説は天台の初住成仏説と意を同じくするものであり、従って、初住より分段生死を離れ、三界に別れるという意味を持つことになる。[9] そして、その初住は初発心住のことであり、その発心が天台教学で尊重されることは当然であるが、初発心の義は教判との観点からも説かれる。それが徳一の立場と融会しないことは言うまでもない。本章では、先ず『守護国界章』巻上之中に見られる、次のような記述の検討から始めることにしたい。

弾㆔麁食者謬破㆓三教不同㆒章第七

夫妙法草樹、未㆑開増長、大品発心、大乗漸頓、華厳初住、法界便成、涅槃心難、仏性頓位。善財南求、諮㆓円・別於知識㆒、波崙東請、聞㆓般若於法涌㆒。豈若㆘龍女成覚、示㆓経力於刹那㆒、浄行踊身、顕㆗仏寿於久遠㆖哉。

是故、大乗智積歴劫難、小乗鶖子五不決、倶不二極成一、帰二龍女一。現見二南成一、信二経力一。麁食何人。背二両聖一、不レ信二妙法大直道一。今為二中人一、開二此義一。回心向大、成二仏道一、云爾。

麁食者曰、彼云、摩訶衍満字教門、通論、只是一摩訶衍教。若細尋二義理一、即有二三教一、明二位高下不同一。其不レ達二大乗一、方便実可レ疑也。故大品云、有二菩薩一、従二初発心一、即与二薩婆若一相応。此約二通教一明二入位一。亦是法華経、小樹増長之譬。又、大品経云、有二菩薩一、従二初発心一、即遊戯神通、浄二仏国土一、成二就衆生一。此約二別教一、以明二入位一。即是法華所レ明大樹増長之譬。又、大品経云、有二菩薩一、従二初発心一、即坐二道場一、度二衆生一。当レ知、是菩薩為レ如レ仏。此約二円教一明二入位一。亦是法華経明一地所生之譬也。今謂不レ爾。引二発心文一、証二三教別一。不レ成レ為レ証。伽耶山頂経、説二発心一有レ四。一証発心。謂初地。二行発心。謂次六地。三不退発心。謂八九地。四一生補処発心。謂第十地。彼所レ引文、薩婆若相応者、是初地以上証・行発心。彼所レ引文、遊戯神通等者、即八地以上不退発心。彼所レ引文、即坐道場等者、即是第十地一生補処発心。

弾曰、汝説不レ爾。今示二正義一。麁食者、引二伽耶山頂経四種発心一、配二十地一云、一証発心。（已上経文。但証字不二是経正字一。初字可二経正字一）謂初地。（麁食者語）二行発心。（已上経文）謂次六地。（麁食者語）三不退発心。（已上経文）謂八・九地。（麁食者語）四一生補処発心。（已上経文）謂第十地。（麁食者語）彼所レ引文、薩婆若相応者、初地以上証・行発心。彼所レ引文、遊戯神通等者、即八地以上不退発心。彼所レ引文、即坐道場等者、即是第十地、一生補処発心。（已上麁食者語）此会釈、並心配レ地。都無二道理一。汝云二初証発心一、不二是経文一。汝偽加二証字一、以レ証配二初地一。其山頂経文有二十二復次一、各有二四発心一。各十二第一、同但初発心、都無二彼証字一。明知。汝但見二疏文一、都不レ勘レ経。加二此証字一、誑二惑後学一。可レ恐哉、可レ恐哉。諸有智者、依レ経取レ解。繁不二更道一。(10)

ここでは発心のことが議論の中心になっている。先ず注目されるのは、龍女成仏を顕揚し、妙法の大直道と呼称していることである。勿論、発心の義として、『華厳経』の「初発心時、便成二正覚一。[11]」という文や、『涅槃経』の「発心・畢竟二不レ別。如レ是二心先心難。自未二得度一先度レ他。是故我礼二初発心一。[12]」という偈文は、天台円教の発心の義として重んじられる文であり、基本的には初住位の発心とされ、龍女の初住成仏と並べられる[13]。法相宗の徳一が天台円教の説を認めないことは言うまでもなく、最澄がそういった徳一の説を否定するのも当然のことであろう。そのことについては後述することにしたい。

最澄は右の文章で『法華経』従地涌（踊）出品の浄行菩薩も引証するが、要点は龍女成仏に置かれている。すなわち、提婆品の記述を根拠に、大乗の智積による歴劫の難や、小乗の鶖子（舎利弗）が挙げた五不決、つまり女人の身の五障に言及し、両者が共に南方無垢世界における龍女成仏を見て経力を信じたと言うのであり、それを徳一に向けている。

そして、「麁食者曰、彼云」以下の引用は大本『四教義』巻八[14]の文であるが、『守護国界章』という書物において、徳一が引くこういった天台説は、直接の引用ではなく、大きな問題となっている[15]。そのことについては措くが、『四教義』では、『大品般若経』の初発心を、「有二菩薩一、従二初発心一、即与二薩婆若一相応。」、「有二菩薩一、従二初発心一、即遊戯神通、浄二仏国土一、成二就衆生一。」、「有二菩薩一、従二初発（心）一、即坐二道場一、度二衆生一。」と並べ、それぞれを通教・別教・円教に配している。これは、もとになる『大品般若経』巻二[16]の文を、天台が独自に組み替えたものであり、このように三教に配する見解は『菩薩戒義疏』巻上[17]に明示されている。しかしながら、三種の発心それぞれを三教に配することを許容しない場面でも、これらの文が重要な役割を果たしていることには注意が要求される[18]。因みに、『四教義』の原文では、それぞれ「此恐約二通教一明二入位一。」、「此恐約二別教一、以明二入位一。」、「此恐約二円教一初〔イ明〕入位。」と「恐」の文字が入っている。要するに、『大品般若経』の文を組み替えて、三種の発心の義として引用する文面はほぼ一様になされているものの、その活用の方途は確定してはいないのである。ともかく、ここでは三教に配した文を問題にしている。

一方、徳一が挙げるのは『伽耶山頂経』[19]に基づく四種発心説である。最澄の論難は最初の「証発心」が経典では「初発心」になっていることを衝くものであり、揚げ足取り的なところもある。というのは、龍女成仏を『伽耶山頂経』の第四一生補処発心で説明したのは吉蔵の『法華義疏』巻九[20]と基の『法華玄賛』巻九本[21]であり、しかも基は第一の発心を「一証発心」と言い換えているからである。[22]徳一は基に倣ったのであり、最澄はそのこと自体を批判の対象としたと言える。なお、安然の『菩提心義抄』巻二では、『伽耶山頂経』に依拠する法相の説を「是通教菩薩発心成仏之相。[23]」と説明するのであり、天台教学に組み込めば通教に該当するとしている。

徳一にとって、天台円教の初住発心の義は受容しえないものであり、その点については右記した『守護国界章』巻上之中の「弾三麁食者謬破二三教不同一章第七」の章末に次のように見られる。

麁食亦曰、又、彼抄二撮経中処処文一、以為二誠証一、成二立四教一。且如二華厳云一、初発心時、便成二正覚一。涅槃云、発心・畢竟二無レ別。如レ是二心、先心難。依二此等文一、成二立円宗一。此亦不レ爾。対法論云、如レ文取レ義、此人有二十二種過失一。

弾曰、又、汝引二対法論一云、如レ文取レ義、有二十二種過失一。此亦不レ爾。摂論云、了義経依レ文、不了義経依レ義。今依二了義経一、依レ文立レ円。四教何有二過失一哉。

麁食者曰、又、梵網経云、衆生受二仏戒一、即入二諸仏位一。位同二大覚一已。何故、汝不レ引二此文一。

弾曰、又、汝引二梵網文一、何故不レ引者、愚哉。不レ検レ疏也。山家作二記両巻一、已説二円・別義一。汝不レ及二博覧一、不レ引二此経文一者、麁食者少聞失矣。

麁食者云、当レ知、十住位初発心住発菩提心時、此心自性、自有二覚義一。依二此義一、説二初発心時、便成正覚一。

弾曰、会二初発心時文一。此亦不レ爾。此心自性、自有二覚義一者、此覚本有。云何便成耶。

麁食者曰、又、有義、三十心、当レ知、名二別十地因一。初発心住、是初地因。因中説レ果故説二初発心時、便成正覚一。余文準レ此可二和会一。

弾曰、又、麁食者云、是初地因。因中説レ果故説二初発心時、便成正覚一。此亦不レ爾。玄賛雖レ会二此発心一、都無二因中説果言一。賛主但云二種性発心菩薩（ママ）因一故。故知、汝会同二外道一也[24]。


ここでは、『華厳経』の「初発心時、便成二正覚一。」と、『涅槃経』の「発心・畢竟二不レ別。如レ是二心先心難。」という教義に対しての議論がなされ、併せて『梵網経』の「衆生受二仏戒一、即入二諸仏位一。位同二大覚一已、真是諸仏子[25]。」という偈文への言及もなされているが、その中心は『華厳経』における初発心の義の究明にある。先ず、徳一が『対法論』に、文のままに義を取れば、十二の過失があると説いているとし、一方、最澄はそれを引用した上で、『摂論』に「了義経は文に依り、不了義経は義に依る。」と述べているとする。ここでの、徳一の依拠は明確ではない。また、最澄の引用は、恐らく天台説からの孫引きであり、『法華文句』巻三下には、「摂大乗云、了義経依レ文判レ義、不了義経依レ義判レ文[26]。」と見られる。文と義については、更に議論の応酬があってもよい課題であろうが、ともかく簡略な記述となっている。

そして、その後には、徳一が初発心住（初住）の発心を「初発心時便成正覚」と説く理由として、「此の心の自性に、自ら覚の義有り。」と述べたことや、それを初地の因として、「因中に果を説く」と論じたことを厳しく批難する。この議論は初住位の意義をめぐるものであるが、本覚思想を如何に理解するかという問題にも通ずるところがある。勿論、最澄はそれを否定する立場にあり、徳一の説では、その覚が本有のものとなってしまって、「便ち成ず」という意味が損なわれるとする。最澄はその証拠として、基の『法華玄賛』に注目するのであり、同書巻七本の、「種性発心菩提因故。」[27]という文を引用する。

最澄は、徳一の会釈が外道に同じであるとまで言うのであり、その論調は痛烈である。しかしながら、この種の論諍は互いの立場がはっきりしているし、それぞれ異なる教理を有しているのであるから終結することはありえない。とはいえ、ここでの徳一の発言には疑念を挟まざるをえないかもしれない。

三　通教の十地について

最澄と徳一の論諍には、行位の問題が深く関わっている。それを網羅的に検討する余裕はないが、基本的には天台と法相の教学上の違いが議論として表面化しているのである。従って、その両者の主張には自ずと見解の相違が表れるのであるが、当時の状況を反映した新たな議論もなされている。

既に見た『守護国界章』巻上之中「弾麁食者謬破三教不同章第七」の前章は「弾麁食者謬破四教位章第六」であり、それは「洗除三蔵教菩薩位偽垢一」、「洗除通教位偽垢二」、「洗除別・円二教位偽垢三」という三節に分かれている。その中、「洗除別・円二教位偽垢三」には、密教への言及[28]、五品弟子位についての新しい見解[29]、或いは徳一が活用する『釈摩訶衍論』の偽撰説[30]等が見られるのである。

そもそも、『守護国界章』はその内容を如何に理解するか、構成上の様々な問題も絡まり、容易に結論は導き出されない。ここでは、話が煩雑になるかもしれないが、そういったことも念頭に置いて、右に記した「洗除通教位偽垢二」の箇所を検討することにしたい。

それは、次のように始まっている。

洗コ除通教偽垢一二

麁食者曰、彼云、約二通教一判レ位、即是乾慧等共行十地。一乾慧地、二性地、三八人地、四見地、五薄地、六離欲地、七已弁地、八独覚地、九菩薩地、十仏地。初乾慧地、是十信位。此外凡夫位。種性地即十住・十行・十回向位。八人地・見地即初歓喜地。薄地向即離垢地、果即発光地。離欲地向即炎慧地、果即難勝地。已弁地向即現前地、果即遠行地。独覚地即第八不動地。菩薩地即是第九善慧地・第十法雲地。仏地即仏果位。此十地中、前之七地三乗共行、後之三地唯自乗行、不レ通二余乗一。今謂不レ爾。無二拠処一故。如二彼分別一、即五十位。若爾、別教・円教、有二何差別一、更立二四教一。如二彼分別一、乾慧等七地、是三乗共行。後三地唯自乗行、不レ通二余乗一者、何名二通行十地一。

弾曰、汝無二拠処一故者、蓋詎言焉。乾慧等十地者、大品経等説、大論等所レ釈。三乗共行地、漢地諸宗皆共許。此間会津、何不レ許哉。又、其第十地、亦名二法雲一。明知含レ別。是以、依コ附智論一、寄二別教位一。何無二拠処一。何無二拠処一哉。若欲レ知二此位一、披二大品経一、覧二大智論一。汝倦二広文一、偽難二正義一。汝宗疏師、已許二通三一也。然独菩薩五十位、全不レ同二共地一。教・理・智・断・行・位・因・果、八義全別故。又、彼共十地、示二三乗極位一。七共、三不共。又、其初七地者、不レ為二独声聞一、亦、三乗人共也。教・理・智・断・行・位・因・果、七地共行。但約二多分一故、名二通教十地一。四教之義、上章不レ傾。四教之位、寧得レ不レ立哉。[31]

ここでの議論の骨子は、乾慧地を初地とする、いわゆる共の十地についての解釈である。天台の基本説が、それを四教の中の通教の行位とすることは言うまでもない。そして、それは初地を歓喜地とし、乃至第十地を法雲地とする不共の十地とは異なるものであるが、ここで最初に示される「彼云」の内容は問題がある。[32]というのは、「彼云」の中で、共の十地に不共の十地を配当していることは、天台教学における名別義通の説示に他ならないものの、そのことへの言及がないからである。そこで、徳一はその行位説を取り上げ、「若爾、別教・円教、有二何差別一、更立二四教一。」と述べたものと思われるが、確かに通教と別・円二教との区別が曖昧になってしまうのである。最澄の見解も必ずしも的確ではない。但し、先行研究から推せば(33)、最澄側の文献である「彼云」の部分に不備があることは他に例もあり、最澄が自分側の説である点に配慮した答釈を作った可能性もある。ともかく、最澄は、天台四教の観点から、共・不共の十地説がそれぞれ根拠を有し、各々通教や別教の行位説となっていることに主眼を置いて、徳一を難じた。それは天台教学の正当説に準拠しての主張に他ならない。「彼云」の教義に拘らず、最澄が四教の立場を高揚するのは当然である。それに対し、徳一は共の十地に諸位を摂めようとする。そのことは、右の引用に続く記述に明らかである。

麁食又云、当レ知、初七地、是声聞十地。第八地、是即独覚十地。第九地、即是菩薩十地。第十地、即是仏十地。此顕下乾慧等十地中、皆悉摂二三乗十地一尽上。故名二三乗共行十地一。非レ謂下一一地皆通二三乗自分地一故名中三乗十地上。然菩薩兼知二上下地一。故大品経云二皆修皆学一。而二乗地、非二菩薩所一レ求。故云二而非取証一。然仏地、是菩薩所レ求。故云二皆修学而取証一。何以得レ知三三乗各別有二自分地一。証契経説、有二四種十地一。一声聞十地。謂二住三帰行地・随信行地・随法行地・善凡夫地・学戒地・第八人地・須陀洹地・斯陀含地・阿那含地・阿羅漢地一。二独覚十地。謂二衆善資地・自覚深縁起地・聖諦地・勝深利起地・八聖道支地・知法界虚空衆生地・証滅地・六通性地・入微妙地・習気薄地一。三菩薩十地。謂二極喜地等一。四如来十地。謂二一甚深難知光(広カ)明智徳地除二細習気一得二自在一故・二清浄身分威厳不思議明徳地転二正法輪一顕二甚深義一・三善明幢宝相海蔵地説二声聞戒一顕二三乗一故・四精妙金光功徳神通智徳地説二八万法一伏二四魔一故・五火輪威蔵明徳地摧二邪異法一伏二悪行一故・六虚空内清浄無垢炎開相地示二六神通無辺事一故・七広勝法界蔵明界地為二諸菩薩一顕二菩提一故・八最勝普覚智海蔵能清無垢遍無礙智通地為㆓諸菩薩㆒授㆓記別㆒故・九無辺億荘厳回向能照明地為㆓諸菩薩㆒現㆓方便㆒故・十毘盧遮那智海蔵地為㆓諸菩薩㆒説㆓諸法㆒故。

弾曰、汝共行十地摂㆓四種十地㆒。都無㆓道理㆒、又無㆓教証㆒故。若㆘約㆓総・別㆒立㆗諸位㆖者、都無㆔経論説㆓此相摂㆒。又違㆓理趣経㆒故。其経文者、先説㆓歓喜等㆒、後説㆓乾慧等㆒。豈繁重説㆓同位㆒哉。又、三乗共行十地名、汝釈㆑名相摂。都無㆓道理㆒。何者、三乗共行者、約㆑行名㆑共。若約㆑位名㆑共、応㆑言㆓三乗共位㆒。何以㆓共行名㆒、別作㆓共位釈㆒哉。(34)

ここで問題となるのは、徳一による『証契経』(『証契大乗経』)の引用である。この経典は『大乗同性経』の異訳であり、声聞・独覚(辟支仏)・菩薩・仏という四種それぞれの十地を説くことを大きな特色とする。その解釈には当然それぞれの立場が反映するが、(35)最澄は右の引用より少し後で、「又所㆑引証契大乗経、日照三蔵訳、与㆓闍那耶舎訳大乗同性経㆒、同本異訳。其四種十地、符㆓契四教人㆒。(36)」と論じている。つまり、四種の十地を蔵・通・別・円に配当したのである。菩薩の十地は問題がないかもしれないが、仏の十地を円教とする意義は考究する必要があろう。ここでの最澄の説明は意を尽くすものではない。しかし、後の日本天台の解釈は、最澄説の受容・展開と考えられ、如来の十地を修行の階梯、或いは如来の階級とするといった考えを否定した上で、同経の教義を尊重するのである。(37)要するに、仏の十地は仏徳を表したものと見ればよいことになる。そして、『大乗同性経』で如来の第十地を毘盧遮那智海蔵地と表記していることは密教義との融会を可能にすることになり、そのことと、特に同経巻下の、「所有声聞法・辟支仏法・菩薩法・諸仏法、如㆑是一切諸法、皆悉流㆓入毘盧遮那智蔵大海㆒。(38)」という文と相俟って、一大円教に代表される、台密ならではの密教義を構築することにもなる。(39)問題点はあるとしても、最澄が円教の意味を認めたことは、それなりの意義があると評せよう。

そこで、徳一の説を検討することにしたい。徳一は、共の十地の初地から第七地までを声聞の十地、第八独覚地を独覚の十地、第九菩薩地を菩薩の十地、第十仏地を仏の十地に当て嵌めたのであり、その配当を最澄は難じたのである。最澄はその根拠として『理趣経』に違するとしている。この『理趣経』は不空訳『大楽金剛不空真実三麼耶経』[40]ではなく、『大般若経』巻五七八の般若理趣分のことであり、そこでは先ず、不共の十地を、「極喜地、空寂清浄句義、是菩薩句義。離垢地・発光地・焰慧地・極難勝地・現前地・遠行地・不動地・善慧地・法雲地、空寂清浄句義、是菩薩句義[41]。」と列記し、続けて、共の十地を「浄観地、空寂清浄句義、是菩薩句義。種性地・第八地・具見地・薄地・離欲地・已辦地・独覚地・菩薩地・如来地、空寂清浄句義、是菩薩句義。」と並べているのである。

実は、『理趣経』をめぐる議論が見られるのは、『守護国界章』の続きの箇所の中においてである。要所を示せば、次の通りである。

麁食者曰、理趣経云、清浄観地・種性地・第八地・具見地・薄地・離欲地・已弁地・独覚地・菩薩地・如来地。疏云、明二三乗位一。初二地中、略有二二釈一。一云、浄観地在二解脱分位、及前三善根一。種性地唯在二世第一法一。

……

弾曰、汝義不レ爾。賛意別故。理趣経述讃中巻云、自下第二明二勝義位一。於レ中有レ二。初大乗位。後三乗位。此即初也。但明二因中菩薩十地一。一極喜地。初獲二聖性一、具証二二空一、能益二自他一、生二大喜一故云云。已上大乗十地位 浄観地者、此即第二明二三乗位一。乃至云、前唯一乗。今通二師弟長短一作レ説。故十地別。明知、大乗位外立二三乗位・三乗共行一。……[42]

右の記述の構成は、ほとんどが基の『大般若波羅蜜多経般若理趣分述讃』巻二[43]からの引用となっている。最澄の主張は「大乗位外立二三乗位・三乗共行一。……」の箇所であり、大乗の位と共の十地が別立すべきものであることの明言を骨子とする。ここで問題になっているのは『大般若経般若理趣分述讃』の援用の仕方である。その原文では『理趣経』に則って、先ず大乗位として不共の十地を釈し、次に共の十地を三乗位として釈しているのであるが、徳一はその後者のみを引用し、しかもそのことが分からないようになっている。そこで、最澄は徳一が『疏』として引用するのは、『大般若経般若理趣分述讃』の意を正しく伝えていない文章であることを衝いたのである。

そこで再び考察しなければならないのが、徳一が「彼云」として引用していた記述である。しかし、そのことは『守護国界章』全体に関わる問題であり、今は新たな視点からの意見を提示しえないのが実情である。

四　結　語

最澄は『法華秀句』巻中本で、「夫瑜伽論者、通三乗教。[44]」と述べた。この文は、法相宗を別教ではなく、通教に該当せしめる証拠となり、安然は『教時問答』巻二[45]や『菩提心義抄』巻三[46]でそれを活用して論陣を張った。[47]本章では、行位論の一部を扱うのみであるが、最澄のそういった考えが、徳一との論諍で明確化していったとすれば、通教の行位に関わる議論は大きな意義を持ったと思われる。

中国や日本の諸宗はそれぞれの教学を保持しているのであり、同一経典の解釈に違いがあるのは当然のことである。従って、論諍とは言っても、それぞれの教義に立脚して正当性を主張するのであるから、互いに譲らないのは明らかであろう。しかしながら、時代に応じた新たな典籍の出現は、双方の研鑽を余儀なくさせると共に、一方が時代の潮流に乗ずることはありえたと考えられる。特に、密教の受容は、最澄にとっては不十分であったとしても、徳一への反論をなす上で大きな意義を持った。中でも、『菩提心論』には定性二乗の作仏の義が説かれているのであり、空海が将来した同書を最澄と徳一が入手した時には、それぞれの思慮が交錯することを決定づけた[48]。

日本天台が円密一致を主張するのは最澄に始まる。そして、密教義と天台教学の融合・一致を具体的に確立するのは後継者の課題となり、安然に到って大成を見る。従って、行位についても、安然の教説が重要な意味を持つ。最初にも述べたように、その整理において、安然が立脚したのが天台教学であることに何よりも注目する必要がある[49]。密教諸経論に多様に説かれる行位を天台教学によって整理したということは、例えば、初住位を基準とする教義の提示に顕著となる。

最澄の教学にそこまでの到達度を要求することは無理である。しかしながら、徳一との論諍で天台教学の行位が大きく問題になったことは、最澄にとって様々な観点から自宗の教説を再確認するための好機になった。初住位の重要性も多角的に論じられている。最澄に、中国天台から発展させた議論が見られることは、後の台密説の基盤・綱格として用いられる要素があることを意味する。最澄の諸著作は密教書ではないので、直ちには影響関係が見通しにくいことも事実であるが、東密とは基盤を異にする台密の基本説が最澄の教義の中に胚胎していたことは認識しておく必要がある。

註

（1）拙稿「最澄の成仏思想」（『仏教学』四八）（本書所収）で、そういった問題に触れている。

（2）拙著『台密教学の研究』第七章「台密の行位論」参照。

（3）拙稿「最澄の成仏思想」（『仏教学』四八）（本書所収）参照。

（4）拙稿「『大日経疏指心鈔』と台密」（頼瑜僧正七百年御遠忌記念論集『新義真言教学の研究』所収）（本書所収、一二三一頁）参照。

（5）拙著『台密教学の研究』（二〇八頁）参照。
（6）天台大師全集『摩訶止観』一・三六五頁。
（7）天台大師全集『法華文句』四・二〇〇三頁下。
（8）天台大師全集『摩訶止観』一・三六七頁。
（9）拙稿「最澄の成仏思想」（『仏教学』四八）〔本書所収〕参照。
（10）伝全二・二八一頁～二八四頁。
（11）六十『華厳』巻八、大正九・四四九頁下。
（12）南本巻三四、大正一二・八三八頁上。
（13）『法華玄義』巻五上（大正三三・七三四頁中）や、大本『四教義』巻一一（大正四六・七六三頁中）等、参照。
『涅槃経』の文を五品弟子位や名字即といった凡位とする説については、証真の『法華疏私記』巻八末（仏全二二・六八九頁下～六九〇頁上）参照。証真は道暹の『法華経文句輔正記』巻八（続蔵一―四五・一四三丁右下）の文を引用している。なお、初住を基準としない発心については、拙著『台密教学の研究』（三三八頁）で触れている。
（14）大正四六・七四七頁中。
（15）田村晃祐『最澄教学の研究』では、「仮称『天台法華義』」と呼んでいる。当該の文は、同書一九九頁。
（16）大正八・二二六頁上。
（17）大正四〇・五六四頁上。
（18）拙著『台密教学の研究』第十四章「神通乗について」参照。
（19）大正一四・四八五頁上。
（20）大正三四・五九二頁中。
（21）大正三四・八一六頁下。
（22）拙稿「天台教学における龍女成仏」（『日本仏教綜合研究』四）〔本書所収〕参照。
（23）大正七五・四七七頁中。安然は、『菩提心義抄』巻一（大正七五・四七一頁上中）では、「問。伽耶山頂経有二四種発心一。一修〔イ証〕発心。謂入二初地一。二行発心。謂次六地。三不退発心。謂八・九地。四一生補処発心。謂第十地。又瑜

伽菩薩地有二十種発心一。如二彼四十六云一、能証二菩提一、略有二十種一。一住種性、二已趣入、三未浄意楽、四已浄意楽、五未成就、六已成就、七未随（ママ）決定、八已堕決定、九一生所繋、十住最後有。法相・三論宗等、皆依二此文一云二龍女成仏是四発心中第四一生補処発心、十発心中是第九一生所繋発心一也。而今何言二凡夫龍女聞レ経、即身成仏一耶。又、十住断結経文、是菩薩方便示二現独覚之行一。而今何言二凡夫直入二仏地一耶。答。占察経明二四成仏一。一信満成仏、二解行成仏、三地上成仏、四究竟成仏。謂一、十信満心示二現成仏一。二、三十心解行位中皆現二成仏一。三、初地以上示二現成仏一。四、妙覚示二現成仏一。言二示現一者、内証二三身一、外現二八相一。今龍女成仏、天台判為二初住成仏一。初住成仏即信満成仏也。無量義経云、仏滅度後持二是経一者、即於二是身一得二無生忍一。生死煩悩一時断壊。是無生忍即天台判為二円初住一也。末代持経尚於二即身一入二於初住一。況於二仏世一、豈無下即身入二初住一者上。」と記している。ここでは、龍女の初住成仏は信満成仏であるとしているが、細かい点はさておき、『伽耶山頂経』に基づいて第十地の一生補処発心を龍女成仏に該当せしめる吉蔵や基の説は、初住を基準とする天台教学とは方向性が異なっていると言えよう。

（24）伝全二・二八六頁～二八七頁。

（25）大正二四・一〇〇四頁上。

（26）大正三四・四一頁中。

（27）大正三四・七八六頁中。

（28）最澄は『大日経』（遮那経）を傍依の経典に加えるのであり、「今、山家所レ伝円教宗依経、正依二法華経及無量義経一、傍依二大涅槃・華厳・維摩・方等・般若、甚深諸大乗所レ説円教、文殊問般若・般舟・大方等・請観音・虚空蔵・観普賢・遮那、一切説レ円等諸経諸論等一。」（伝全二・二六四頁）と記している。

（29）伝全二・二七四頁。このことについては、拙著『台密教学の研究』（二〇四頁）参照。

（30）伝全二・二七七頁～二七八頁。

（31）伝全二・二五三頁～二五五頁。

（32）田村晃祐氏は、『最澄教学の研究』（一九四頁）で、『天台八教大意』に言及し、「一応これを受けているものと見てよかろう。内容上問題はない。」と言うが、『天台八教大意』では不共の十地を共の十地に配対していない。『摩訶止観』巻六上（大正四六・七二頁上中）や大本『四教義』巻八（大正四六・七五一頁中）に見られる、名別義通を考慮に入れるべきであろう。田村氏が同書で様々な視点から検討する、『天台法華義』についての基本的な問題点を包含しているように思われる。

(33) 田村晃祐『最澄教学の研究』第一部第四章「『中辺義鏡』の批判の対象―仮称『天台法華義』―」参照。

(34) 伝全二・二五五頁〜二五六頁。

(35) その受容については、例えば、智儼は『孔目章』巻三（大正四五・五六一頁上）で『大乗同性経』の説について、「有二三種十地一。声聞十地、縁覚十地、仏十地。為レ招二引小乗一、同二於大乗終教之義一故作二此説一。其十地名等、具如二疏説一。」と言う。つまり、不共の十地である菩薩の十地を除いた三種の十地について、小乗を招引せんがためのものとして、華厳教判の終教義と判じたのである。因みに、智儼は『捜玄記』巻四上（大正三五・七七頁中下）では、『大乗同性経』の仏の十地の記述を引用し、「此応二三乗一耳。」と述べている。

(36) 伝全二・二五七頁。

(37) 安然は『菩提心義抄』巻四（大正七五・五二三頁下〜五二四頁上）で、「諸教十地、浅深不同。若証契経、四乗各有二十地一。天台以為二四教十地一。……仏十地者、一広明智徳地、乃至十毘盧遮那智蔵海（ママ）地。満空諸仏、皆是毘盧遮那化身。何有二十地階級一。」と論じている。また、『教時問答』巻三（大正七五・四二四頁下）には、「同性経有二声聞十地・縁覚十地・菩薩十地・如来十地一。天台以為二四教菩薩一。」と見られる。その他、拙著『天台教学と本覚思想』（一二一頁、註(29)）参照。

(38) 大正一六・六五〇頁中。『大乗同性経』は浄土教にも影響を与えているのであり、巻下（六五一頁中下）の記述が、阿弥陀仏の報身説を主張する根拠になっていることは知られている。

(39) 例えば、安然の『教時問答』巻三（大正七五・四一四頁下〜四一五頁上）、『菩提心義抄』巻四（大正七五・五二六頁下）参照。

(40) 最澄の『越州録』（仏全二・九頁上）には、「理趣品別訳経一巻」とある。

(41) 大正七・九八七頁上。

(42) 伝全二・二五八頁〜二五九頁。

(43) 大正三三・四五頁中下。田村晃祐『最澄教学の研究』（三五〇頁）では、徳一の引用に触れているが、誤解がある。ここで扱われるのは、不空訳『理趣釈』ではないからである。弘仁四年（八一三）十一月に、最澄は空海に『釈理趣経』の借覧を請うたが同書を見ることはなかった。徳一が同書を見たという証拠もない。

(44) 伝全三・一一七頁。

(45) 大正七五・三九六頁中。

(46) 大正七五・五二三頁中。

(47) このことについては、拙稿「安然と最澄」（多田孝文名誉教授古稀記念論文集『東洋の慈悲と智慧』所収）〔本書所収〕参照。

(48) 『菩提心論』に対する両者の見解については、拙稿「最澄の成仏思想」（『仏教学』四八）〔本書所収〕参照。

(49) 註（2）に同じ。

名別義通の基本的問題

一　問題の所在と基本説の確認

諦観の『天台四教儀』では、「有処説㆘初地断㆑見、従㆓二地㆒至㆓六地㆒断㆑思与㆓羅漢㆒斉㆖者、此乃借㆓別教位名㆒名㆓通教位㆒耳。[1]」と、簡略に示される名別義通という教義は、中国天台で確立され、後の中国天台や日本天台で多様に論じられている。

日本天台で名別義通に関わる教義が問題になったのは最澄以来で、そのことは証真が『止観私記』巻六本で、「守護章中、他人破㆔名別義通無㆓証拠㆒。山家救云、其第十地亦名㆓法雲㆒。明知含㆑別。[2]」と指摘する通りであるが、『守護国界章』巻上之中における議論は名別義通そのものを扱ってはいないところに問題点が見出される。いわば、徳一は通教（共）の十地と別教（不共）の十地が相配されることに基づき、その同一性を共の十地を中心に説くのであり、一方の最澄は通教と別教の十地の違いを力説することで天台教判の正当性を論じているのである。この議論が必ずしも明快でないのは、名別義通を前面に打ち出していないからと考えられる。[3]

それはともかく、徳一と最澄が議論した天台説を先ず掲げてみることにしたい。『守護国界章』巻上之中「弾㆔麁食者謬破㆓四教位㆒章第六」の第二節である「洗㆓除通教位偽垢㆒二」は次のように起筆する。

麁食者曰、彼云、約㆓通教㆒判㆑位、即是乾慧等共行十地。一乾慧地、二性地、三八人地、四見地、五薄地、六離欲地、七已弁地、八独覚地、九菩薩地、十仏地。初乾慧地、是十信位。此外凡夫位。種性地即十住・十行・十回向位。八人地・見地即初歓喜地。薄地向即離垢地、果即発光地。離欲地向即炎慧地、果即難勝地。已弁地向即現前地、果即遠行地。独覚地即第八不動地。菩薩地即是第九善慧地・第十法雲地。仏地即仏果位。此十地中、前之七地三乗共行、後之三地唯自乗行、不㆑通㆓余乗㆒。(4)

徳一と最澄の論諍については、別稿で論じているので省略するが、共の十地と不共の十地との関わりが天台教判を基準にして議論されるものの、名別義通の追究にはなっていないのである。しかし、右の記述は名別義通の説明に他ならないのであり、図示すれば次のようになる。

一　乾慧地	十信位	外凡夫位
二　性地	十住・十行・十回向位	
三　八人地	初歓喜地	
四　見地	初歓喜地	
五　薄地	向―離垢地 果―発光地	
六　離欲地	向―炎慧地 果―難勝地	

七　已弁地 ＜ 向―現前地 ／ 果―遠行地
八　独覚地 ―― 不動地
九　菩薩地 ＜ 善慧地 ／ 法雲地
十　仏地 ―― 仏果位

そこで次には、その原拠となる『摩訶止観』巻六上と大本『四教義』巻八の文を見ておくことにする。

『摩訶止観』巻六上

言下借二別名一、名中通位上者、外凡三賢是乾慧地而名為二十信一。内凡四善根是性地而名為二十住・十行・十迴向一。八人・見地是須陀洹而名為二初歓喜地一也。薄地是斯陀含。斯陀含有レ向有レ果、立レ向為二離垢地一、立レ果為二明地一。離欲地是阿那含。阿那含有レ向有レ果、立レ向為二炎地一、立レ果為二難勝地一。已弁地是阿羅漢。阿羅漢有レ向有レ果。立レ向為二現前地一、立レ果為二遠行地一。辟支仏位立為二不動地一。菩薩地立為二善慧地一。或以二菩薩地後心一為二法雲地一。或以二仏地一為二法雲地一。大品云、十地菩薩為レ如レ仏。得レ作二此釈一也。

若借二此別名一判二三人通位一者、則初地断二見惑一。二地断二欲界一両品思一。三地断二六品思一。四地断二七・八品思一。五地断二九品思一。六地断二七十一品思一。七地断二七十二品思一。八地已上侵レ習断二無知一等。例レ前可レ知云云。

四借二別名一、名二通家菩薩位一者、乾慧是外凡。性地是内凡。八人為二初地一。十五心為二二地一。十六心為二三地一。此三地皆不レ出レ観而断二見惑一。四忍為二初地一。四智為二二地一。四比忍為二三地一。四比智為二四地一。此四地皆不レ出レ観而断二見惑一。如レ此釈者、豈与レ旧同云云。薄即五地断二六品思一。離欲即六地断二九品思一。已弁即七地断二色・無色

思一尽。支仏即八地、乃至仏地断ニ習・無知一。例ㇾ前云云。……(5)

『四教義』巻八

一正約ニ名別義通一弁ㇾ位者、名別者、即是十信・三十心・十地之名也。鉄輪位即是乾慧地、伏忍。三十心即是性地、柔順忍。八人地・見地、即是初歓喜地、得ニ無生忍一。故大品経云、須陀洹、若智、若断、皆是菩薩無生法忍。薄地向・果、向即離垢地、果即明地。故大品経云、阿那含(ママ)、若智、若断、是菩薩無生法忍。阿那含向・果、向即炎地、果即是難勝地。故大品経云、阿那含、智・断、是菩薩無生法忍。羅漢地向・果、向是現前地、果是遠行地。故大品経云、阿羅漢、智・断、是菩薩無生法忍。辟支仏地、即是第八不動地、侵ニ除習気一也。故大品経云、辟支仏、智・断、是菩薩無生法忍。菩薩即第九善慧地・第十法雲地。当ㇾ知如ㇾ仏。仏地如ニ前説一。坐ニ道場一時、一念相応慧、断ニ二障習気一尽。所謂煩悩障・法障之習気也。化ニ一切有縁衆生一竟、入ニ無余涅槃一。如ニ薪尽火滅一。八相成道如ニ前説一。是則用ニ別教名一弁ㇾ位。名異而義同。猶属ニ通教之位一也。(6)

『摩訶止観』の記述はより複雑になっている。その『摩訶止観』の最初の説は、全く同じというわけではないが、『四教義』の説に契合する。先ずは、『摩訶止観』に論述されている最初の説を示すことにする。

一 乾慧地	十信	外凡	三賢
二 性地	十住・十行・十廻向	内凡	四善根
三 八人地／四 見地	初歓喜地		須陀洹
五 薄地	一来向—離垢地／一来果—明地		斯陀含

六　離欲地　┬不還向―炎地　阿那含
　　　　　　└不還果―難勝地

七　已弁地　┬無学向―現前地　阿羅漢
　　　　　　└無学果―遠行地

八　独覚地―不動地

九　菩薩地　┬（初心）―善慧地
　　　　　　└（後心）―法雲地

十　仏地―法雲地

これは、元粋の『四教儀備釈』巻下[7]や蒙潤の『天台四教儀集註』[8]では「三乗共借二一教一」、貞舜の『天台名目類聚鈔』巻六本[9]では、「三乗共名別義通」と言われるものである。この中で、目につくのは共の十地の第十地、すなわち通教の仏地の配対であろう。すなわち、『摩訶止観』では、『大品般若』[10]の「十地菩薩為レ如レ仏。」という文を引きつつ、法雲地に菩薩地の後心と仏地の両様の解釈が可能であるとしているのである。要するに、通教の第十地の仏地を単純に別教の仏位にはしていないのであり、それが定説となることは容易に推察されよう。[11]但し、『四教義』の方は、「仏地如二前説一。」としていて、該当箇所と思われる記述を見ると、「菩薩位者、九地・十地。是則十地菩薩、当レ知如レ仏。斉レ此習気未レ尽。過二菩薩地一則入二仏地一。用二誓願一扶二習気一、生二閻浮提一八相成道。[12]」となっている。つまり、『四教義』では仏地を九地・十地という菩薩地を過ぎたものと見ているのであり、これは徳一と最澄が議論している説と同じと言えるであろう。

なお、『法華玄義』巻四下にも名別義通についての教説が見られるが、それが大本『四教義』を踏襲したもので

あることについては、先行研究がある。(13)

二　名別義通の諸様相

さて、前記した『摩訶止観』の文中には「四借二別名一、名二通家菩薩位一」として、もう一つの対応が示されている。それは、『天台四教儀集註』(14)や『四教儀備釈』(15)では「菩薩借二別一教一」、また貞舜の『天台名目類聚鈔』巻六本(16)では「単菩薩名別義通」として図示されているものであり、次のようになる。

一　乾慧地——外凡——十信　三賢
二　性地——内凡——十住・十行・十迴向　四善根
　八人地——初歓喜地
　十五心——離垢地
　十六心——明地
　四忍——初歓喜地
　四智——離垢地
　四比忍——明地
　四比智——炎地
五　薄地——難勝地
六　離欲地——現前地

七　已弁地――――遠行地
八　独覚地――――不動地
九　菩薩地――――善慧地
十　仏地――――法雲地

この通家の菩薩位に関する名別義通よりも、前に検討した三乗共の名別義通の方が基本説として重要である。因みに、源信の『天台円宗三大部鉤名目』巻上[17]では、この通家の菩薩についての説は採り上げられず、「名別義通地位」と「複合名別義通」という二説を記するのみとなっている。しかも、その後者の「複合名別義通」は共の十地（通教の十地）をそのまま単純に不共の十地（別教の十地）に当て嵌めたものである。

ところで、右の『摩訶止観』にはもう一つの問題がある。それは、「若借㆓此別名㆒判㆓三人通位㆒者、則初地断㆓見惑㆒。二地……」という箇所の解釈である。このことについて、『天台四教儀集註』[18]や『四教儀備釈』[19]では、「三乗単借㆓十地[20]㆒」として、次のような対応を掲げている。

初歓喜	断見	乾慧
二離垢	断欲一両品思	性地
三明地	断欲六品思	八人
四燄慧	断欲七・八品思	見地
五難勝	断欲九品思	薄地
六現前	断七十一品思	離欲
七遠行	断七十二品思	已弁

八不動
九善慧　—　例前　—　支仏
十法雲　　　　　　　菩薩
　　　　　　　　　　仏地

この配対について、慧澄癡空は『止観輔行講義』[21]で誤りであると批判して、次のように図示している。

名別
初歓喜地—断見—初向—八人地
　　　　　　　—初果—見地
二離垢地—断欲一両品
三明地　—断欲六品　　（二・三）—薄地
四炎慧地—断欲七・八品
五難勝地—断欲九品　　（四・五）—離欲地
六現前地—断上界七十一品
七遠行地—断上界七十二品（六・七）—已弁地
八不動地
九善慧　—断習気無知—支仏地
十法雲　　　　　　　　菩薩地
　　　　　　　　　　　仏地
義通

このような、解釈の違いがどうして起こったのであろうか。それは、『摩訶止観』の文の、初地・二地等を通教と別教のいずれの地と取るかということに起因する。そもそも、このことは、証真が『止観私記』巻六本で、次のように論じていることに注目する必要があろう。

問。此初地者、為二何初地一。若乾慧者、此中不レ明二乾慧断惑一。何有二此文一。若八人者、八人已上但有二八地一。何云二八地已上一。又、二地即薄地、断二六地思一。何云レ断二一両品一。三地離欲地、断二九品思一。何云下断二六品一等上。

答。非二乾慧地一。亦非二八人一。今以二歓喜一為二初地一耳。謂、前以二別位始終一、対二通十地一、即以二八人・見地一対二別初地一。分二薄地向・果一、対二二・三地一。乃至分二已弁地向・果一、対二六・七地一竟。即依二此対一借二別十地名一、判二三人通位一者、初歓喜地断二見惑一、以対二八人・見地一故。離垢地断二欲一両品思一、対二一向一故。三地断二六品一、対二一果一故。後後例知。若是通教乾慧及八人名二初地一者、非二但断惑不レ当、亦不レ可レ云レ借二別名一也。以レ是歓喜等故云レ借二別名一。故弘決云、彼此地前通為二伏惑一。即未レ断レ惑、不レ入レ地故。故以二八人断惑一対二初地一也(22)

つまり、証真は『摩訶止観』に、「若借二此別名一判二三人通位一者、則初地断二見惑一。二地……」と見られる初地について、何の初地であるかを問題にし、乾慧地ではなく、歓喜地であると論断したのである。このように、証真が別教位を基準にして解釈したことが慧澄癡空にも繋がっているのであり、まさにその教説は、日本天台の立場が明確に打ち出されているものとして注目されてよかろう。

日本天台の論義において、証真による研鑽が果たした役割が重要なことは言うまでもない。そこで最後に、『法華玄義私記』巻四末に見られる名通義別についての問答を見ておきたい。次のようである。

問。一家諸文、何故但立二名別義通一、不レ云二名通義別一。

答。経論文多故、約レ此明。非二全不レ説。如三別地前立二四善根一。地上四果、是名通義別也。故円頓止観第七云、名通義別、名別義通、種種料簡如二法華玄・浄名玄一。暹記云、既得二別名名一レ通。豈不レ得下将二通名一名上レ別。何者、別教地前対二四善根一者、即是通名名レ別也。已上(23)

要するに、名通義別という教義があることを論じたのであり、しかも、証文として現存しない『円頓止観』(24)の記述を引用したのである。この証真の記述が後に大きな影響を与えるようになることは言うまでもなかろう。

三　小結

天台教判は行位を絡めることで、極めて複雑な様相を呈することになる。それは被接説[25]にも顕著であり、ここで扱った名別義通も同様である。それらの解明や意義の探索は、日本天台では口伝法門における課題でもあった。そのような中、源信の言葉として伝えられる、「被接・名別、往生浄土直因也。[26]」という記述が頻出することも目を引くが、様々な議論へと展開する要因が中国天台の根本説にあることを認識しておく必要があろう。

註

(1) 大正四六・七七八頁下。このことについて、蒙潤の『天台四教儀集註』（仏教大系『四教儀集註』（完結）、三六四頁）では、「取二十度義一。以二第六般若空慧断一レ惑故也。如二止観第六借位中一云云。十度者、六度外加二願・智・力・方便一。」と説明している。すなわち、『摩訶止観』巻六（大正四六・七二頁中。註(5)所引の文より少し後）に、「今若取二釈義便一者、約二十度一明レ義。以二第六般若入空之慧一、断レ惑尽与二羅漢一斉。」と見出される。

(2) 仏全二二・四五〇頁上。

(3) その点については、拙稿「最澄と徳一の行位対論―最澄説を中心に―」（加藤精一博士古稀記念論文集『真言密教と日本文化』所収）〔本書所収〕参照。

(4) 伝全二・二五四頁。

(5) 大正四六・七二頁上中。

(6) 大正四六・七五一頁中。『法華玄義』巻四下の該当箇所は、大正三三・七三〇頁下～七三一頁上。

（7）続蔵二―七・九六丁右上下。
（8）仏教大系『四教儀集註』（完結）、二一一頁。
（9）天全二二・四三二頁下。
（10）『大品般若経』巻六（大正八・二五七頁下）には、「須菩提、十地菩薩、当レ知如レ仏。」とあり、また同巻（二五九頁下）には、「云何菩薩、住二十地中一、当レ知如レ仏。若菩薩摩訶薩具二足六波羅蜜一、四念処乃至十八不共法、一切種智具足満、断二一切煩悩及習一。是名下菩薩摩訶薩住二十地中一、当レ知如上レ仏。須菩提、菩薩摩訶薩住二是十地中一、以二方便力一故、行二六波羅蜜一、行二四念処乃至十八不共法一、過二乾慧地・性地・八人地・見地・薄地・離欲地・已作地・辟支仏地・菩薩地一、過二是九地一住二於仏地一。是為二菩薩十地一。」と見られる。このことに関して、『大智度論』巻五〇では、「当知如仏者、菩薩坐二如レ是樹下一、入二第十地一名為二法雲地一。」（大正二五・四一九頁中）、「過二乾慧地乃至菩薩地一住二於仏地一。仏地即是第十地。」（四一九頁下）と解説している。
（11）例えば、『菩提心義抄』巻二（大正七五・四七七頁中）には、「或以二五十一地名一名二此十地一。初乾慧為二十信一、性地為二三十心一、八人・見地為二歓喜地一、薄地為二二・三地一、離欲地為二四・五地一、已弁地為二六・七地一、独覚・菩薩・仏地為二八・九・十地一。此名別義通。」と見られる。
（12）大正四六・七五一頁上。『法華玄義』巻四下の該当箇所は、大正三三・七三〇頁下。
（13）佐藤哲英『天台大師の研究』（三二八頁）。また、若杉見龍「智顗と灌頂―「名別義通」をめぐって―」（『印度学仏教学研究』三三―二）は、佐藤氏の研究を出発点として議論を展開している。
（14）仏教大系『四教儀集註』（完結）、二一二頁～二一三頁。
（15）続蔵二―七・九六丁左上。
（16）天全二二・四三六頁上。
（17）仏全三一・二八三頁～二八四頁。
（18）仏教大系『四教儀集註』（完結）、二一二頁。
（19）続蔵二―七・九六丁右下。
（20）『止観輔行伝弘決』巻六之一（大正四六・三三三頁上）で、「若借下、次単借二別十地一名二通十地一。」と説明していることが根拠になっている。

(21) 天台大師全集『摩訶止観』三・六二二頁。

(22) 仏全二二・一〇〇〇頁下〜一〇〇一頁上。『弘決』の文は、註(20)の同所。

(23) 仏全二一・一六五頁下。「暹記」の典拠は未検出。

(24) この『円頓止観』の文については、佐藤哲英『続・天台大師の研究』(三三〇頁)参照。佐藤氏は『摩訶止観』の対応箇所として巻七下(大正四六・九七頁中下)の、「若菩薩位、条然不レ同。簡二名義通別一、如二法華玄一云云。」という記述を挙げている。

(25) 被接については、拙著『天台教学と本覚思想』参照。

(26) 例えば、『一帖抄』(天全九・四六頁下)、『蔵田抄』(天全九・九〇頁下)、『二帖抄』(天全九・一四九頁下)、『等海口伝抄』巻一六(天全九・五五四頁上)、『天台名目類聚鈔』巻六本(天全二二・四四〇頁下)、『天台直雑』巻二(天全二・六〇頁下、六三頁下)、『宗要抄上三川』巻三末(天全六・一九四頁下)等。

最澄の経体論
――徳一との論諍を中心に――

一　はじめに

経体と教体という語の区別がどこまで厳密にできるかは分からないが、両者には当然違いがある。しかしながら、それらには同時に議論される要素があり、論諍へと展開することにもなる。従って、比較をしながらその意義を検討する必要があろう。

天台の所謂、五重玄義の顕体（弁体）で使われる語は経体である。一方、法相宗では基が詳細な教体論を展開したのであり、それを継承するのが徳一である。天台が確立した五重玄義では、体と宗を弁別したことが教学上の独創性として重要である。(1)

本章において枢要となることを最初に記すならば、『法華玄義』巻八上で顕体を説明して、「即一実相印也。(2)」と述べていることが挙げられる。天台の経体論はその意義の解明に他ならないし、『法華経』を中心としたものであることに先ず注意が必要である。そして、その立場と、法相宗の見解に相当の径庭があることは自明であるが、最澄と徳一は論諍を繰り広げることになる。

さて、実相と言えば諸法実相の義に直結することは言うまでもなかろう。そのことは、同じく『法華玄義』巻八上に「釈論云、諸小乗経、若有二無常・無我・涅槃三印一印レ之、即是仏説。修レ之得レ道。無二三法印一、即是魔説。大乗経、但有二一法印一。謂二諸法実相一、名二了義経一、能得二大道一。若無二実相印一、是魔所説。故身子云、世尊説二実道一、波旬無二此事一。[3]」という引用文が見られることや、『法華経』等の引用諸文からも明瞭である。なお、右の『法華玄義』の文中に釈論とあるのは、『大智度論』巻二二[4]で無常・無我・寂滅の三印、及びそれに対峙する大乗の「諸法不生・不滅、一相所謂無相」という一印に言及する記述に基づくものとされるが、魔の所説については、『大智度論』巻五に、「復次、除二諸法実相一、余残一切法尽名為レ魔。[5]」と見出される。因みに、智顗説と伝えられる『観無量寿仏経疏』では、その『大智度論』巻五の文を用いて、「次弁体者、体是主質。釈論云、除二諸法実相一、余皆魔事。大乗経以二実相一為レ印、為二経正体一。無量功徳、共荘二厳之一。種種衆行而帰二趣之一、言説問答而詮二弁之一。譬衆星之環二北辰一、如二万流之宗二東海一。故以二実相一為二経体一也。[6]」の如く経体を規定している。

『法華玄義』巻八下には、更に、実相の体について、「実相之体、秖是一法、仏説二種種名一。亦名二妙有・真善妙色・実際・畢竟空・如如・涅槃・虚空仏性・如来蔵・中実理心・非有非無・中道第一義諦・微妙寂滅等一。無量異名、悉是実相之別号。実相亦是諸名之異号耳。惑者迷滞、執レ名異解。[7]」と見られ、それを解説する。また、『法華玄義』巻九上では、「今経の体の種種の異名」を述べ、続けて「諸経の体の種種の異名」について、「問。釈論云、無二実相印一是魔所説。今談二実相一、可二用為レ体。余経不レ爾。応二是魔説一。答。不レ然。諸経異名、或真善妙色、或畢竟空、或如来蔵、或中道等、種種異名、不レ可二具載一。皆是実相別称。悉是正印、各称二第一一。由二実印一故也。若失二此意一、則非二仏法一。故言二衆経体同一也。[8]」説いている箇所がある。要するに、実相の語は仏教を統括する観点から経体としての価値を与えられていると言える。

これらのことを前提に、最澄の経体論を徳一との論諍という観点から検討していくことにするが、その前に安然の『教時問答』巻三に見られる、諸宗の経体説への言及を取り上げておくことにする。以下のようである。

問。薩婆多云、声為二教体一云云。経量部云、声及名・句・文身為レ体云云。諸論皆云、名詮二自性一、句詮二差別一。文即是字、為二二所依一。声亦不レ離二名・句等法一云云。法相云、摂レ仮従レ実、声為二教体一。仮・実両教、以二声・名・句・文身一為レ体。摂レ境従レ心、唯識為レ体。摂レ相帰レ性、真如為レ体云云。諸雑論云、護法等云、仏心唯有二大智・大定一無二文字等一。有情善根力故仏心文字相現、仏心文字相、現二有情識一。是名二教法一。故云三随堕二八時一。聞者識上、直・非直説、聚集顕現以為二体性一云云。難陀等云、仏心有二利生願力一、有二文字相一。仏心文字現二有情識一。是名二教法一云云。無性等云、有情善根・仏心願力両和合故、仏心文字現二有情識一名二教法一云云。三論云、勝義皆空、以為二経体一云云。小乗有部等云、声是有漏。大乗云、如来説法声・名・句等、無漏有為。亦是依他法也。天台云、諸法実相以為二経体一。又云、教者、上聖被レ下之言。仏於二四不可説之法一、以二四悉檀一赴レ機故名レ教云云。今真言宗用二此等説一乎否。

答。若随自意語真如為レ体。与二天台実相為レ体同。法相摂相帰性、相・体隔別与レ今不レ同。若随他意語、尚以二外道言教一為二真言体一。況仏教乎。然金剛頂疏依二前門一故、法相等義破而不レ用耳。(9)

諸宗の教体・経体説が一概ならざることは右の引用文からも知られると思うが、こういった「声・名・句・文」を基本として分類する立場や、その他の見解を網羅的に紹介する先蹤としては基の業績が挙げられ、特に『大乗法苑義林章』巻一の記述は詳細である。(10) 安然は法相宗の説として、同書をしばしば活用し、ここでも参照している。

しかしながら、右の記述については不明瞭な点もある。今、最重要な点のみを挙げれば、問中に「天台云、諸法実相以為㆓経体㆒。」と記していること、及び答中でその天台義が「若随自意語真如為㆑体。」という密教義と同じであるとしていることに注目する必要がある。なお、法相宗の経体説に、摂相帰性体・摂境従識体・摂仮随実体・性用別論体という四種があることについては、後述することになるであろう。

また、随自意語・随他意語による分類も『教時問答』全体を通しての考察を要するものであるが、そこに「若随自意語真如為㆑体」とあることは、相・体隔別である法相宗の「真如為体」説とは異なることの主張であることと同時に、円仁が『金剛頂経疏』巻一で経体を論ずる中で、「若共㆑今者、応㆑立㆓真如随縁之義㆒。若不㆑立者、何免㆓相・体隔別之失㆒。」(11)と述べたことと直接繋がっていることが肝要である。すなわち、真如随縁の義が台密の経体説として脈打っているのであり、それは実相を体と為す天台説に同じであるという安然の説明に帰結している(12)。

以上、最澄の教義の前提としての中国天台の教学や、その後継者の密教義について極僅か述べてみた。そのことを導入として、最澄と徳一の論諍を検討してみることにしたい。

二　天台の経体に対する徳一と最澄の議論

『守護国界章』巻中之中には、経体を論ずる章が、「助㆖照如来使所㆑伝経体㆒章第七」と「駮㆓麁食者経体㆒章第八」の二章設けられている。その前者には先ず、「夫宗・体一異、古人難㆑別。唯有㆓天台㆒、宗・体別㆑位。」(13)と記され、天台宗では宗と体を別立することを言うのである。但し、それは不異の異とも捉えられるものであるので、更に最澄は徳一に対して、「麁食者、但執㆓同辺文㆒、未㆑解㆓同・別義㆒。」と、徳一が宗と体の区別を理解せず、同（不異）の立場のみに固執していると誹議している。そして、「洗㆓経体四失㆒」として、徳一が挙げる四失を論駁していくのである。すなわち、先ず次のように記している。

> 麁食者曰、辺主云、正顕二経体一、即一実相印也。三軌之中取二真性軌一、十法界中取二仏法界一、十如是中取二如是体一云云。乃至引二文証一云、序品云、今仏放二光明一、助二顕実相義一。又云、諸法実相義、已為二汝等一説。方便品云、唯仏与レ仏、乃能究二尽諸法実相一云云。乃至云、故知、諸仏為二大事因縁一故、出二現於世一。為レ令下衆生開二仏知見一、見中此一実非因非果之理上耳。経文在レ茲。可レ為二明証一也。今謂不レ爾。以下有二四失一不中極成上故。一、違二聖教一失。二、違二諸説一失。三、宗与レ体不レ別失。四、自語相違失。
>
> 弾曰、此説不レ爾。未レ了二体・宗一故。相即之義、相入之義。故不レ違二聖教一。一切之聖教、於二妙法一分別已開レ之。故所説文義、皆是実相。非三但謂二実相之理一。故以二如来自所レ照実相一為二経体一。非レ如二二乗但如一。亦非レ如二菩薩見非如非異一。如来能見二非如非異一、亦能照二而如而異一。此而如而異、不レ同二凡夫異一、不レ同二二乗如一。菩薩但照二非如非異一、無二相照・相遮義一。今取二彼如来相照・相遮実相文義一為二経体一。其諸法実相有二多義門一。依二龍樹一略有二四種一。所謂一切実・一切不実・一切亦権亦実・一切非権非実。已云二一切実一。豈実相之外、更有二余不実一。亦云二一切非実一。豈更有二余実物一。一切亦権亦実。今約二此門一、論二一切実之家法一。(14)

最初に麁食者（徳一）が「辺主云く」として記す文章が『法華玄義』巻八上(15)の顕体説であることは直ちに知られるであろう。そして、その天台説に対して、四失を挙げているのである。この中、第三の「宗と体と別ならざるの失」はやや分かりにくい表記かもしれないが、前述の如く、体と宗を別立するのが天台の特色であり、ここでは、体と宗は別々でないのに、それを誤って別にしているという非難である。このことは後で検討する。続けて、「弾じて曰く」というのが、最澄の返答であり、当然、実相を経体とするという天台説を顕揚していくのであるが、先ず論じているのは、相即の義、及び相入の義ありということであって、天台のみならず、華厳的とも言うべき立場の表明である。これは、体自体の多義性を意味するのではなく、後で論ずる宗と体の関係について言っていると理解できるであろう。

右の引用に続く文は、次のようになっている。

麁食者曰、瑜伽論云、経体有レ二。一文、二義。文是所依、義是能依。依レ詮而義得レ顕故。已上論文 由二此文一故、彼諸法実相印、非二経正体一。若唯取レ本、応レ如二所説一。若亦兼レ末、理則不レ爾。

愍喩曰、此説不レ爾。弥勒・無著意、以二文義一為二経体一、不レ遮二実相為二経体一。麁食者、違二背弥勒・無著等一、遮二実相一。若無二実相印一、即是為二魔羅説一。豈摂二聖人説一耶。山家出二経体一云、色等紙墨為二経体一已、取二五塵一為二経体一。豈背二捨文・義一哉。寧但指二実相本一、捨二声・名・句・文一哉。一乗実義、不レ壊二仮名一而説二実相一。常本・常末義、汝都不二了知一。如二入レ闇閉レ目耳。[16]

ここで徳一が引く『瑜伽師地論』巻八一[17]の文は、基が『大乗法苑義林章』巻一で、「瑜伽論摂決択分八十一巻説、経体有レ二。一文、二義。文是所依、義即能依。由二能詮文一、義得レ顕故。[18]」と引用していることに倣ったものと考えられる。それに対して、「愍喩して曰く」以下が最澄の批判であり、弥勒や無著が文・義を以て経体としているとしても、実相を経体となすことを遮してはいないと言うのである。そして、注目すべきは山家の経体説として、「色等紙墨為二経体一已、取二五塵一為二経体一。」と記した上で、「豈背二捨文・義一哉。寧但指二実相本一、捨二声・名・句・文一哉。」と述べていることである。この天台説は、『法華玄義』の釈名段で、「経」の一字を釈す中、第四の「歴レ法明レ経[19]」の箇所の教説を極めて簡略にしたものと言える。それは、此の土では六塵（六境）の内、声・色・法の三塵が経となるとしても、実は六塵全てが経たりうることを説くもので、円仁や安然の台密教学に大きな影響を与えている。[20]つまり、諸法が全て経としての意義を持つことになり、眼前の諸法を法身の説法と捉える安然の教義に結実していくのである[21]。最澄はその天台の教義を経体の論諍に導入して、文と義、或いは声・名・句・文を経体とする義を捨てるわけではないことを主張した。

次は二つ目の「諸説に違するの失」である。

麁食者曰、違二諸説一失者、古今諸龍象徳等、不レ説三唯諸法実相、以為二経体一故。如二下当レ説。

愍喩曰、此説非レ理。古今諸龍象、多有二異宗一故。汝不レ指二一乗人一。但是妄説耳。若不レ指二一乗師一、不レ足レ為レ証。若指二一乗宗一、天台有二依憑一。貞観以後、日照三蔵、実叉難陀三蔵、流支三蔵、金剛智三蔵、無畏三蔵、乃至不空三蔵、般若三蔵等、所伝一乗正義、皆符二天台義一。不レ同二麁食義一。若欲レ知レ義、可レ覧二智儼三蔵華厳問答、翻経賢首探玄記、新羅元暁師涅槃宗要、大唐一行阿闍梨遮那経疏等一。如レ是等宗、依二憑天台一。如二依憑集説一。麁食者、不レ披二清涼伝一、隠二失堯・舜師一。其失人過、専有二麁食一哉[22]。

徳一が主張するのは、諸高徳が諸法実相を経体とするような教義を立ててはいないということである。それは、まさに天台独自の教説であるから、そのような批判が成り立つであろう。しかるに、最澄は、徳一が言うのは一乗の師ではなく、もし一乗の師ならば、その所伝の義は皆、天台の義に符合しているとし、詳説を『依憑天台集』に譲っている。この最澄の説で、何よりも注目すべきは密教の学匠を列記していることであろう。最澄は徳一との論諍において、しばしば密教義により論難しているのであり、それは空海との交流が途絶えた後にも見られる[23]。台密の出発点として、円密一致の主張が多様になされていることは重要である。

次は、宗と体の一異の問題である。

麁食者曰、宗与レ体不レ別失者、彼述二経宗一云、此法華経即説二迹本権実仏因果一、以為二経宗一。又述二経体一云、諸法実相、以為二経体一。此諸法実相、即十法界中仏法界、十如中如是体。此如是体即非因非果之理。此即一大事、即仏知見。此仏知見、即開・示・悟・入。若爾者、此開・示・悟・入、是則仏因果。何者、開・示・悟三為二仏果一。入即仏因。爾則、宗即体、体即宗、宗・体是則無レ一無レ別。如何離レ宗外更立レ体。依二謬立レ体、而自致二此失一耳。

愍喩曰、此亦不レ爾。不レ了二他宗一故。不レ得二屋喩意一故。凡大虚空雖レ無二方分一、然依レ立レ屋即方分顕現。其屋内空為二屋体一。本来所求之空故。凡得二方分空一、依二梁柱一。若総名、空・柱同名為レ屋。若別名、空体、柱用不レ同。凡屋為レ得レ空。非レ為レ得レ柱。是故、屋内無礙空、為二其屋体一。今果為レ得レ実。非レ為レ得レ権。是故、如来取二実相一、為二妙経体一。如二彼梁柱等名為レ家、今亦以二因果等一、名為レ宗。如下空与二柱等一、有二相即義一、雖レ然、空与二柱等一、各異上、体・宗亦復如レ是。体・宗雖二相即一、然体是所取之主質、宗是能取之因果。麁食者、何執二宗・体一一耶。空不レ離レ屋、屋不レ離レ空。空与レ屋常同之故、実相之外無二宗法一。屋与レ空常別之故、実相即非二因果一。所取以為二実相体一、能取以為二因果宗一。具如二玄義第八説一。(24)

徳一の論難は、天台宗が因果によって経の宗を論じ(25)、経の体については諸法の実相とすることで、それらを区別していることに向けられている。前にも触れたように、天台教学で体と宗を弁別することは、不異の異と言うべきもので、最澄は右の文では相即の語を用いている。最澄はそのことを屋の喩によって説いているのであり、それは『法華玄義』巻八上の顕体の箇所に、「若譬喩明レ義、如下梁柱綱コ紀一屋一、非レ梁非レ柱、即屋内之空上。柱梁譬以二因果一、非梁非柱譬以二実相一。実相為レ体、非二梁柱一也。屋若無レ空、無レ所二容受一。因果無二実相一、無レ所二成立一(26)」と見られるものである。要するに、梁柱は因果、すなわち宗を喩えたものであり、家屋の空間は非因非果、すなわち体の喩であり、実相を示している。最澄の主張は、天台説の再説に他ならない。

第四の「自語相違の失」は、「麁食者曰、自語相違失者、自述二経体一云二非因果之理是一、而亦述レ宗云三本仏因果、

以為二経宗一。宗・体不レ別、倶極成故、為二自語相違失一也。此亦不レ爾。麁食者、全迷二非因果之体一、亦疑二而因果之宗一。此則狐狸迷耳。[27]」の如く短いものであるが、議論の方向は同趣意であると言えよう。

最澄と徳一の論諍が決着を見ることはありえないであろう。しかし、その論諍を通じて、天台宗の教義が明らかになり、それが後継者達に継承され、密教義との融合の具現に至ることは注目すべきである。

三　徳一の経体説への論難をめぐって

『守護国界章』巻中之中の次章は「駁二麁食者経体一章第八[28]」である。先述の如く、この種の論諍は、決着を見ること甚だ困難であり、それぞれの主張を押さえておくことが肝要である。最澄は、先ず次のように述べている。

夫四種経体、三乗所立。望二一乗家一、其義不レ足。何者、其四種体、摂二有為相一、帰二同坐性一、摂二依他境一、従二生滅識一、摂二似有仮一、従二内声実一。性用別論、未レ離二似有一。如レ是等体、四法之印僅所レ印。実相之印、未二必印一。雖レ有二実相名一、但偏真実相。是故、名同、義異。麁食者、未レ了二一法界一、破二一実法印一。是故、開二権経体一、示二麁食者一云爾。[29]

法相宗が説く四種の経体説とは、続けて徳一の語として記される、「一、摂相帰性体。二、摂境従識体。三、摂仮従実体。四、性用別論体。」というものであり、最澄はその四種に対する徳一の説明を一々破していくのである。この徳一の教説は基の『大乗法苑義林章』巻一の「出二教体[30]一」の箇所に依拠している。この中、最初の摂相帰性体は真如論であり、徳一と最澄の議論は次のようになっている。

依二第一摂相帰性門一、即以二真如一為二経体一。故金剛般若論説、応化非二真仏一。亦非二説法者一。説法不二二取一。無レ説離㆓言相㆒。故知、経体即是真如。

此説非㆑爾。未㆑了㆓般若論意㆒故。其論意、為㆓異疑㆒説㆑偈、云㆓応化非真仏。亦非説法者。説法不二取。無説離言相㆒。聴者不㆑取㆑法、不㆑取㆓非法㆒故。説者亦不㆑一㆓説法・非法㆒故。乃至広説。解曰、有人謗云、如来一向不㆓説法㆒。為㆑遮㆑此故、説㆓応化非真仏等㆒。此為㆑示㆓無相説㆒、説㆘非㆓応化㆒偈㆖。有人未㆑了㆓此偈㆒、唯帰㆓性如㆒者、深背㆓論意㆒。何執㆓経体唯真如㆒耶。夫非㆓縁起真如㆒、非㆓経所依体㆒。非㆓真如依他㆒、亦非㆓経正体㆒。今正義者、真如随縁義、亦名㆓依他法㆒。是故、真如外別無㆓依他性㆒。依他寂滅性、亦名㆓真如性㆒。本来非㆓一異㆒、而有㆓一異義㆒。是以、実相為㆑体時、不㆑壊㆓名・句等㆒。名・句・文為㆑体時、常不㆑失㆓実相㆒。所以所詮為㆓実相㆒、能詮為㆓五塵㆒。麁食者、摂相帰性真如為㆑体者、深背㆓般若論㆒。[31]

第一の摂相帰性の体とは真如を経体（教体）と為す立場であり、それを『金剛般若経論』巻上の、「応化非㆓真仏㆒。亦非㆓説法者㆒。説法不㆓二取㆒。無㆑説離㆓言相㆒。」[32]という偈文によって解説するのは『大乗法苑義林章』巻一に基づいてのことである。そして、「此説非㆑爾。」以下が最澄の批判であり、その主張は結論としては明瞭ではあるが、文章の構成はやや錯綜している。最澄の結論は、「有人未㆑了㆓此偈㆒、唯帰㆓性如㆒者、深背㆓論意㆒。何執㆓経体唯真如㆒耶。」と記されていることで理解できるように、有る人、つまり基が『大乗法苑義林章』で性如（真如）を経体（教体）とすることは、『金剛般若経論』の真意に背いているとするのであり、『金剛般若経論』自体を難じているのではない。こういった論法は、他の三種の経体説でも同様である。そして、『金剛般若経論』の偈文を引いた後の、「聴者不㆑取㆑法、不㆑取㆓非法㆒故。説者亦不㆑一㆓説法・非法㆒故。乃至広説。解曰、有人謗云、如来一向不㆓説法㆒。為㆑遮㆑此故、説㆓応化非真仏等㆒。」という記述も、実は同論の解説文に基づいている。但し、「解曰」の語は原文になく、それ以下の文が先に出て来る。つまり、『金剛般若経論』の中で、有る人が「如来一向不㆓説法㆒。」と謗ったことに対する言辞として、「応化非真仏。……」という偈文の意義を説いているのである。なお、この『金剛般若経論』の偈文は、法身の説法を如何に理解するかという問題意識のもとで議論されるが[33]、最澄は、「此為レ示二無相説一、説下非二応化一偈上。」と、無相の説を示さんがための教説と捉えている。

加えて、右の文章で注目すべきは、最澄が真如随縁の義を説いていることであり[34]、その結果、依他法は真如に他ならないことになる。それが実相と名・句・文との関係にも当て嵌められ、更に、所詮を実相、能詮を五塵とするという主張となっている。

第一摂相帰性門の経体説をまとめれば次のようになろう。

法相宗……真如（性如、摂相帰性の真如）
最澄　……実相（真如随縁、真如＝依他法）

この第一門に、最澄の立場は明示されているが、他の三門についても幾らかの検討を加えておくことにしたい。第二摂境従識門は次のようである。

麁食者曰、依二第二摂境従識門一、取二能説法者識心、及能聞法者識心一、以為二経体一。故天親云、展転増上力、二識成二決定一。

此説不レ理。何者、背二天親意一故。倶舎所レ立心意識、豈同二大乗心意識一。大乗所レ立心意識、不レ同二一乗心意識一。即常住心意識、以為二法華正体一。天親所レ釈、善成コ立三一。小乗・大乗・一乗、第三為レ勝、不レ遮下二識成二決定一者上。能説法性識心、能聞法性識心、正為二経体一。麁食者、未レ了二此義一。以二依他識一、為二妙経体一。還背二天親意一、偽仮二天親名一耳[35]。

ここで、徳一は能説法者と能聞法者の識心を経体であるとし、世親の『唯識二十論』[36]を引用しているが、これも前に示した『大乗法苑義林章』巻一の説に他ならない。最澄は心意識に小乗・大乗・一乗の三種ありとし、一乗の心意識、すなわち常住の心意識こそが『法華』の正体であるとする。そして、最澄は徳一の経体を換言して「能説法性の識心、能聞法性の識心」を正しき経体と捉えた上で、徳一を非難して「依他の識を以て、妙経の体と為している」と言う。

次は、第三摂仮従実門である。

麁食者曰、依二第三摂仮従実門一、唯声以為二経体一。由下名・句・文仮、随二実声一説上故。

此亦不レ爾。天竺大小論師不レ一。異説非レ一故。印度異説、如二別章説一。麁食者、以二依他内声一為レ実。山家、法性縁起声為二経体一故(37)。

ここでは、声を経体であるとし、名・句・文は仮とする法相宗の立場に対して、それは依他の内声を実とするもので、山家では法性縁起の声を経体とすると説いている。最澄の説く経体論は実相論であり、真如随縁論であるので、法相義と一致を見ることはない。そして、それは、次の第四性用別論門における名・句・文の理解にも明瞭となる。

麁食者曰、依二第四性用別論門一、唯取二根本能説法者識上所現声・名・句・文一、以為二経体一。仮之与レ実、義・用殊故。瑜伽摂決択分第八十（ママ）巻説、経体有レ二。一文、二義。文是所依、義是能依。由二能詮文一、義得レ顕故。

此執非レ理。弥勒・無著意、通善成立故。小乗文義、大乗文義、一乗文義、令レ知二所詮一。麁食者、小乗幷大乗、用二小・大声等一、正為二法華体一。深背二補処意一。唯天親論師、能得二無著義一、摂論善成立、相二符大荘厳一、仏性了・不了、合二契堅意論一。夫得二弥勒論意一、豈有下勝二天親一者上。性・用別論義、通成立故。今正取二法性家声・名・句・文等一、以為二法華体一。若但取二声・名義一、不レ足レ為レ寛。具如二文句記一。麁食者所立四種体、通二小・大体一。是故、尋二各各詮一、為二各各体一。若一向執、違二補処意一。但智者能了知。愚者不レ能レ思耳[38]。

やや煩雑なので、要点を言うならば、やはり『大乗法苑義林章』巻一に基づいて、「根本能説法者の識の上の所現の声・名・句・文」を経体としているのに対して、最澄は、「法性家の声・名・句・文」を『法華』の体となすとしているのである。なお、ここでは前にも見た弥勒の『瑜伽師地論』（巻八一）の文が引かれているが、『大乗法苑義林章』の該当箇所にはその引用はなく、「十地論云、一者声、二善字[39]。」という文が引かれている。そして、徳一が小乗・大乗・一乗という三種の文義がある中の、小乗と大乗の声等によって『法華』の体としているとし、それは弥勒（補処）の意に背くとしているのである。前にも述べたように、最澄は、弥勒や世親の説が天台説に通じるものであることを言おうとしているのであり、そこに帰結がある。

以上が法相宗の四種経体説についての議論であるが、『守護国界章』では、もう一つ次のように続けている。

麁食者曰、又、十地論云、一者声、二者字。又、智度論云、依二世俗諦中一、亦可レ説レ有三句・言・章・論・声為二経体一。若依二法相宗一而配二名・句・文一者、彼論句者、此当二法相所説名一也。彼論言者、此当二中主所説句一也。彼論章、即章段。此無レ所レ当。彼論言レ論者、総周二一部一、立以二論名一。此四能詮声為二経体一。此亦不レ爾。其十地論部、釈二別・円両教一。其智度論部、釈二通・別・円三一。未二純円一故、帯二方便一故。今法華経、正直捨二方便一、但説二無上道一。捨二方便一故、不レ同二通・別一。但説二無上一故、不レ同二帯方便一。凡能詮教権、所詮理亦権。能詮教権・実、所詮亦権・実。能詮教但実、所詮亦但実。麁食者、何用二帯権声一、得レ詮二但実義一。智定可二思量一。瞋恚不レ可レ推也[40]。

最初に引かれる『十地論』の「二者字」が「二善字」であることは、基によって著された諸文献に明らかである。また、「智度論云」という記述は、やはり基の『大般若波羅蜜多経般若理趣分述讃』巻一で四種の教体説を論ずる直前に、「龍猛釈言、就二勝義諦一、一切皆空。教既無レ教無二不教一。体亦無レ体無二不体一。於二俗諦中一亦可レ説レ有三句・言・章・論・声為二教体一。」[41]と見られるように、基による引用を根拠にしていると考えられる。そして、徳一は、『大智度論』の句・言・章・論と法相宗の名・句・文との関わりに言及している。この教説に対する最澄の批判は天台教判に基づくものであり、『十地論』は別教と円教の二教、『大智度論』は通教・別教・円教の三教に亙るから、純円ではなく方便を帯していると主張している。

こういった論諍はそれぞれの立脚点がはっきりしているので、解決することは甚だ困難である。それぞれが正当性を主張するのは常のことであって、両者の教義の綱格を知ることが重要であることは言うまでもなかろう。

四　その他の問題点

『守護国界章』巻中之下の「助レ照如来使所レ伝三車体一章第二十五」[42]では、必ずしも体のみを論じているわけではないが、最初に次のように記すが如く、ここまで検討してきた経体の問題と関わる記述が見出される。

三車体者、衆釈非レ一。約二分段宅一、暫存二仮体一。望二露地車一、都無二実体一。所以無二体者、唯一仏乗。一乗体者、平等法身。法身之体、不変義故。実相者、如来蔵法身之体。言二法界一者、名為二法性一。彼法性者、名為二一切諸仏・菩薩平等法身一。平等法身者、真如法身。故知、諸法実相、正是車体。本経本論、已説如レ是。今麁食者、固執二仮智一、為二一車体一。甚為レ可レ咲。庶円機後進、令二捨レ仮取一レ実、云爾[43]。

ここでの所説は、門外の三車の体は仮体であるが、露地の一車（大白牛車）の体は経の体同様、諸法実相であるということを枢軸としている。そのことは、徳一の論難に対する最澄の答釈に明瞭である。徳一は、「麁食者曰、山家云、依二天台智者一明、諸法実相、正是車体。一切衆宝荘厳、皆荘厳具耳。至二賜車文中一、当二点出一。今謂不レ爾。有二二失一故。一違レ教失。二能所不レ別失。[44]」の如く二失を挙げている。この中、「依天台智者明……当点出。」の部分は『法華文句』巻五下の文である。[45] 先ず、最初の失、及びそれに対する最澄の批判は次のようになっている。

違レ教失者、経云下我為二汝等一、造中作此車上。此即無漏種智、従レ因生。故名二造作一。是有為無常義。彼諸法実相、此真如理。不レ従レ因生。云何造作。是名二違レ教失一。

此説自害。門外三車、是仮不レ実。有為無常。是故、三車倶開、同帰二一車一。其一大車者、経云、以二衆宝物一、造二諸大車一也。都不レ同二彼門外三車一。吾為二汝等一、造二作此車一。此門外車、無二能造宝物一。是故仮空。今一大車、能造宝物。此数不レ少。所造大車、其数無量。門外三車、依他縁生所二造作一故、唯仮不レ実。露地一車、真如縁起所二造作一故。唯実不レ仮。法身流転外、更無二他物一故。[46]

要するに、最澄は、門外の三車は仮であり、それらは倶に開して実である一大車に帰すると言うのである。そして、「造作」の語を取り上げ、門外の三車が仮である理由として依他縁生の造作するところであることを挙げ、露地の一車が実であるのは真如縁起の造作であるからとしている。これは真如随縁論に基づく主張と言える。[47]

次は、第二失である。

又、能所不レ別失者、彼出二経体一云、諸法実相、以為二経体一。爾則、経是能詮、即阿含甚深。亦名二教門一。牛車是所詮、此即証甚深。汝以二一実相一、名レ経名レ車。故能詮・所詮、則不レ別失。

此説非レ理。経教文義、有二差別一故。声・名・句・文為二能詮一、妙法華経為二所詮一。妙法言教為二能詮一、実相理為二所詮一。理教権実、教行権実、其義相通。山家主質体。不二是形体体一。麁食仮智体。不二是主質体一。能所已別。何有レ不レ別乎。[48]

すなわち、徳一は、諸法実相が経体であるならば、経が能詮であり「阿含甚深」の義、また、牛車が所詮であり「証甚深」の義となり、一実相を以て経と車の両方の名とすることは、能詮と所詮の区別がなされていないと言うのである。[49]最澄は当然それを否定して、声・名・句・文を能詮となせば『妙法華経』が所詮となるし、妙法の言教を能詮となせば実相の理が所詮となるとしている。更に、天台では主質の体であることを顕揚しているのであり、それは前に紹介した『観無量寿仏経疏』[50]にも明記されていたが、『法華玄義』巻二上に「主質名為レ体。」[51]、或いは『摩訶止観』巻五上に「如是体者、主質故名レ体。」[52]等と見られるように、天台教学に導かれたものであろう。

五　結語

天台宗の経体説と法相宗の教体説が融合することはありえないかもしれない。しかしながら、最澄は法相宗で用いられた文献、すなわち『瑜伽師地論』・『金剛般若経論』等の教義自体を批判することはしなかった。それは、諸法実相という天台宗の経体説が、全仏教を統括する視点から立論されたという自負によるものであったように思われる。

また、最澄説の大きな特徴として、真如随縁説の導入が確認できるが、それは諸法実相の義と同じ意味を持つものとして採用されたと言えよう。その見識が、円仁・安然という台密教学の本流とも言うべき学匠の教義に導入されることになった。いわば、それは眼前の諸法を法身説法の姿と捉える教義ともなるし、或いは非情有仏性による草木成仏を成立せしめる大きな根拠ともなるのである。最澄が、密教の学匠所伝の一乗の教義が天台宗の教義に符合すると考えていたことは、後継者による円密一致教学確立の指針となったのであり、最澄説が果たした役割の重要性を認識しておく必要があろう。

註

（1）『法華玄義』巻九下（大正三三・七九四頁中）の明宗の箇所に、「簡㆓宗体㆒者、有人言、宗即是体、体即是宗。今所㆑不㆑用。何者、宗致既是因果。因果即二。体非㆑因非㆑果、体即不二。体若是二、体即非㆑体。体若不二、体即非㆑宗。宗若不二、宗即非㆑宗。宗若是二、宗即非㆑体。云何而言㆓体即是宗、宗即是体㆒。又、柱梁是屋之綱維、屋空是梁柱所㆑取。不㆑応㆓以梁柱是屋空、屋空是梁柱㆒。宗体若一、其過如㆑是。……今言、不異而異。約㆓非因非果㆒而論㆓因果㆒。故有㆓宗・体之別㆒耳。」と見られる。このことについては、安藤俊雄『天台学―根本思想とその展開―』（五一頁〜）に略説がある。

（2）大正三三・七七九頁下。具には、「三、正顕㆑体者、即一実相印也。三軌之中取㆓真性軌㆒。十法界中取㆓仏法界㆒。仏界十如是中取㆓如是体㆒。四種十二因縁中取㆓不思議不生不滅㆒。十二支中取㆓苦道即是法身㆒。四種四諦中取㆓無作四諦㆒。於㆓無作中㆒唯取㆓滅諦㆒。七種二諦中取㆓五種二諦㆒、五二諦中唯取㆓真諦㆒。五三諦中取㆓五中道第一義諦㆒、諸一諦中取㆓中道一実諦㆒。諸無諦中取㆓中道無諦㆒也。若得㆓此意㆒、就㆓智妙中㆒簡。乃至十妙一一簡㆓出正体㆒。例可㆑知也。」と文が続いている。

（3）大正三三・七七九頁下。

（4）大正二五・二二二頁上〜二二三頁中。

（5）大正二五・九九頁中。

（6）大正三七・一八八頁上。

（7）大正三三・七八二頁中下。

（8）大正三三・七九三頁上。

（9）大正七五・四二三頁下〜四二四頁上。

（10）同書の研究として、佐藤成順「慈恩大師の教体説―その基盤と形成―」（『三康文化研究所年報』六・七号、『中国仏教思想史の研究』所収）、同「法苑義林章における教体論」（『印度学仏教学研究』一三―二）が挙げられる。

(11) 大正六一・一一頁下。

(12) 最澄に仮託された本覚法門の書である『修禅寺決』（『修禅寺相伝日記』伝全五・一三五頁）に、「次経体者、始覚門時、以二不変真如妙理一為レ体、本覚門時、以二随縁諸法一為二経体一也。」と見られるのも、こういった教義の延長線上にあると言える。

(13) 伝全二・四一一頁。

(14) 伝全二・四一一頁〜四一三頁。この中、龍樹の説は、『中論』巻三（大正三〇・二五頁上）に、「問曰、若仏不レ説二我・非我一、諸心行滅、言語道断者、云何令三人知二諸法実相一。答曰、諸仏無量方便力、諸法無二決定相一、為レ度二衆生一、或説二一切実一、或説二一切不実一、或説二一切実不実一、或説二一切非実非不実一。一切実者、推二求諸法実性一、皆入二第一義平等一相一。所謂無相。……」と記されていることに基づく。因みに、『法華文句』巻三下（大正三四・四〇頁上）には、「一切実・一切権・一切亦権亦実・一切非権非実」という四句が見出される。

(15) 大正三三・七七九頁下〜七八〇頁上。「一、正顕二経体一」の中、「三、正顕レ体（正明レ体）」と「四、引レ証（引二文証一）」の項。「三、正顕レ体（正明レ体）」の原文は、註（2）参照。

(16) 伝全二・四一三頁。

(17) 大正三〇・七五〇頁上。原文は「云何為レ体。為（イ謂）契経体、略有二二種一。一文、二義。文是所依、義是能依。如レ是二種、総名二一切所知境界一。」となっている。

(18) 大正四五・二五二頁上。

(19) 『法華玄義』巻八上。大正三三・七七六頁下。

(20) 拙著『天台教学と本覚思想』「五大院安然の国土観」、及び「〈公開講座〉台密教学探尋」（『叡山学院研究紀要』一二八）参照。

(21) 安然の法身説法思想については、拙著『台密教学の研究』第六章「日本天台における法身説法思想」参照。

(22) 伝全二・四一三頁〜四一四頁。

(23) 拙稿「最澄の成仏思想」（『仏教学』四八）〈本書所収〉参照。

(24) 伝全二・四一四頁～四一五頁。
(25) 『法華玄義』巻九下には、「何者、宗致既是因果。因果即二。体非㆑因非㆑果、体即不二。」（大正三三・七九四頁中、註（1）所引）、「正以㆓此之因果㆒為㆓経妙宗㆒也。」（七九五頁下）等と見出される。
(26) 大正三三・七八〇頁上。梁柱の喩は、註（1）に示したように、明宗段にも見られる。
(27) 伝全二・四一五頁。
(28) 伝全二・四一六頁。
(29) 伝全二・四一六頁。
(30) 大正四五・二五三頁中～。その前では、「論㆓出体㆒」（二五二頁下）として、先ず、「一、摂相帰性体」、「二、摂境従識体」、「三、摂仮随実体」、「四、性用別論体」という四種を論じている。このことについては、佐藤成順「慈恩大師の教体説―その基盤と形成―」（『三康文化研究所年報』六・七号、『中国仏教思想史の研究』所収）参照。
(31) 伝全二・四一六頁～四一七頁。
(32) 大正二五・七八四頁中。
(33) 拙著『台密教学の研究』（一五二頁）参照。
(34) 浅井円道『上古日本天台本門思想史』（一七三頁）に言及がある。
(35) 伝全二・四一七頁～四一八頁。
(36) 大正三一・七六頁下。
(37) 伝全二・四一八頁。
(38) 伝全二・四一八頁～四一九頁。
(39) 大正四五・二五三頁下。同書の少し前の引用（二五三頁上）では、「十地論説、説者・聴者倶以㆓二事㆒而得㆓究竟㆒。一者声、二者善字。」となっている。また、同じく基の『大般若波羅蜜多経般若理趣分述讃』巻一（大正三三・二六頁中）には、「十地論云、説者・聴者倶以㆓二事㆒而得㆓究竟㆒。一者声、二善字。」と見られる。
(40) 伝全二・四一九頁～四二〇頁。
(41) 大正三三・二六頁上。『大般若経』理趣分に関わる最澄と徳一の論諍については、拙稿「最澄と徳一の行位対論

―最澄説を中心に―」（加藤精一博士古稀記念論文集『真言密教と日本文化』上、所収）〔本書所収〕に触れるところがある。

(42) 伝全二・四八八頁～。

(43) 伝全二・四八八頁。

(44) 伝全二・四八八頁～四八九頁。

(45) 大正三四・七一頁中。

(46) 伝全二・四八九頁。

(47) ここでの真如随縁論に注目する論考に、浅井円道『上古日本天台本門思想史』（一四八頁～、一七二頁～）がある。

(48) 伝全二・四八九頁～四九〇頁。

(49) ここに記される「阿含甚深」・「証甚深」の語は、『法華論』巻上（大正二六・五頁上）に見出されるもので、その解釈は最澄と徳一の論諍になっている。このことは、『守護国界章』巻中之上（伝全二・三七三頁～）の「助二照如来使所レ伝本十妙一章第三」、同巻中之上（伝全二・三七八頁～）の「駁二麁食者妙法一章第四」、同巻中之中（伝全二・四〇四頁～）の「駁二麁食者所レ示蓮華一章第六」に論及がある。特に「阿含甚深」については、「助二照如来使所レ伝本十妙一章第三」（伝全二・三七六頁～）に、徳一の説を、「又、阿含甚深、通二前三乗教一。既称二甚深一。何不二妙法一。」と記し、それに対して最澄が、「又、阿含甚深者、非二是体外前三乗教一。若指二法華前所説三乗教一、即違二三乗人不レ能レ知二仏智一也。彼前三乗者、皆悉得レ知故。」と論じていることが注目されるであろう。

(50) 註（6）参照。

(51) 大正三三・六九四頁上。

(52) 大正四六・五三頁中。

Ⅲ　天台密教の特色と展開

安然と最澄

一　問題の所在

安然が日本仏教史上果たした役割は頗る大きい。その理由は、様々な意味で画期とも言うべき業績を遺したからである。安然は台密の大成者として知られるように、天台密教の立場から、それまでの密教の集大成を行った。それは教相と事相に亙る。その重要性は、空海以来の東密の伝統も取り込んでの研鑽を行ったことに見られ、本人としては、台密の特色を主張することが、密教そのものの本流であることを論じたかったのである。従って、自身の密教に対して真言宗の称呼を用いることになる。

安然の教学に注目すべき点は多い。例えば、『蓮華三昧経』の経文として、「帰命本覚心法身」で始まり「還我頂礼心諸仏」で終わる七字八句を随所に引用したことは、所謂、中古天台の本覚思想のみならず、広汎な影響力を持つことになった。自心を尊重することは、台密の根本書である『大日経義釈』（『大日経疏』）の主張するところであり、天台の観心説と相俟って、まさに自心を基準とした仏教の教理構築が推進されたのである。

なお、自心の諸仏に帰依し、それらを頂礼するというのは、観心法門の浄土教を表す言葉として知られる、「己心弥陀、唯心浄土[1]という語と共通性を有する。但し、その成句は必ずしも一般的ではなく、特に宋代以降の中国仏教では「本性弥陀」、或いは「自性弥陀」という表記が主流であり、併せて「唯心浄土」と組み合わされる。いずれにせよ、自心重視の仏教は日本だけの特色ではないことに注意が必要である。

また、安然が、草木の発心・修行による成仏を多角的に論じたことも注目されて来た。その草木成仏思想に関連して、「一仏成道、観㆓見法界㆒、草木国土悉皆成仏。……」という経文を作成したことは、本人の意思を超えて、名文として伝えられることになる。そもそも、安然としては草木の発心・修行を含意したものではなく、一仏（釈迦）が成仏した時の様子を付随的に描写しているだけだからである。これは『斟定草木成仏私記』に『中陰経』の文として引用されるが、『教時問答』や『菩提心義抄』では類似の文が見られるものの同じ文はなく、試行錯誤の中で作成された経文と言えるであろう[2]。

ところで、安然は、『蓮華三昧経』の偈文を、五供養の偈文と同時に空海が将来したとしている。このことの真偽や、当時の状況は杳として分からない。加えて、安然は、一般に空海撰とされる『即身成仏義』と『声字実相義』、及び親撰が疑われている『四種曼荼羅義』（『四種曼荼羅義口決』）については、どこにも撰者名を記すことなく重用した[3]。

安然は空海の十住心教判に対しては徹底的に批判する。しかし、空海から継承している点も少なくない。とはいえ、安然教学の基本となるのは円仁の密教である。円仁が七十一歳で没した貞観六年（八六四）に、安然は二十四歳であったと考えられ、本格的な研鑽はそれより後のことである。

安然が『教時諍論』で、「安然在㆑俗則伝教大師之苗裔也。在㆑道則慈覚大師之門人也[4]。」と、貞観八年（八六六）年に賜った伝教大師・慈覚大師という二人の大師号を記し、自らの立場を述べたことは肝要である。ここに、円仁の継承者であることが明記されている。安然が、円仁の教学を重んじ、それを大成したことはその著作に明瞭なのであるが、安然の教学と最澄との関わりは必ずしも明瞭ではない。そこで、本章では、その点について、若干の考察を加えることにしたい。

二　最澄の著作と安然

最澄の『法華秀句』三巻は『法華輔照』とも呼ばれるが、その中、現行の『法華秀句』中巻のみを特定して、『法華輔照』と看做す見解が示されている。[5]それは、従来の研究に示されているように、『法華秀句』巻中の挿入巻的要因による。しかしながら、安然の『斟定草木成仏私記』に「秀句中巻」として、『法華秀句』巻中が引用されているという指摘だけではなく、[6]やはり同じく安然の『即身成仏義私記』に『法華秀句』巻下の「即身成仏化導勝八」の文章が「法華輔照下巻云」[7]として引かれていることから言えば、その考え方は成立しない。また、『教時諍論』には、徳一との論諍書として、「東土恵日寺徳溢法師者、為レ破二天台一、多造二章疏一。大師因造二守護章・去惑章・補照・照権実鏡・決権実論・依憑集・通六九証・五比量決一。[8]」と記しているように、『法華秀句』の名はなく、「補照」という書名が見られるのみである。後述の如く、安然による『法華輔照』の引用は他にもあるが、ともかく、安然の言及が、最澄を考える場合に有効な例である。

また、次に示す『教時諍』の記述も注目される内容を持つ。

六、無量義経云、自二従如来得道一已来、四十余年、常為二衆生一、演二説諸法四相之義一。性欲不レ同、種種説レ法。四十余年、未レ顕二真実一。伝教大師（云）、如来生年七十一歳、説二無量義経一。法華経云、如来成道已来、始過二四十余年一。菩提流支法界体性論云、如来成道四十二年説二法華経一。[9]

これは、「説経年月不同」についての第六項目の説であり、『無量義経』[10]の略抄文を引用し、その中の「四十余年」を最澄が解説したことを記している。すなわち、最澄は、釈尊が成道後、四十一年で『無量義経』を説いたと主張するのであり、その説は『註無量義経』に、「四十余年者、三十成道後、生年七十一、説二無量義経一。故名二四十余年一。」[11]と見られる。『無量義経』は言うまでもなく、『法華経』の開経であり、『法華経』が菩提流支撰と伝えられる『法界性論』によって、四十二年の説とされることは注目されて来た。それは菩提流支の親撰とは考えられないが、右の『教時諍』の文中にも示される通りであり、そういった考えを前提に、最澄は四十一年説を案出したのであろう。

『註無量義経』は最澄の親撰を疑われていないが、成立年時も不明瞭で、あまり知られていない文献である。しかし、その中には、幾つかの興味深い主張が見られるのであり[12]、安然が本書に言及していることには注目してよいのではなかろうか。

また、密教については、最澄が順暁に伝授された三部三昧耶の伝承が問題となる[13]。そのことについて、『金剛界大法対受記』巻七には次のように記されている。

𑖀阿𑖪𑖰尾𑖨𑖽囕。尊勝破地獄軌云、𑖮𑖳𑖽吽𑖏𑖽欠。印作二内縛一、二空並立去レ風。亦羯磨印。

𑖀阿𑖨囉𑖪嚩(ママ)𑖓左𑖡那

名二出悉地一。是化身真言。

𑖀阿𑖪末𑖨囉𑖮𑖳𑖽吽𑖏𑖽欠

名二入悉地一。是報身真言。

阿鑁囕憾欠

名二秘密悉地一。是法身真言。

阿是金剛部主。肝是阿閦仏。鑁是蓮華部主。肝是弥陀仏。囕是宝部主。肝是宝生仏。吽(ママ)是羯磨部主。肝是不空仏。欠是虚空部主。肝是大日仏云云。故以二五字一為二三身明一。順暁阿闍梨、以二三種悉地法一、授二睿山本師一。其印信載二顕戒論縁起中一。前三真言如レ次名二下・中・上悉地一。本師付二広智一、智付二徳円一、円円(イ附)二円珍一、珍付二中院一、院付二首然二人一。此三悉地亦同二三身一。上来是仏部自得二三部阿闍梨徳一。(14)

この記述には、やや分かりにくいところがあるが、先ず注目すべきは、安然が最澄の密教受法を伝える『顕戒論縁起』を見ていたことである。そして、最澄が伝授された三種の真言を記した文献として『尊勝破地獄軌』を挙げていることも緊要となる。更に、最澄が三種悉地法(三部三昧耶)を広智に付し、その後、徳円・円珍・中院(遍昭)・首然二人(惟首と安然の二人)と相承されたことを記しているのであり、円仁の名前がないことに気づく。(15) 円仁が最澄から授与された可能性はあるが、今は保留しておく。

『尊勝破地獄軌』について、安然は『八家秘録』では、「尊勝破地獄陀羅尼儀軌一巻是三種悉地法 三種悉地付法一巻順暁。出二澄和上顕戒論縁起三巻中一」(16) と記し、また、『胎蔵界大法対受記』巻五でも、右で確認したことと同様のことを述べている。次のようである。

又、比叡山根本大師入唐之日、順暁阿闍梨授二三種悉地法一。印信載二顕戒論縁起中一云、暗鑁囕含欠上品悉地、阿尾羅吽欠中品悉地、阿囉波娑那下品悉地。而無二入修印等一云云。珍和上説、大師伝二広智一、広智伝二徳円一、徳円伝二円珍一、円珍伝二権僧正大和上一。大和上常疑二此法有無一。安然近得二尊勝破地獄法一中、有二此等三種悉地真言一。(亦)稍同二順暁阿闍梨伝一。又云(イ文)、阿囉波遮那名二出悉地一、阿微羅吽佉名㆓入悉地㆒、阿鑁嚂吽欠名㆓秘密悉地㆒、亦名㆓成就悉地㆒、亦名㆓蘇悉地㆒。此阿鑁嚂吽欠、亦為㆓五部・五仏・五輪㆒、亦為㆓地蓮日月空観㆒、亦名㆓法身真言㆒。(17)

安然が見たという『尊勝破地獄法』（『尊勝破地獄陀羅尼儀軌』）は、三真言を同様に「名㆓出悉地㆒」等と説明する現存三種の儀軌のいずれかであろう。(18)今は、そのことに立ち入らない。ともかく、ここでも、安然は『顕戒論縁起』に言及し、更に最澄から権僧正大和上、すなわち遍昭に到る伝授を記している。

安然が読了した文献は、浩瀚を極めていたと思われる。ここでは、最澄に関する僅か数例を挙げたに過ぎないが、その中にも見逃しえない示唆が含まれているのである。

三　法相宗に関連して

天台宗と法相宗との論諍は、最澄と徳一の間で激烈を極めたが、その後にも継続したことは知られている。最澄は、多大な時間を費やし、幾つもの書籍を遺した。その論諍についての徳一自身の書物が伝わっていないので、徳一の思想が、最澄の文献からであっても窺えることは、貴重な文化遺産と言えるであろう。但し、天台と法相宗とでは、それぞれが辿り着く帰結は動かし難く、当初より方向性は決まっている。

しかしながら、互いに情熱的な論戦を繰り広げたことは、それぞれの学識を深めたであろうし、新たな視点をも提供することになったのである。ここでは、そういった動向を、安然の著作から探ることにしたい。

『教時問答』巻二には、次のような教説が見出される。

問。天台宗云、唯識論明㆓別教地位㆒。又云、八識・二無我・三性三無性等皆別教義也。而何今云㆓法相菩薩位是天台通教義一。
答。天台守護章云、瑜伽所レ説無常仏果、是夢裏仏果、三獣度河之意。又、秀句云、瑜伽論是三乗通教義也。又、深密中、第三時云下普為中発ニ趣一切乗一者上、即是天台三乗通教義也。而天台有二名別義通之義一。故約二名別一且云二別義一。然実通義。[19]

ここでの主張は、日本天台における新展開を示すもので、中国天台では法相宗を別教としているが、実は通教であると看做している。そして、その根拠を、最澄の著述に求めているのである。先ず、『唯識論』を別教とするのは、『法華文句記』巻二中に「誰知三唯識等文但明二別位一。[20]」と見られ、八識・二無我等については、『止観輔行伝弘決』巻三之四に、「況復、五法及三自性(イ性)・八識・二無我、全是別義。[21]」と記されている。

このように、中国天台では、湛然が唯識の立場を別教義と釈したのである。それに対して、最澄は、特に『法華秀句』巻中本で明瞭に、「夫瑜伽論者、通二三乗教一。[22]」と述べたのであり、安然は「秀句云」と記している。また、安然がその前に引用する『守護章』とは、『守護国界章』巻下之中「弾三麁食者謬破二報仏智常一章第三」の冒頭に「有為報仏、夢裏権果。無作三身、覚前実仏。[23]」とあり、更に「三獣同渉」に言及する箇所を指す。ここでは、加えて『解深密経』巻二[24]の文を引き、これらを文証として、法相宗を通教と判じたのである。

但し、それでは中国天台と最澄の説が異なってしまうことになる。そこで、安然が主張するのは、名別義通によって解説することで両説が繋がるということである。すなわち、中国天台で別教と判じたのは、名別のことであるとした。

安然は右の問答の直前で、法相宗の行位について論じた上で、「天台判云、近代判位、〔地〕地前但伏、地上始断。是為二名別義通之義一。故法相義、是天台宗通教仏位。摂二四重壇一、如レ説二天台通教仏位一。」と述べている。この中、

「天台判云」というのは、『止観輔行伝弘決』巻六之一で、『摩訶止観』巻六上で説述される名別義通を解説する中に、「近代釈レ位、地前伏レ惑、正是斯例。[25]」と見られることに依拠すると思われる。

因みに、最澄と徳一は大本『四教義』、或いは『摩訶止観』に説かれる名別義通の行位論について論諍を行っている。しかしながら、名別義通という観点が明示されていないため、その理解については必ずしも明らかではない[26]。

なお、右に見た最澄や天台の教説は、『菩提心義抄』巻四[27]でも活用されている。それらを列記すれば、「三性三無性観、凡有二四種一。一通、二別、三円、四密。若天台法華秀句云、瑜伽論、是三乗通教云云。」、「二天台弘決云、楞伽所レ明八識・二無我・三性三無性等、是別教義云云。」、「然天台法華疏記云、誰知三唯識論明二別教地位一云云。」、「弘決云、近代明レ位、地前唯伏不レ断、是名別義通也云云。」等の如くである。この『菩提心義抄』の記述では、三性三無性に通・別・円・密という四種の区別があることの主張に主眼が置かれ、その中に名別義通が含まれるものの、中国天台の別教説と最澄の通教説をその名別義通の語で結合することは意図されていないようであり、『教時問答』とは立脚点を異にする。

また、『教時問答』巻二では、法相宗に対する空海説と天台説との同異を次のように論じている。

問。高野海和上釈二他縁大乗心一云、垂一レ拱一真言[衍カ]之台一、無一レ為法界之殿一。三大僧祇之庸、於レ是称レ帝。四智法王之号、本無今得。言レ乗即三、談レ識唯八。五姓有二成・不一。三身即常・滅。此宗大綱、蓋如レ此乎。菩提心論云、又有二衆生一、発二大乗心一、行二菩薩行一。於二諸法門一、無レ不二遍修一。復経二三阿僧祇劫一、修二六度万行一、皆是[悉カ]具足、然後証二仏果一。久遠而成、斯由三所習法教致有二次第一。龍猛菩薩説、一切行者、断二一切悪一、修二一切善一、超二於十地一、到二無上地一、円一レ満三身一、具一レ足四徳一。如レ是行者、無明分位。非二明分位一云云。此則法相〔相〕宗仏果也。若爾、与二天台所判一同異云何。

答。天台法華輔照判㆓瑜伽等㆒、為㆓三乗通教㆒。守護章判㆓法相仏㆒為㆓夢裏仏果・三獣渡河之義㆒。故与㆔天台通教仏果、只断㆓界内五住㆒同矣[28]。

この問中に引用されるのは、空海の『秘蔵宝鑰』巻下「第六他縁大乗心[29]」からの略抄文であり、法相宗について述べている。そして、その説と天台との同異を問に掲げ、答では、既に見た『法華秀句』と『守護国界章』の説に基づき、法相宗が通教であると言うのである。ここでは『法華秀句』ではなく、『法華輔照』としているように、安然が両名を同時に用いていることが知られる。因みに、安然が『菩提心義抄』巻二で、「法華輔照雖㆑集㆓天竺・大唐・日本仏性諍論㆒、非㆓皆用㆑之[30]。」と述べたことが注目されて来たが[31]、既に見たように安然は『法華秀句』と『法華輔照』を同じものとして活用しているようである。つまり『法華輔照』と現行の『法華秀句』が別の書であるという考説は、安然の段階では通らない。

なお、通教の仏果が界内の五住を断ずるだけであるとするのは、前に検討した『菩提心義抄』巻四で三性三無性を論ずる箇所にも、唯識との関係から、「又云、唯識所㆑明五住煩悩、以㆓界内習気㆒為㆓無明住地㆒云云。又云、唯識所㆑説増寿変易、是通教義云云[32]。」のように見られる。

法相宗について、最澄との関わりがある話題をもう一つ挙げるならば、『教時問答』巻四に説かれる秘密についての議論がある。特に、密教の秘密義、及びそれと天台説との関わりについては、別に論ずるので[33]、ここでは法相宗との関聯に限定する。問題点は、次に示す問の内容に見出される。

問。法相云、仏密意説、是不了義。故大乗十法経有㆓十秘密㆒。又、対法論有㆓四秘密㆒。諸大乗中、仏深意説、皆可㆓顕了㆒云云。天台八教中有㆓秘密不定㆒。同聴異聞、互不㆓相知㆒、是方便教云云。今者第一・第三秘密只ハ是彼義。何以㆓彼宗不了方便㆒為㆓今真実秘密㆒[34]。

要するに、法相宗と真言密教では秘密に対する理解が対照的であることを問題にしているのであり、法相宗の立場から言えば、密意の説は不了義になることを述べ、『大乗十法経』の十秘密、及び『対法論』の四秘密[35]を挙げる。そして、仏の深い意味は顕了であるべきことを説く。その上で、天台の秘密不定教を取り上げ、その秘密の意が方便教であるとする。この、秘密不定教の問題も別稿に譲る。なお、その後に、今の秘密義、つまり真言宗の秘密義の第一と第三の義は、彼の法相宗の義であると説くのは、この問の前に、『大日経義釈』による四説を掲げていることを承けている。その四説とは、「一、諸仏所秘」、「二、衆生所秘」、「三、言説隠密」、「四、法体秘密」であり、真言教の重んずる「諸仏所秘」や「言説隠密」は法相宗の所破であることを問うている。勿論、安然はそういった法相の主張を批判する。なお、『大日経義釈』の秘密については、『菩提心義抄』巻二でも六義を挙げて論じている[36]。

そこで、『大乗十法経』の十秘密であるが、『教時問答』には詳しい説明はない。実は、このことは最澄と徳一の論諍で取り上げられている。『守護国界章』巻下之下には、次のように記されている。

麁食者云、五、大乗十法経云、善男子、何等是為二如来秘密教一。善男子、我記三声聞得二阿耨菩提一者、此不レ応レ爾。如レ言三阿難、我患二背痛一、此不レ応レ爾。乃至広説。是名二秘密教一。麁食者、此意説言、我法華会中、記三声聞得二阿耨菩提一者、此約二不定性一説レ得二仏道一。不レ記二決定性一。而経総含下言唯有二一乗一故無上レ有二二乗一。故法華名二密意教一、名二権教一。

弾曰、此釈不レ爾。違二密義一故。其経十密、其義各異。記密・病密・老密・問密・論密・身密・怨密・乞密・謗密・食密。此声聞記、初授記密。其密大意、約二時徳密一。所以者何、此声聞等、未レ見二仏性一、未レ具二功徳一、未レ到二記時一、不レ可二授記一。雖レ然、世尊密意、見二仏性一故、与二成仏記一。夫非レ時授記、名為二密教一。非三雖レ記不レ成名二密意一[37]。

ここでの主張と同趣意の文が、『法華秀句』巻上本にも見られるので、併せて引用しておくことにする。

麁食者、第七謗二法華一文云、七、大乗十法経云、善男子、何等是為二如来秘密教一。善男子、我記三声聞得二阿耨菩提一者、此不レ応レ爾。如レ言三阿難、我患二背病一、此不レ応レ爾。乃至広説。是秘密教。已上麁食者取レ意所レ引経文 麁食者、取二此意一云、此意説言、我法華会中、説三声聞得二阿耨菩提一者、此約二不定性一説レ得二仏道一。不レ記二決定性一。而揔含言下唯有二一乗一無上レ有二二乗一。故法華名二密意教一、名二権教一。已上麁食者語 弾曰、此文不レ爾。定有下不レ解二密義一失上故。其大乗十法経、有二十種密義一。一記密。二病密。三老密。四聞（ママ）密。五論密。六身密。七怨密。八乞密。九謗密。十食密。此十種密。其義各異。今麁食所レ引文、取二此不応爾一、不レ記二定性一。此亦不レ爾。其十法経文、不レ簡二定・不定一故。其密大意、約二時徳密一。所以者何、此声聞等、未レ見レ仏性一、未レ具二功徳一、未レ到二記時一、不レ可二授記一。雖レ然世尊、見二仏性一故、密意授記。夫非レ時授記、名為二密教一。不レ謂三雖レ記不レ成名二密意一。[38]

法相宗の立場が天台と相容れないのは当然であり、決定性の成仏を認めるかどうかで、秘密の解釈は全く異なってしまう。最澄の批判の中に、十密を列記し、その最初に記密と述べるのは授記についての密である。不定性のみの成仏を説き、決定性の成仏を認めない徳一にとっては、一乗を説くとしても『法華経』は密意の教であり、権教となる。なお、ここでは「大乗十法経云」とあるが、『守護国界章』巻下之中に、「大宝積経大乗十法会云」[39]と示されるように、引用されるのは、『大乗十法経』ではなく、『大宝積経』巻二八、大乗十法会[40]の文である。なお、徳一が「不レ記二決定性一」としたことと、最澄が「不レ謂三雖レ記不レ成名二密意一」、すなわち「授記したとしても成仏しないのを密意と名づけると謂うのではない」と述べていることには径庭を認めざるをえないが、それぞれの主張として押さえておきたい。

徳一の言葉としては、右の『守護国界章』や『法華秀句』には、更に、「方便秘密、密意有余不了義。[41]」とも記し、『法華経』が権教であることを主張しているが、最澄がそれを論破していることは言うまでもない。こういった論諍はそれぞれの立場が確立しているため、終焉はなく、天台宗としては定性・不定性に関わりなく、あらゆる衆生の成仏を説くことになるのである。最澄もそういった観点から、声聞に対する秘密の授記を解説し、非時の授記であるとしている。

このことに対する安然の見解を答中から示せば、「法相所レ立、仏密意説是不了義者、謂、詞深旨浅、未レ究二実義一。如二〔説〕大乗十法経云一。声聞成仏、是仏秘密之教。其実、声聞不レ可二成仏一。而説二成仏一、是密意説。故智論云、般若非二秘密一。不レ明二声聞成仏一故。法華是秘密。以レ明二声聞成仏一故。[42]」と見られる通りである。文中に言及されるように、『法華経』を奥深い教えとして、『般若経』に説かれていない声聞の作仏を説くから秘密教であると看做すのは、『大智度論』巻一〇〇に、「般若波羅蜜非二秘密法一。而法華等諸経説二阿羅漢受決作仏一。[43]」と記されていることに基づく。

なお、『大乗十法経』の十秘密の説は、『愍諭弁惑章』にも明記されている。同書については、『教時諍論』に、「安慧座主、伝灯之代、亦作二愍喩弁惑章三巻一、以破二徳溢天台宗未決義一巻一。[44]」とあることから、安慧が徳一の『天台宗未決義』を破した著作と言われている。しかし、後述の如く、安慧が論破したのは徳一ではないであろう。『愍諭弁惑章』の「通二法華円教疑一第八」には、次のような説示が見られる。

汝自引レ証云、準二大乗十法経、及資糧論一、為二決定声聞一、説二法華一故者、是大妄説。彼経・彼論、都無二此文一故。大乗十法経説二十種密義一。一記密。二病密。三老密。四問密。五論密。六身密。七怨密。八乞密。九謗密。十食密。善男子、何等是為二如来秘密教一。善男子、我記三声聞得二阿耨菩提一、此不レ応レ爾。如レ言三阿難、我患二背痛一、此不レ応レ爾云云。乃至説云、是不二秘密教一也[45]。

これは、蝙蝠者が決定声聞のために『法華経』を説いたと論じた[46]ことへの反論であり、その説を「大妄説」としている。因みに、ここに引用される『大乗十法経』も、大乗十法会に基づいている。安慧は更に次のように説く。

十法経意、未二必応レ爾。何以故。彼経但云三我記二声聞一、而不レ言二定性一。亦無レ指二法華一故。又、汝宗自云、法華経為二不定性一、密意説二一乗一。然為二定姓一説者、豈非二自宗不レ了乎。当レ知、法華経、唯有下名二円教一之道理上。都無レ有下名二蔵・通・別一之道理上。有智君子、不レ可二帰信一矣[47]。

この中で、「汝宗自云」として、法相宗が、『法華経』は不定性のために、密意によって一乗を説くとしたことは、既に見た最澄と徳一の論諍中に記されていた内容に等しい。しかし、ここでの主眼は、その教説を否定するというよりは、その主張を利用して、蝙蝠者が決定声聞のために『法華経』を説いたとしたことを誹議するところにあり、最澄説とは趣向を異にする。しかも、「自宗を了せず」の語を投げ掛けているのは、論難の相手が徳一でないことは明らかである。同様の記述は、『愍諭弁惑章』の別の箇所にも、「汝宗常言、法華経為二密意一。為二不定性一、密説二一乗一故。是密意之名、法華中何巻、何品出二其文一乎。……[48]」と見出されるが、ここでは「是密意之名」以下、批判が続く。ともかく、安慧は、最澄と徳一の論諍から徳一の主張を抜き出して「汝宗」の説としたのであろう。

それでは、安慧が破した十二条を記した人物、つまり『愍諭弁惑章』の開巻劈頭に「東隅有二一謗法者一。邪執積年、学者成レ市。於レ斯著二一十二条義章一、干二於我台宗一[49]」とある東隅の一謗法者とは誰なのであろうか。それは蝙蝠者と呼ばれている。現時点では、第十二条の後に「右一箇比量、下野州薬師寺別当僧、法相宗智公、承和十四年四月十三日、於二国分塔会一所レ立也[50]。」と付記される智公という人物を想定する以外ない。

これまでの検討から知られるように、『大乗十法経』における声聞成仏は、法相と天台とではそれぞれの結論に合わせて解釈をするものの、細かい解釈は各人各様である。安慧の見解としては、『大乗十法経』に定性とは言っていないし、『法華』を指しているわけではないと論じていることが、ここでの骨子となっていると言えよう。つまり、問題となっているのが、『法華経』には円教の道理がないという蝙蝠者説なので、それを批判することが目的となっていて、秘密の義を議論する場面とは着想を異にしていると考えられる。

『大乗十法経』における十秘密の義は、安然の記述では極めて簡略であった。しかし、それは最澄と徳一によって繰り広げられた詳細な論戦の延長線上にある。『愍諭弁惑章』の批判は、論点を異にするが、やはり最澄からの継承であることには注目しておく必要があるだろう。

四　結　語

安然の台密教学大成において、その基盤となったのは円仁の業績である。それは、最澄が密教の学者ではなかったことにも起因する。しかしながら、円密一致を宣揚する日本天台、殊に台密では、最澄が重んじた教義が密教の中にも導入され、枢要とも言えるような位置を占めることもある。

例えば、真如随縁論[51]や経体論[52]がそうである。経体論について言えば、最澄は『法華玄義』巻八上の顕体の教説を基軸として論じているが、『法華玄義』同巻の釈名中の記述にも注目している。すなわち、最澄は、『守護国界章』巻中之中で、「山家出二経体一云、色等紙墨為二経体一已、取二五塵一為二経体一」[53]と極めて短く引用した。そして、『法華玄義』の該当箇所が円仁に注目され、更に安然に到っては、眼前の諸法をそのまま法身の活動性として捉える教理として結実し、台密ならではの法身説法思想が展開するのである。[54]こういった教理が、中国天台から最澄を経て、聯々として継承されていることに注目する必要がある。

もう一つ、神通乗について述べておく。平安仏教では、最澄も空海も神通に乗ずることを譬喩として用いることを尊重した(55)。神通を重んずることは円仁も同様であるが、最澄が依拠したのは『不必定入定入印経』であり、同経では羊乗行菩薩・象乗行菩薩・月日神通乗行菩薩・声聞神通乗行菩薩・如来神通乗行菩薩という五乗行が説かれ、後の三種が神通乗の表記を持つ。五乗行であることは、単純に蔵・通・別・円という四教に配当しえないことになり、そこに問題点が見出される。円仁はこの経を『顕揚大戒論』では用いたが、密教義に導入することはなかった。しかしながら、安然は『菩提心義抄』巻一で次のように論じたのである。

問。叡山以㆓彼五乗菩薩㆒、相㆓配蔵・通・華厳・無量義・法華五教菩薩㆒。而何今云㆓四教及真言行菩薩㆒。

答。蔵・通為㆑一。華厳為㆑別、無量義為㆑円、是為㆓四教㆒。法華与㆓真言教㆒、同為㆓超八之円㆒。故不㆑違也(56)。

問題は、問中に叡山では五乗行を順次、蔵・通・『華厳』・『無量義』・『法華』に配したとしているが、最澄はこのように配対していないことである(57)。敢えて言えば、安然は、前に検討した如く、『註無量義経』で生年七十一で『無量義経』を説いたとしていることと、例えば、『法華玄義』巻五上に、「成道已来四十余年、未㆑顕㆓真実㆒。法華始顕㆓真実相㆒。伝云、仏年七十二歳、説㆓法華経㆒云云(58)。」と見られることから窺知されるように、一年の差が存することに基づいたのであろうか(59)。とはいえ、最澄は『華厳』を第四に宛てることを基本としている。

いずれにせよ、ここでは変容も含め、最澄から安然に継承されているという事実を確認しておきたい。即身成仏思想も最澄に端を発し、円仁を経て、安然に到ることで一つの立場が完成すると言える(60)。

以上、安然と最澄との関わりについて若干の考察を試みた。密教学者としての安然については、空海義の継承・批判も注目されるが、円密一致という観点からは、最澄説の受容・展開という点も見逃せないのである。

註

(1)『織田仏教大辞典』では、この語で立項する。
(2) 拙著『天台教学と本覚思想』六二頁〜六四頁、参照。
(3) 拙著『台密教学の研究』第十一章「安然と空海」参照。
(4) 大正七五・三六九頁上。
(5) 田村晃祐『最澄教学の研究』一〇〇頁〜一〇六頁、参照。
(6) 浅田正博「『法華秀句』中巻別撰説について―守護国界章との関連において―」(『仏教学研究』四一)参照。田村氏の論考は、この論文も踏まえている。
(7) 仏全二四・一七九頁下。
(8) 大正七五・三六六頁上。「五比量決」については不明。或いは「破比量文」の誤写か。
(9) 大正七五・三五九頁中。
(10) 大正九・三八六頁上中。
(11) 伝全三・六一九頁。
(12) そのことについては、拙稿「最澄の教学における成仏と直道」(渡邊寶陽先生古稀記念論文集『法華仏教文化史論叢』所収)〔本書所収〕参照。
(13) 三種悉地法(三部三昧耶)については、三﨑良周『台密の研究』(五二一頁〜)に詳しい。
(14) 大正七五・一八九頁中下。
(15) 拙編著『天台教学探尋』Ⅲ「天台密教の伝灯」に概略を示した。
(16) 仏全二・一一八頁上。『顕戒論縁起』は上下二巻とされ、上巻のみ現存する。
(17) 大正七五・九八頁中。
(18)『三種悉地破地獄儀軌』と総称される、『三種悉地破地獄転業障出三界秘密陀羅尼法』、『仏頂尊勝心破地獄転業障出三界秘密三身仏果三種悉地真言儀軌』、『仏頂尊勝心破地獄業障出三界秘密陀羅尼』。いずれも大正一八所収。
(19) 大正七五・三九六頁中。

(20) 大正三四・一八三頁中。

(21) 大正四六・二四二頁中。

(22) 伝全三・一一七頁。

(23) 伝全二・五六七頁。「有為報仏、夢裏権果。無作三身、覚前実仏。夫真如妙理有㆓両種義㆒。不変真如、凝然常住。随縁真如、縁起常住。報仏如来、有㆓両種身㆒。夢裏権身、有為無常。覚前実身、縁起常住。相続常義、亦有㆓両種㆒。随縁真如相続常義、依他縁生相続常義。今真実報仏、摂㆓随縁真如相続常義㆒。麁食所㆑執凝然真如、定為㆓偏真㆒。以㆓三獣同渉㆒故。不㆑具㆓随縁㆒故。縁起不㆑即故。教有㆓権・実㆒故。権教三身、未㆑免㆓無常㆒。実教三身、倶体倶用。」と見られる。この文章中には、真如随縁や仏身論についての倶体倶用といった、安然によって大成される台密教学の要説が見られることも重要である。

(24) 大正一六・六九七頁中。この文は『守護国界章』巻上之上「弾㆓謗法者浅狭三時教㆒章第一」（伝全二・一五二頁〜）で議論されている。

(25) 大正四六・三三三頁上。

(26) 拙稿「最澄と徳一の行位対論—最澄説を中心に—」（加藤精一博士古稀記念論文集『真言密教と日本文化』所収）〔本書所収〕、同「名別義通の基本的問題」（『天台学報』五二）〔本書所収〕参照。

(27) 大正七五・五二三頁中。

(28) 大正七五・三九九頁上中。

(29) 大正七七・三七〇頁上中。

(30) 大正七五・四八七頁上。

(31) 浅井円道『上古日本天台本門思想史』五三頁〜五四頁。及び註（5）・（6）所掲の、田村氏と浅田氏の論文、参照。

(32) 大正七五・五二三頁中。

(33) 拙稿「天台密教の顕密説」（福原隆善先生古稀記念論集『佛法僧論集』所収）〔本書所収〕参照。

(34) 大正七五・四四九頁中。

(35)『大乗阿毘達磨雑集論』巻一二（大正三一・七五二頁中）に「令レ入二秘密一」、「相秘密」、「対治秘密」、「転変秘密」という四（種）秘密が説かれている。また、『摂大乗論本』巻上（大正三一・一四一頁上中）等も同様である。なお、基の『法華玄賛』巻九末（大正三四・八二九頁上）では「対法等説有二四秘密一。」と記し、それらを解説するが、「対治秘密」は「対除秘密」になっている。

(36) このことについては、三崎良周『台密の研究』第一編第三章「五大院安然における「秘密」義」に詳しい。

(37) 伝全二・六三七頁～六三八頁。

(38) 伝全三・一九頁～二〇頁。

(39) 伝全二・五九五頁。

(40) 大正一一・一五四頁下。「善男子、云何菩薩摩訶薩、善解二如来秘密之教一。善男子、菩薩摩訶薩、於二諸経中一所レ有隠覆甚深密義、於二彼説中一如レ実善知。善男子、何等是為二如来密教一。善男子、我記三声聞得二阿耨多羅三藐三菩提一者、此不レ応レ爾。如レ言三阿難、我患二背痛一、此不レ応レ爾。語四諸比丘、我今老弊、汝可三為レ我推一レ覓侍者一、此不レ応レ爾。語二目連一言、汝可三往問二耆婆医王一、我所レ有患、当レ服二何薬一、此不レ応レ爾。善男子、如来処処逐二諸外道一論義摘勝、此不レ応レ爾。善男子、佉陀羅刺、刺二如来足一、此不レ応レ爾。善男子、如来又説二提婆達多是我宿怨一、常相随逐求一レ覓我便一、此不レ応レ爾。善男子、如来昔日入二舎衛城一、於二奢犁耶婆羅門村一、周遍乞食、空鉢而出、此不レ応レ爾。善男子、旃遮摩那・毘孫陀梨、木器合レ腹以謗二如来一、亦不レ応レ爾。善男子、如来昔在二毘蘭多国一、受二毘蘭若婆羅門請一、三月安居而食レ麦者、此不レ応レ爾。」とあり、「此不応爾」という十密が説かれる。因みに、『大乗十法経』（大正一一・七六七頁中）の該当箇所には、「善男子、云何菩薩摩訶薩、善巧秘密語。善男子、若菩薩摩訶薩、如来所レ説諸甚深経中秘密之教、彼不二随レ説取一。何者、是秘密之教。如来記二諸声聞於阿耨多羅三藐三菩提一者、非レ如二所説一。仏語三阿難、吾患二背痛一、不二随レ説取一。退老患朽敗、為レ我訪一レ覓侍者一、不二随レ説而取一。汝目連、往一レ至耆婆医王所一、取二諸妙薬一、不レ応二如レ説取一。如来共二諸外道尼揵子等一、諍二其諸伎一、不レ応二如レ説取一。如来、佉陀羅刺、刺レ足者、是事不レ応二如レ説而取一。提婆達多是如来久遠害者怨家、不レ応二随レ説而取一。如来入二舎梨耶婆羅門村一、空鉢而出、不レ応二如レ説而取一。旃遮及孫陀利謗レ仏者、不レ応二随レ説而取一。須那国毘羅若婆羅門、請レ仏至已食レ麦、亦不レ応二如レ説而取一。」と見られ、同様の内容が確認できる。

(41) 伝全二・六三九頁、伝全三・二一一頁。
(42) 大正七五・四四九頁中下。
(43) 大正二五・七五四頁中。
(44) 大正七五・三六六頁上。
(45) 伝全三・四一九頁～四二〇頁。『菩提資糧論』についての考説は、今は措く。
(46) 蝙蝠者の説は、『法華経』には蔵・通・別の三教の道理しかなく、円教の道理はないというものである。そして、当該の文は三蔵教の義であるとして、「若為二決定二乗一説教名二三蔵一、乃至何以故、準二菩提資粮論、及大乗十法一、為二決定声聞一、説二法華経一。法華中、唯有下名二蔵・通・別一之道理上。都無レ有下名二円教一之道理上。」（伝全三・四一七頁）と述べている。
(47) 伝全三・四二一頁。
(48) 伝全三・三九五頁。
(49) 伝全三・三六七頁。
(50) 伝全三・四四四頁。
(51) 浅井円道『上古日本天台本門思想史』参照。
(52) 拙稿「最澄の経体論―徳一との論諍を中心に―」（多田孝正博士古稀記念論集『仏教と文化』所収）〔本書所収〕に触れるところがある。
(53) 伝全二・四一三頁。
(54) 拙著『天台教学と本覚思想』「五大院安然の国土観」参照。
(55) 拙著『台密教学の研究』第十四章「神通乗について」参照。
(56) 大正七五・四五六頁上中。
(57) その指摘は、浅井円道『上古日本天台本門思想史』（七七一頁）に見られる。
(58) 大正三三・七三八頁中。
(59) 安然が『註無量義経』を見ていたことは、『菩提心義抄』巻四の、「注云、円六度也。」（大正七五・五二六頁上）、

「注云、領㆓大千界㆒。……注云、領㆓小千界㆒。」（五三五頁上、割註）という記載が、それぞれ『註無量議経』巻二（伝全二・六二二頁）、巻一（五五八頁〜五五九頁）に基づくことからも確認できる。

(60)『決権実論』（伝全二・七一五頁）では、それぞれ『倶舎』・『般若』・『瓔珞』・『華厳』・『法華』に配することを明記している。

天台密教の顕密説

一　顕教と密教

顕教と密教という語の使い分けは、実は単純ではないが、昨今、それぞれの意味を殆ど吟味することなく濫用している場合もないとは言えないようである。それは特に、顕密という用例に著しい。勿論、空海の撰としての『弁顕密二教論』を基準にして、『大日経』・『金剛頂経』といった所謂密教経典以外を全て顕教として理解することも一つの立場であろう。その場合、顕密は全仏教のこととなる。しかしながら、後でも言うが如く、顕と密は往々にして評価の基準でもあることに留意しなければならないのである。要するに、空海説に準拠すれば、自宗所依の密教経典以外は顕教という劣る教義の一群となる。従って、顕密と言った場合に、それらは単純な並記ではなく、優劣・勝劣が念頭に置かれているか否かということが常に問われなければならないのである。

日本天台では、顕密一致という言い方もなされるが、それは全仏教というよりは、天台教判の蔵・通・別・円のうちの円教が密教の教義と等しいという、所謂、円密一致のことであると言えなくもない。なお、台密では、円仁が大興善寺の元政からの教示をもとに、仏の立場から言えばあらゆる仏教が真言密教であることを一大円教の語で表し、それは安然の教学の根幹となっている。[1] 一大円教は相対性を排除した教判であり、仮に相対的に用いられるとしても、それは絶対という語と相対という語が相対的に並記されることと同様に考える要素がある。

更に円仁が、顕教と密教を相対的に判じ、諸三乗教を顕教、諸大乗教を密教（秘密教）としたことは台密の基本となり、[2] また日本天台で円密一致を論ずる上での準縄となった。しかし、その密教は二つに分類される。理秘密教（唯理秘密教）と事理倶密教（理事倶密教）であり、前者は『華厳経』・『維摩経』・『般若経』・『法華経』等、後者は『大日経』・『金剛頂経』等である。円仁は、日本天台において最も三密行の実修を尊重した学匠であり、それが事理倶密を設定する意義となっている。

この円仁の主張には、二つの大きな問題がある。一つ目は、理秘密教が『法華経』を特定せず、諸大乗教を並記していることである。そのことについての、後世における理解の一例を示せば、仁空が『義釈捜決抄』巻二之一に、「故華厳・浄名・大品等諸大乗経、皆理秘密真言教トハ被二沙汰一タレトモ、取二帯権辺一理秘密云非ズ。約二円実不異意一論二此義一故、所詮只指二法華円一、理秘密同 沙汰スルニテ有也。[3]」と述べていることが挙げられよう。すなわち、理秘密教に共通するのは『法華』の円に他ならないと看做すのである。

もう一つの問題は、密教の事が円教には関わりのないものとなってしまうことである。このことについても、幾つかの見地からの論及が可能であるが、秘密という観点からの言及として、安然の『菩提心義抄』巻四に、「何況、円人初住已入二秘蔵一。秘蔵自具二事理倶密一、自得二真言自他五種灌頂之法一。[4]」と記されていることが参照されるであろう。天台教学では、円教の初住位に秘密蔵に入り、その位が凡夫から聖者への転換点となることは基本説となっている。[5] 勿論、その位において事理倶密に入るとは説かれていないのであるが、安然は初住が秘密蔵に入る位であることを活用し、その位において円教の修行者が事密の境界に入ることを主張したのである。

そこで、顕教と密教について考究する上での、もう一つ基本的な考え方を見ておくことにする。『大日経義釈』巻一一には次のような記述が見られる。

秘密者、即是如来秘奥之蔵。久黙二斯要一、如二優曇華一、時乃説レ之。苟非二其人一則不二虚授一。不レ同二顕露常教一也。漫荼羅、是具二種種徳一義。即是如来秘密之徳。如二蓮華開敷而自荘厳一。……大悲根原（従二大悲根本一生）発大乗無上諸仏最秘者、謂、此漫荼羅即是無上大乗根原也。謂、此菩提之心、以二大悲一而為二根本一。亦如二胎蔵一。故言二根本一也。謂、大乗者、謂、真言行菩薩、由レ具二足方便一故、行二大直道一、一向無二留難一、得レ至二於真実一。猶如下乗二調良之乗（イ馬）一、行二大直道一至中於大城上。此即是諸仏最上秘要之法。(6)

ここには、二つの注目すべき説示がある。先ずは前半の記述と『法華経』との関わりである。そして次には、後半で「大直道」の語が密教義に導入されていることである。「大直道」の語は『法華経』の開経である『無量義経』に見出され、最澄は大直道思想を宣揚した。(7) さて、特にこの記述の前半については、安然も注目し、『教時問答』巻四(8)で『大日経義釈』の「秘密（教）」の四説を論ずる中で引用している。その四説については、後で言及するので、ここでは『義釈捜決抄』巻一之五に見られる仁空の説示を引用する。

義釈正顕密二教名言出、被レ分二別其相一事。此秘文ナルヘケレトモ、以レ次所レ出レ之也。義釈十一云、秘密者、即是如来秘奥之蔵。久嘿二斯要一。如二優曇華一。時乃説レ之。苟非二其人一即不二虚授一。不レ同二顕露定教一也。文 此釈分明顕露・秘密教相分別タル也。而秘密者即是如来秘奥之蔵云、法華経久嘿斯要説、如優曇鉢華時一現耳文意引合、此秘教相云、不同顕露定教云。故如二此釈一法華以前諸教対二秘密教一、顕露定教云歟聞タリ。但大師御釈意、如二華厳・維摩等一諸大乗教、皆是密教也被レ釈。故爾前諸経総属二顕教一様無歟。此則於二諸大乗経一、約部・約教二意アル故、今義釈文以二約部意一法華已前総属二顕露定教一歟。若約教意ナラハ、諸経所説円教円

実不異故、法華円ト一意以テ、大師華厳・般若等諸大乗教ヲモ秘密教判給也[9]。

要するに、『大日経義釈』における密教の秘密義が、『法華経』によって説明されていることを主張しているのであり、ここでは、薬草喩品の「久黙斯要」[10]という一句と、方便品の「如優曇鉢華、時一現耳。」[11]という文を提示する。そこで、問題として、円仁が密教を『法華経』に特定していないことを挙げ、『義釈』は約部、円仁の釈は約教であるという会釈を施している。円仁の理秘密教に対する理解は既に見た通りであり、諸経の円と『法華』の円が一であるということに帰着せしめている。

『大日経義釈』の「秘密」義については、安然が『菩提心義抄』巻二[12]で六義を挙げ、併せて天台教学や『法華経』との関わりについても論じている。そのことについては先行研究に詳しいので[13]、ここでは次に示す『義釈捜決抄』巻二之五によって、『法華経』との関わりを確認するに止めたい。

又、法華経秘密ト云ヘル詞、如来秘密神通之力一文不限事也。法師品、此経是諸仏秘要之蔵、不可分布妄授与人ト云、安楽行品ニハ、此法華経諸仏如来秘密之蔵。於衆経中最在其上。長夜守護不妄宣説ト云ヘリ。義釈処処、以此等文意真言秘密義ヲハ被釈也。具縁品、造曼荼羅相説畢、金剛手菩薩諦観大日如来説偈云、一切智慧者出現世間、如彼優曇華時乃一現。文 釈第五巻初釈此文云、一切智者出興世間、如彼霊瑞華時乃一現耳。仏優曇華雖即難遇、然此真言法要倍過之。何以故。此是如来秘蔵ナリ。長夜守護不妄授之。苟非頓悟之機、即不入其手也。世尊在世、猶多怨嫉。況末代ヲヤ乎。文 優曇華譬ヲハ経即説之。方便品、如是妙法諸仏如来時乃説之。如優曇鉢華時一現耳文全同。釈此是如来秘蔵長夜守護不妄授云、即是安楽行品文意也。世尊在世猶多怨嫉。況末代乎全法師品文被写也。此等、法華秘密体全今真言大秘密体同スト見タリ[14]。

最初に「如来秘密神通之力」の一文というのは、『法華経』如来寿量品[15]の記述に基づくものであり、ここではその文以外の『法華経』の教説も真言密教と一致することを述べている。すなわち、前に言及した方便品の優曇鉢華の説、そして、安楽行品の「此法華経、諸仏如来秘密之蔵。於二諸経中一、最在二其上一。長夜守護、不二妄宣説一。[16]」、法師品の「此経是諸仏秘要之蔵。不レ可三分布妄授二与人一。諸仏世尊之所二守護一。従レ昔已来、未二曾顕説一。而此経者、如来現在、猶多二怨嫉一。況滅度後。[17]」という教説に依拠して、『義釈』巻五の、「初偈意、言、一切智者出二興世間一、如二彼霊瑞華、時時乃一現一耳。仏優曇華雖二則難レ遇、然此真言法要倍復過レ之。何以故。此是如来秘密蔵。長夜守護不二妄授一レ人。苟無二頓悟之機一、則不レ入二其手一也。世尊在世、猶多二怨嫉一。況末代乎。[18]」という教義が構成されていることを主張しているのである。なお、この解釈のもとになる『大日経』の偈文とは、「一切智慧者、出二現於世間一、如二彼優曇華、時時乃一現一。真言所行道、倍復甚難レ遇。[19]」の如く見られるものである。

以上の検討から知られるのは、顕教や密教という呼称が必ずしも一定していないことと、秘密という言葉が、真言密教出現以前においても重要な意義を持つことである。そこで、次には天台教学における秘密教を中心に論じたい。

二　秘密教としての『法華経』

円仁は、『金剛頂経疏』巻一で、「智論亦云、仏法有二二種一。一、秘密。二、顕示。[20]」と述べて、その顕示を顕示大乗、秘密を真言密教（最勝金剛秘密乗、最上金剛秘密乗）のことと捉えた。『大智度論』が龍樹造であれば、その考え方も密教相承の観点からは成立するが、『大智度論』は『大日経』や『金剛頂経』等の密教が出現する以前の論著であり、密教以前に樹立した天台教学への導入が当然大きな問題となる。そこでここでは、『大智度論』の教義を検証しつつ、天台教学と秘密との関わりを少しく分析しておくことにする。

そもそも、『大智度論』巻四には、「仏法有二二種一。一、秘密。二、現イ顕示。現イ顕示中、仏・辟支仏・阿羅漢、皆是福田。以二其煩悩尽、無レ余故。秘密中説下諸菩薩得二無生法忍一、煩悩已断、具二六神通一利中益衆生上。(21)」とあり、また巻六五では密転法輪相を説示する文脈において、「諸仏事有二二種一。一者、密。二者、現。(22)」と見出され、これらは真言密教とは本来関わりがない。そして、『法華玄義』巻一〇上(23)では、不定教を説く中、略中の殺人を論ずる箇所において『大智度論』に顕露教と秘密教の二種ありとする文を用いている。その不定教と密教との関わりも、後述の如く、台密ならではの問題となる。

要するに、智顗の時に密教はなかったが、その智顗の教義を活用したのが台密教学なのである。その先蹤は『大日経義釈』に求められ、天台教学や『法華経』による教義が随所に示されている。更に、智顗の教学と密教に共通する要素があることも見逃せないであろう。例えば陀羅尼は密教特有のものではないが、その陀羅尼が密教と結合して論じられるのは周知のことである。そこで、一般に円珍撰とされる『大日経指帰』では、「天台止観云、智者行二法華経一、発二陀羅尼一。已上文 所以、智者大師所説四教還摂二摠持門一。楽説弁才、是摠持力。若言レ非者、深違二師宗一。内証二秘密教一、外説二顕示教一。故一切果依二此門一証。(24)」のように言うのであり、天台大師が陀羅尼を発得したことを根拠に、摠持門が一切の仏教を摂めることを論じている。ここでの論述の問題は、天台が内に秘密教を証したことを述べつつも、外には単に顕示教を説いたという言い方をしていることであろう。因みに、智顗が陀羅尼を発得したことについて、『摩訶止観』巻一では、「行二法華経懺一、発二陀羅尼(25)一」と記している。

また、湛然においては、例えば『法華文句記』巻一〇下に、「他経随レ事、禳災・増益・摂召不レ同。彼文亦各別有二観法一。所ヨ以新訳並名二真言及以明一者、古人見三秘密不レ訳、例如二此土禁呪等法一、便以二呪名一往翻。今言二皆是如来難思秘密真言種子[26]。」という記述が見られるように、密教への言及がないわけではないが影響は希薄である。

『法華経』に関わる秘密の意義について、『大日経義釈』における依用は既に幾つか見た。それでは、中国天台ではどのように把捉したのであろうか。『法華文句』巻八上には次のようにある。

秘要之蔵者、隠而不レ説為レ秘、総二一切一為レ要。真如実相包蘊為レ蔵。不可分布者、法妙難レ信、深智可レ授、無智益レ罪。故不レ可二妄説一也。従昔已来未曾顕説者、於二三蔵中一不レ説二二乗作仏一。亦不レ明二師弟本迹一。方等・般若雖レ説二実相之蔵一、亦未レ説二五乗作仏一。亦未二発迹顕本一。頓漸諸経皆未二融会一。故名為レ秘。此経具説二昔所レ秘法一。即是開二秘密蔵一、亦即是秘密蔵。如レ此秘蔵未二曾顕説[27]一。

これは、前記した『法華経』法師品の、「此経是諸仏秘要之蔵。不レ可三分布妄授コ与人一。諸仏世尊之所二守護一。従レ昔已来、未二曾顕説一。」という記述中の、「秘要之蔵」について解釈を施した文章である。ここには『法華経』をどう捉えるか、注目すべき主張がなされている。要を言えば、この経は二乗作仏や五乗作仏など、昔秘するところの法、つまり秘密蔵を開いたのであり、従って秘密蔵であると記しているのである。『法華経』と秘密の関係は観点によって異なるであろうが、二乗作仏を明かしているから秘密であるという考え方は、『大智度論』巻一〇〇の、「般若波羅蜜非二秘密法一。而法華等諸経説二阿羅漢受決作仏[28]一。」という教説を根拠としている。そのことは、『法華玄義』巻一〇上に、「釈論云、般若非二秘密教一、以付二阿難一。法華是秘密教、付二諸菩薩[29]一」、巻一〇下に、「第百巻云、法華是秘密、般若非二秘密一。為レ不レ明三二乗作仏一故[30]。」と記されていることに明瞭であろう。因みに、基の『法華玄賛』巻一〇本には、「龍樹解云、余経非二秘密一。唯法華秘密説二二乗作仏[31]一。」と見出される。

但し、『法華玄義』巻一〇下には、「当レ知、顕示浅、秘密深。今、般若・法華、皆明下菩薩得二無生忍一、具中六神通上。

並秘密、並深、並大。就㆓秘密㆒、更論㆓秘・不秘㆒。般若不㆑明㆓二乗作仏㆒、闕㆓此一条㆒故言㆓不秘㆒耳。[32]」とあり、『般若』も『法華』も深い教えであるから皆秘密であり、その秘密について更に秘・不秘を論じたものとしている。なお、この箇所は章安灌頂による「記者、私録㆓異同㆒」の項であるが、右の記に続けて、「問。般若未㆑開㆑権。応㆓是秘密㆒。法華開㆑権、応㆓是顕示㆒。答。若取㆓開権㆒、如㆓所問㆒。今取㆓浅易㆒為㆓顕示㆒耳。」と記していることは重要である。

つまり、秘密の語には「奥深い」という意味があり、かつて秘密であった教義を『法華経』は説いているという意味が緊要となる。それでは、『法華経』は二乗作仏を秘密にしていないので顕示ではないかという反問も可能になり、未開権・開権という観点からは『般若経』が秘密であり、『法華経』は秘密ではないという言い方も可能であるとする。しかしながら、ここでは浅易を顕示と判ずるという立場を採ることで、『法華経』は深奥な教えを説く秘密教となることを強調しているのである。

また、中国天台における秘密の義を検討する上で、次に示す『法華文句』巻九下の記述は大きな意味を持っている。

秘密者、一身即三身名為㆑秘、三身即一身名為㆑密。又昔所㆑不㆑説名為㆑秘、唯仏自知名為㆑密。神通之力者、三身之用也。神是天然不動之理、即法性身也。通是無壅不思議慧、即報身也。力是幹用自在、即応身也。仏於㆓三世㆒等有㆓三身㆒。於㆓諸教中㆒秘㆑之不㆑伝。[33]

この記述は、前に触れた『法華経』寿量品の「如来秘密神通之力」についての釈文であり、「秘」と「密」を分解して一身と三身の相即を論じたり、昔説かざる所と、ただ仏のみ知ることをそれぞれ秘と密としたりしているが、ここでは昔説かざる所を二乗作仏に直接結びつける教説にはなっていない。それは措くとしても、秘密の義に深奥の意味があることは明らかであろう。

三　密教と秘密不定教

それでは、真言密教における秘密をどのように考えるべきであろうか。このことについては、安然の説が注目される。安然は『教時問答』巻四と『菩提心義抄』巻二でその問題を扱っている。『菩提心義抄』の記述の方が詳細の感を抱かしむるものの、それぞれ若干異なった説明も見られる。なお、この問題については既に先行研究があるが[34]、ここでは円密一致という観点から若干の考察を加えることにする。先ずは『教時問答』巻四の説を検討することにしたい。

問。凡真言教名二秘密教一意何。
答。義釈四説。一、諸仏所レ秘故。云下苟無二頓悟之機一不上レ入二其手一。二、衆生所レ秘。諸趣言音皆是真言。衆生自秘。非二仏隠密一。三、言説隠密。諸仏密語別有二深義一。若如レ文取レ旨則失二仏意一。四、法体秘密。此諸仏自証三菩提非二有心境一。若非二加持一十地菩薩尚不二見聞一。況乎生死中人。故名二秘密一也[35]。

ここに示される四説は『菩提心義抄』巻二[36]に掲げられる、「一、法体微密」、「二、諸仏内証」、「三、非レ機不レ授」、「四、衆生不レ覚」、「五、未レ入二三昧耶一者、不レ許二為説聞持一」、「六、行人切秘不二顕露行一」という六義のうちの四義に直ちに当て嵌まらない。特に四説のうち、「三、言説隠密」は『菩提心義抄』にはないし、「四、法体秘密」も『菩提心義抄』の「一、法体微密」と同じ説明ではない。

しかしながら、安然が円密一致という観点から議論を展開しようとしていることは、両書の記述からも明らかである。『教時問答』巻四には次のような記述が見出される。

又、天台云、同聴異聞、互不二相知一、名為二秘密不定一。今真言教、同聴同聞、同智同身。雖レ聞二五乗三昧一、了コ知一究竟道一。故与二法相・天台不了・方便秘密一不レ同。又、天台云、非レ機不レ授名レ秘、法体微密名レ密云云。此与二今宗第一・第四意一同。而闕二第二・第三意一也。故秘密品義釈云、秘密者、即是如来秘奥之義。イ蔵 久黙二斯要一、如二優曇華一、時乃説レ之。苟非二其人一則不二虚授一。不レ同二顕露常教一也。……(37)

ここでは、天台で説く、同聴異聞して互いに相知らざる秘密不定教が、真言密教とは異なり、不了・方便の秘密であると言う。因みに、この秘密不定教は、明曠の『天台八教大意』では、「同聴異聞、互不二相知一名二秘密教一。同聴異聞、彼彼相知名二不定教一」(38)と示されるように、単に秘密教として説明している。そして、安然は、天台の教説として、「非レ機不レ授名レ秘、法体微密名レ密」と記し、それが『教時問答』で掲げる秘密の四義のうちの、「一、諸仏所レ秘」と「四、法体秘密」に該当すると論ずるのである。従って、ここでは「二、衆生所レ秘」と「三、言説隠密」の二義が天台から導かれないことになる。このことに併せては、次に引用する『菩提心義抄』巻二の文が注目される。

天台法華文句釈云、非レ機不レ授為レ秘、法体微密為レ密。然法華中亦有二六義一。一、法華論十七名中、一切諸仏秘密蔵、神力品中、一切諸仏秘要之蔵、是法体微密義。二、寿量品初、如来秘密神通之力、涅槃三徳秘密之蔵、是内証秘密義。三、安楽行末、一切諸仏秘密之蔵、今乃説レ之、是非レ機不レ授義。四、譬喩品初、舎利弗云、是我等咎、非二世尊一也、是衆生自秘義。五、譬喩品云、無智人中、莫レ説二此経一、是未レ発二菩提心一者、不二許聴一義。六、又云、若復有レ人、求二仏舎利一、如レ是求レ経得已頂戴、乃可二為説一、是秘コ持妙法一義。(39)

最初に引用される「天台法華文句釈」は『教時問答』では「天台云」と引かれていたものである。その典拠は、前半が『法華玄義』巻一上の「一切秘要之蔵者、非レ器莫レ授為レ秘、正体為レ要。」[40]、後半が『法華文句記』巻七中の、「若微密為レ密、則法華為レ密。若以二顕密一為レ密、今此声聞自二鹿苑一来、皆稟二顕教一、何名為レ密。爾前得レ記、乃名為レ密。」[41]という記述に基づくと考えられる。そして、更にこの『菩提心義抄』の教説では真言密教における秘密の六義が『法華経』にもあることを主張しているのであり、『教時問答』よりも一層円密一致の立場を力説しているように見える。なお、六義のそれぞれに『法華経』の諸文を配しているが、最初の『法華論』の十七名中に基づくとしているのは「六、名二一切諸仏秘密法一者、此法甚深、唯仏知故。七、名二一切諸仏之蔵一者、如来功徳三昧之蔵在二此経一故。八、名二一切諸仏秘密処一者、以下根未熟衆生等非二受法器一、不中授与上故。」[42]と連続する七番目の記述を指すかと思われる。そして、それぞれの根拠として、「一、法体微密」には神力品[43]、「二、諸仏内証」には寿量品[44]と『涅槃経』の三徳秘密蔵、「三、非レ機不レ授」には安楽行品[45]、「四、衆生不レ覚」、「五、未レ入二三昧耶一者、不レ許二為説聞持一」、「六、行人切秘不二顕露行一」の三には譬喩品[46]の記述を配している。ここに安然の円密一致の立場が現れていると評せよう。

そこで問題となるのは、『菩提心義抄』で続けて次のように記していることである。

> 天台八教中云、同聴異聞〔修修〕相知、顕露不定。同聴異聞、互不二相知一、秘密不定。如二大論云一、教有二二種一。一、顕示教。初転法輪、陳如証レ果、八万諸天、得二無生忍一。二、秘密教。謂、有二無量諸天一、或得二四果・支仏乃至十地・一生補処一、即是阿含同時。亦説二密迹力士経一。如来三秘密、種種不同。其中亦有二三乗得道一。金剛頂疏、引二智論文一、為二今真言秘密教証一。天台、後〔彼カ〕時同レ席形隠、以為下互不二相知一秘密上。真言、彼経如来三密、以為二真言秘密教法一。故二宗旨両不二相違一[47]。

ここで論じられているのは、天台教判である秘密不定の義と『大智度論』巻六五[48]の秘密教のことである。

やや分かりにくい点もあるが、本来、天台の秘密不定は真言密教とは意味を異にし、右の引用文の末に天台と真言の宗旨が相違せざることを説くとしても、秘密不定が真言密教であることを説いたのではないであろう。結論から言えば、天台・真言それぞれの立場からの秘密に対する解釈がなされ、共に成立することを主張したものと考えられる。

つまり、前節の最初に述べたように、『大智度論』には密（秘密）と現（顕示・現示）という仏法の二類が挙げられているのであり、その中、秘密義が天台教学では秘密不定教へと展開し、円仁はそれを真言密教のことと解釈した。そして、安然はその二つの解釈が共に成立することを『大智度論』の本文から論証したのである。特に、『大智度論』が直接、密教とは関係しない文献であることから、円仁の解釈に無理がないわけではなく、安然はその会釈をなしたと言えるであろう。すなわち、安然は『大智度論』巻六五の記述をもとにして議論し、併せて、如来の三密を説く『密迹力士経』[49]を持ち出すことにより『大智度論』の秘密教の中に真言密教義を読み込んだわけである。なお、『大智度論』巻六五には「諸深三昧・陀羅尼門[50]」の語も見出される。

安然の教学はそれまでの教学の集大成でもあり、簡単には理解できないところもある。しかし、日本天台の学匠として台密ならではの円密一致に立脚する密教を、密教の本筋として確定したことが重要なのである。

四　顕教と円教

顕教と密教とを並記して、しばしば顕密と称するが、その顕密という語は時として軽慮のもとに用いられているように思われる。

そもそも、顕密を対峙させて論じたのは空海であり、『弁顕密二教論』ではその立場を明記している。それは明らかに密教を優位に置くものであり、顕教を劣るものとしている。このように、空海における顕密の表記が、優劣の価値判断を含むものであることに注意しなければならない。空海の教義の前提にあるのが、『五秘密儀軌』(『金剛頂瑜伽金剛薩埵五秘密修行念誦儀軌』)に、「於二顕教一修行者、久久経二三大無数劫一、然後証三成無上菩提二。[51]」と見られるような、顕教に対する理解である。

加えて、密教が流布する以前において秘密、或いは秘密教が奥深い教理を意味していたことからも窺えるように、顕と密を単純に並記することは必ずしも明瞭ではない要素を持たせることにもなる。従って、最初にも記したように、日本天台の特色を円密一致のみならず、顕密一致という呼称で表現することには問題がある。更に、顕教の意味が真言密教以外の全てをも含みうるとする観点からは、顕教という範疇の分析も不可欠である。

しかしながら、日本天台では伝統的に顕密一致の語も用いられているのであり、例えば『渓嵐拾葉集』や『円密宗二教名目』に用例が見出される。中でも、恵鎮の『円密宗二教名目』に、「所詮、山門相承本意顕密一致者、専指二法華円頓教一也。無畏・一行已(ママ)証法花・大日経一体被レ釈故也。故別談二理秘密一時、唯可レ取二法華実教一也。[52]」とあることは、これまで論じてきたことからも注目されるであろう。要するに、ここでは円仁の言う理秘密教を扱いながらも、顕密一致の語を活用し、理秘密教として『法華経』を特定するのである。これは、顕密一致の顕は『法華経』に異ならないことを意味するのであり、顕密一致は円密一致に他ならないことになる。この場合は、空海義に対立する用語と見れば、必ずしも無意義ではないかもしれないが、やはり顕の語が限定的であることに留意する必要がある。

このように、顕密とはいっても、それぞれの立脚点があり、顕教や密教をどのように理解するかということは一定してはいないのである。顕教や密教、顕密、秘密等の語の安易な使用は議論を曖昧にしてしまうことになりかねないことに注意する必要があろう。

五　結　語

真言密教の特色の一つが、秘密性にあることは言うまでもない。特に実践、すなわち事相の伝承において、それは顕著である。その場合、秘密性そのものに奥深さを認めるべきであろう。密教の行者が阿闍梨からの伝授に与る必要があることは、越三昧耶という違越を厳しく諫めていることからも知られる。

しかしながら、密教の基本的な修行法である三密行のような有相方便に対する理解は、東密の内部でも様々な議論が展開したのであり、古義と新義とでは敢えて方向性を異にする論義の内容を提示することもある。勿論、日本天台では、円密一致の観点からも様々な理解が示される[53]。

密教は曼荼羅に示されるように、諸尊を大日如来の顕現と看做しうる教義を有している。従って、その本尊観もあらゆる諸尊を包含したものとなる。従って、全ての尊格が一生成仏の門となりうることを説くのが『大日経義釈』[54]である。特に密教はそういった絶対的な立場を強調する。台密で言えば、円仁が元政から伝え、安然によって大成される一大円教論がそれである。

以上のように、密や顕という語の多様性は、単純に顕密という言葉では表せない複雑な意味を持つ。そして、密教を重視する立場からは、何よりも、密の絶対性と、顕と相対した時の密の優位性に着目する必要がある。

註

（1）『金剛頂経疏』巻一（大正六一・一六頁中）に見られるその主張は、安然の『教時問答』において継承・大成される。
（2）『蘇悉地経疏』巻一、大正六一・三九三頁中。
（3）天全一三・八頁上。
（4）大正七五・五三四頁上。
（5）拙著『台密教学の研究』第七章「台密の行位論」参照。
（6）続天全、密教1・五〇八頁下。
（7）拙稿「最澄の教学における成仏と直道」（渡邊寶陽先生古稀記念論文集『法華仏教文化史論叢』所収）（本書所収）参照。
（8）註（37）の該当文、参照。
（9）天全一〇・二六二頁下～二六三頁上。
（10）大正九・一九頁下。
（11）大正九・七頁上。「仏告二舎利弗一、如レ是妙法、諸仏如来、時乃説レ之。如二優曇鉢華、時一現一耳。」とある。
（12）大正七五・四九二頁中。
（13）三﨑良周『台密の研究』第一編第三章「五大院安然における「秘密」義」参照。
（14）天全一三・二五三頁下～二五四頁上。
（15）大正九・四二頁中。ここでの言及は、道範への批判に関わっている。なお、「如来秘密神通之力」、或いは「秘密神通之力」という表記は『大日経義釈』巻一二（続天全、密教1・五六〇頁上）や同巻一（三二頁上）等に見出される。また、『法華文句』における註釈は註（33）の該当文、参照。
（16）大正九・三九頁上。
（17）大正九・三一頁中。
（18）続天全、密教1・一六三頁上下。

(19) 巻一、入漫荼羅具縁真言品。大正一八・八頁下。

(20) 大正六一・九頁中。

(21) 大正二五・八四頁下～八五頁上。

(22) 大正二五・五一七頁上。秘密不定教の問題と関わるので、前後の記述を示すならば、「問曰、初説法令二人得レ道、是名二転法輪一。今何以言二第二法輪転一。若以二仏説一名為二転法輪一者、皆是法輪。何限二第二一。答曰、初説法、名二定実一法輪一、因二初転一乃至二法尽一、通名為レ転。是諸天見下是会中、多有レ人発二無上道一、得中無生法忍上。見二是利益一故、讃言二第二転法輪一。初転法輪、八万諸天得二無生法忍一、阿若憍陳如一人得二初道一。今無量諸天得二無生法忍一。是故説二第二法輪転一。今転法輪似レ如二初転一。問曰、今転法輪多人得道、初転法輪得道者少。云何以レ大喩レ小。答曰、諸仏事有二二種一。一者密、二者現。初転法輪、声聞人、見三八万一人得二初道一。諸菩薩見下無数阿僧祇人、得二声聞道一、無数人、種二辟支仏道因縁一、無数阿僧祇人、発二無上道心一、無数阿僧祇人、行二六波羅蜜道一、得二諸深三昧・陀羅尼門一、十方無量衆生、得二無生法忍一、無量阿僧祇衆生、従二初地中一乃至十地住、無量阿僧祇衆生、得二一生補処一、無量阿僧祇衆生、得レ坐二道場一、聞二是法一、疾成中仏道上。如レ是等不可思議相、是名二密転法輪相一。譬如二大雨、大樹則多受、小樹則少受一。以レ是故、当レ知、初転法輪亦大、以レ後喩レ前、無レ咎。」となっている。

(23) 大正三三・八〇六頁中。原文を示せば、「三不定教者、此無二別法一。但約二頓漸一、其義自明。今依二大経二十七云一。置二毒乳中一乳即殺レ人。酪・蘇・醍醐亦能殺レ人。此謂三過去仏所、嘗聞二大乗実相之教一。譬レ之以レ毒。今値二釈迦声教一、其毒即発、結惑人死。若如二提謂・波利一、但聞二五戒一、（得）二不起法忍一。三百人得二信忍一。四天王得二柔順忍一。皆服二長楽之薬一、佩二長生之符一、住二於戒中一、見二諸仏母一。即是乳中殺レ人也。酪中殺人者、如二智度論云一。教有二二種一。一顕露教。二秘密教。顕露者、初転法輪、五比丘及八万諸天得二法眼浄一。若秘密教、無量菩薩、得二無生法忍一。此是毒至二於酪一而能殺レ人也。生蘇中殺人者、有二諸菩薩一、於二方等大乗教一、得レ見二仏性一、住二大涅槃一。即其義也。熟蘇殺人者、有二諸菩薩一、於二摩訶般若教一、得レ見二仏性一。即其義也。醍醐殺人者、如二涅槃教中一、鈍根声聞、開二発慧眼一、得レ見二仏性一。乃至鈍根縁覚・菩薩・七種方便、皆入二究竟涅槃一。即其義也。是名二不定教相一也。非二不定部一。」となっている。

(24) 仏全二六・六七四頁上。

(25) 大正四六・一頁中。

(26) 大正三四・三五八頁上中。
(27) 大正三四・一一〇頁中。
(28) 大正二五・七五四頁中。
(29) 大正三三・八〇四頁中。
(30) 大正三三・八一一頁下。因みに、吉蔵の『法華玄論』巻三（大正三四・三八二頁中）には、「又、論第百巻云、法華是秘密法、明二阿羅漢受記作仏一。波若非二秘密法一、不レ明二二乗作仏一。」とある。
(31) 大正三四・八四二頁下。
(32) 大正三三・八一一頁下。
(33) 大正三四・一二九頁下。
(34) 三﨑良周前掲書、註（13）参照。
(35) 大正七五・四四九頁中。
(36) 大正七五・四九二頁中。
(37) 大正七五・四四九頁下。
(38) 大正四六・七六九頁中。
(39) 大正七五・四九三頁上。
(40) 大正三三・六八四頁中。
(41) 大正三四・二八五頁下。
(42) 大正二六・二頁下。
(43) 大正九・五二頁上。
(44) 註（15）に同じ。
(45) 註（16）に同じ。
(46) 大正九・一〇頁下、一六頁上、一六頁中。
(47) 大正七五・四九三頁上中。

(48) 大正二五・五一七頁上。原文については、註(22)参照。

(49) 『大宝積経』巻一〇、大正一一・五三頁中。なお、『大智度論』巻一〇(大正二五・一二七頁下)には、「如レ説二密迹金剛経中一、仏有二三密一。身密・語密・意密。一切諸天人、皆不レ解不レ知。」とある。

(50) 註(22)参照。

(51) 大正二〇・五三五頁中。

(52) 大正七四・四二四頁上。

(53) 拙著『台密教学の研究』第三章「三密行について」参照。

(54) 巻五(続天全、密教1・一七九頁上)に、「若更作二深秘釈一者、如二三重漫荼羅中五位三昧一、皆是毘盧遮那秘密加持。其与相応者、皆可二一生成仏一。何有二深浅之殊一。」と見出される。

一念成仏について

一　一念成仏とは

諸目録では最澄撰とされる書目中に、『一念成仏論』一巻、或いは『一念成仏義』一巻という文献を挙げるが、『山家祖徳撰述篇目集』（『龍堂録』）巻上で「疑偽書」[1]として扱われているように、同名の真撰の書があったとは考えられない。本覚思想文献で言えば、『伝教大師全集』所収の『五部血脈』の中に「一念成仏義」の項があり、それは天台小部集釈に最澄述として収められる「一念成仏義」と同じ内容になっている。その中に見出される偈文は途中まで、やはり最澄撰とされる偽書『天台法華宗牛頭法門要纂』の「第十即身成仏」の内容と一致する。

中古天台の本覚思想において名字即の成仏を顕揚することが一つの大きな特色となる。その立場から一念成仏を論じた文献に『三十四箇事書』（『枕双紙』）があり、「一念成仏事」の項では名字即成仏を「当家一流有レ習」として論じている[2]。一念ということを考える上で、そこに先ず示される、「問。一念成仏者、遇二此教一得二解脱一即疾、如二一念時節一云二一念成仏一歟。又、一念心具二三千法一、無二欠減一故云二一念成仏一歟[3]。」という問は注目されてよかろう。つまり、時間としての一念と、一念三千の一念のどちらによって一念成仏の義を立てるのかということを問うているのである。そして、そこでは普通の義、尋常の義として両様の理解がなされていることを言うのであるが、初住位における一念成仏を尋常の義と押さえているのである。

ところで、一念を時間と捉えた場合、それはどの程度の長さになるのであろうか。このことについて、静算の『心地教行決疑』巻二本では、一念の時分について諸説不同とする記述が見出される。[4] その中に見られる、「九十刹那為㆓一念㆒。一念中一刹那経㆓九百生滅㆒。」という記述は鳩摩羅什訳とされる『仁王般若波羅蜜経』巻上[5]の文であり、一刹那との関係が説かれている。因みに、不空訳『仁王護国般若波羅蜜多経』巻上では、「一念中有㆓九十刹那㆒。一刹那経㆓九百生滅㆒。」[6]となっている。

この『仁王般若経』については、『伝教大師全集』に入唐釈子最澄の撰述とする『註仁王護国般若波羅蜜経』が収められ、右の羅什訳の経文に対する解説も見られる。[7] しかし、同書は吉蔵の『仁王般若経疏』をその内容とする。ともかく、「九十刹那為㆓一念㆒。一念中一刹那経㆓九百生滅㆒。」という経文は一念が九十刹那、一刹那が九百の生滅であるから、一念に八万一千の生滅を経ることを意味することになる。[8]

上述の議論は、最澄の周辺でのことであるが、最澄に直接関わるものではない。従って、必ずしも最澄義を念頭に置く必要はないであろう。

しかし、日本天台で最初に即身成仏を論じたのが最澄であるという経緯から言えば、その前後の教義を検討することは、成仏思想という流れを理解する上で何らかの意義を持つものと思われる。そこで以下において、この問題につき幾らか論じてみたい。

二　一念と時間

一念を九十刹那と捉え、一刹那に九百の生滅があるとする『仁王経』の説が、定説として常に規矩準縄とされるわけではない。それは一刹那と一念の関わりにおいても一定の関係で論じられてはいないことを意味する。そういったことにつき、中国天台の説を検討すると、例えば、『摩訶止観』巻三下には、「或言、一念心六十刹那。或言、三百億刹那。」[9]という説が紹介されている。また、『摩訶止観』巻三上には、「又、経言、一念六百生滅。成論師云、一念六十刹那。秖是一念従レ仮入レ空得二慧眼一、照二真諦一而得二成仏一。」[10]と見出される。湛然は『止観輔行伝弘決』巻三之三で、ここでの経を、「大経一念六百生滅」[11]の如く『大経』、すなわち『涅槃経』のこととするが、その依拠とする箇所は必ずしも明瞭ではない。慧澄癡空が『止観輔行講義』[12]で指摘するように『涅槃経』には「一息・一眴衆生寿命四百生滅。」[13]という記述はある。

このように一念と一刹那、或いはそれらと生滅の関わりに数字を当て嵌めて論ずることは、多様な教説として説示されるのである。また、『摩訶止観』巻七下には、「又、弥勒相骨経云、一念見レ色有二三百億五陰生滅一。一一五陰即是衆生。」[14]というような記述も見出される。この文中の『弥勒相骨経』については不詳であるが、証真の『止観私記』巻七の解説が参照されるであろう。

文、弥勒相骨経等者、蔵中無二此経一。然今所レ引似二胎経文一。彼経第三、五道尋識品云、仏於二胎中一現二鈎鎖骸骨一。告二弥勒一、知。弥勒執二金剛七宝神杖一、撓レ骨、聴レ声、白レ仏言、此骨生レ龍、此骨生レ天等。乃至有二一全身舎利一。弥勒不レ知。前白レ仏言、此不二了知一。将非三如来入二涅槃一耶。仏言、諸仏舎利非二汝所知一。初住菩薩不レ知二二住舎利一。乃至不レ知二一生補処一云云。取意　円頓云、如三弥勒相二舎利骨一、即知三此骨有二三百億五陰生滅一。乃至知三一地・二地至二於十地一。皆於レ骨頓得レ知。但不レ知二仏骨之相一云云。円頓無二経字一。而文相同二胎経一。今本恐経字剰矣。但経不レ云三骨有二三百億五陰生滅一。而彼経第二云、弥勒白レ仏言、弾指之頃有二三十二億百千念一。念念成レ形、形皆有レ識。識念極微細不レ可二執持一。仏之威神、入二彼微識一、皆令二得度一。此識教化非二無識一也。復次微識極微細、過二於微塵一。此微塵識不レ可二観見一。如来威神入レ彼、教化皆令二得度一。此微塵識、亦有二四気一、亦有二四生一。何以故。衆生無辺、如来無辺。道亦無辺。已上　今云二三百億一、少不同也。[15]

要を言えば、証真は『摩訶止観』に見える『弥勒相骨経』は経典名ではなく、「経」の字が衍字であることを、現存しない『円頓止観』の文により論じ、同時にその記述が『菩薩処胎経』巻三[16]（大正蔵では巻四）の五道尋識品に基づくものであるであることを推測しているのである。しかし、その箇所には一念について該当する記述はなく、そこで、同経巻二から別の文を引用しているのであるが、そこには「弥勒言、拍手・弾指之頃、三十二億百千念。[17]」とあり、数字が合致してはいないのである。更に言えば、「念」という語の用い方が異なっている。ともかく、ここでは一念や一刹那という用語が一定の数値を基準にしてはいないことを確認するに止めることにしたい。

そこで今問題にしたいのは、特に時間的な意味での一念や一刹那であり、それらが漠然と時間の最小単位、すなわち一瞬の経過のこととして使われている場合がかなりあるのではないかということである。[18]しかし、一念の方はその語の用例は広い。[19]従って、『止観輔行伝弘決』巻八之二に、「言二一念一者、非レ謂二極促一刹那時一。謂二善悪業成一名為二一念一。異二於三世・二世連縛等相一故名二一念一。[20]」と見られるのも、そういった差異を根拠とする発言である。また、そのことは一念の語が必ずしも把握しやすくはないことを意味することにもなる。そこで、『法華文句』巻八上に、「若聞二開権顕実一、即於二一念心中一、深解二非権非実之理一、信二仏知見一。[21]」と見られる一念について、『法華文句記』巻八之三で、「初於一念者、非三唯経二於一念時須（頃カ）一。指三一心法名為二一念一。[22]」というような解釈がなされることにもなる。つまり、ここでの一念は、ただ時間的な一念を経過するということだけではなく、一心の法を指すというのである。

さて、一刹那が時間の最小単位として用いられ、更に一念の語が類同の意味を持つ場合があることは、以上のことから窺われると思うが、後述するように、その瞬間性に実は無量劫が具わっているという考えが重要な教義として論じられるようになる。そこで、その源流についても、ここで触れておくことにしたい。

この問題を考えるに当たって、先ず注目すべきは『華厳経』であろう。例えば、六十巻本『華厳経』巻二には、「以二無量劫一為二一念一[23]」と説かれるのであり、一念の語が使われている。また、八十巻本『華厳経』巻七には、「一刹那中見二多劫一[24]」とあり、八十『華厳』と同じ実叉難陀訳『大方広如来不思議境界経』には「一刹那中摂二無量劫一[25]」という記述が見出されるのである。特に、華厳家において一念を取り上げ、その成仏、すなわち一念成仏を論じた人物として注目されるのが智儼である。智儼の成仏論につては既に幾つかの研究が出されているように、智儼が『一乗十玄門』・『五十要問答』・『孔目章』で一念成仏という語を用い、その思想を論述しているとしても、『一乗十玄門』の真偽や、生涯における思想展開に着眼しての問題点が指摘されている。[26]無念疾得成仏説へと傾注した智儼においては、一念成仏説が究極のものとはならなかった点に注目すべきである。そのことについては、今は立ち入らない。

三　成仏と一念

成仏の遅速を判じて、その速疾性を自宗の義として誇示したのが平安初期の仏教であり、それが日本天台や東密の教義の特色となっている。しかし、成仏には常に瞬間性の問題が絡むのである。そこで、その瞬間だけを捉えれば一刹那、或いは一念の成仏を説くことになり、それと一生成仏等の速疾成仏との関わりが問題になる。そのことを理解するには修行の階梯、つまり行位や修行に要する時間の概念についても同時に考究しなければならない。そこに複雑な主張を成立せしめる根拠が存するからである。

瞬間的な成仏というのは、凡夫から聖者への転換を、例えば『華厳経』の「初発心時便成正覚[27]」という衆知の記述で説明することがしばしばあることからも理解されよう。また、即身成仏を論ずる上で、具体的に誰が成仏したのかということになると、代表格として挙げられるのが龍女である。その龍女の成仏を『法華経』提婆品で描写する中に、「於二刹那頃一、発二菩提心一、得二不退転一。[28]」という文殊師利の発言があり、それを承けた智積菩薩が、「我見二釈迦如来一、於二無量劫一難行苦行、積レ功累レ徳、求二菩提道一、未二曾止息一。……不レ信下此女於二須臾頃一便成中正覚上。」の如く疑義を挟むのである。要するに、龍女が刹那頃・須臾頃の成仏であることを、釈迦の無量劫の難行苦行に対峙させているのである。そして、その後に、「……忽然之間、変成二男子一、具二菩薩行一、即往二南方無垢世界一、坐二宝蓮華一、成二等正覚一、……」という変成男子を示現する有名な場面が説かれている。

ここで先ず留意すべきは、歴劫と刹那が対比させられているとしても、後で述べるような瞬間性と歴劫とを等同のものと見るような理論には直接結びついていないことである。つまり、余教なら歴劫成仏であるが、『法華経』

なら一瞬で同じ果を得るという教義を提唱しているわけではないのである。従って、成仏が刹那であるとしても、そこに到達するまでの修行についての教義づけがなされることになる。特に、天台教学では龍女を初住位（分真即）とするのであり、それ以前の行位の階梯があることを前提とする。但し、一生成仏と歴劫を教判の上から円教と余教に分類することは通途であるが、一生成仏の場合の過去世をどう捉えるかということも問題にされなければならないであろう。その点についての理解は一様ではないが[29]、秀逸性を主張するためには速疾性を強調する必要があることも事実である。

速疾性を強調し、しかもそれを他の遅いものと対比させるのみならず、瞬間において論じたのが『大智度論』巻三八に見られる記述であり、「譬如二遠行一、或有二乗レ羊而去一、或有二乗レ馬而去一、或有二神通去者一。乗レ羊者久久乃到、乗レ馬者差速、乗二神通一者、発意頃便到。如レ是、不レ得レ言二発意間云何得レ到。神通相爾、不レ応レ生レ疑。[30]」と説くが如く、神通の譬喩を用いている。この譬喩が密教に導入されることになる。すなわち、『大日経義釈』巻一（『疏』巻二）では、龍樹の説としてその『大智度論』の文を採用し、「則此経深旨也。[31]」と言うのである。実は、そこに幾つかの問題点が見出される[32]。要を言えば、『大日経義釈』（『疏』）では一生成仏が主張されるとしても、行位に対する解説が一様ではない点が先ず挙げられる。また、瞬間性を徹底的に強調するとしたら、成り行きとして日本天台の本覚法門に類するような凡位尊重の教説が出されることも推察されるが、そういった方向性にはないのである。従って、発心即到を行位の途中、つまり初地や初住で捉えることが基本的な理解となるのである。しかし、後で触れる仁空のように、『大日経義釈』の立場を凡夫位における発心即到を明かすものとして解釈する立場も一つの着眼と看做しうると言える。但し、注意すべきは、中国天台では右の『大智度論』やその原拠となる『大品般若経』の当該箇所の教義をそのままの形で採択していないことである。つまり、中国天台では、速疾の義、中でも発心即到の義を、神通の譬によって円教の教義として立論することをしなかったのであり、そこに日本天台との差異が見出されることになる。

日本天台の時間論としては、安然が『教時問答』で立てた四一判の中に一時判があることが代表になるであろう。その安然の説は、円仁が『金剛頂経疏』巻一で、「今釈二一時一者、不思議三際、無始無終、是為二一時一。一刹那中具二無量劫一、無量劫只是刹那、名為二一時一。時分脩短不可思議、是為二一時一也。(33)」と釈したことを基盤としている。こういった時間論は円仁独自のものというわけではないが(34)、日本天台では円仁による「一刹那中具二無量劫一、無量劫只是刹那」という表記をしばしば重用する。

例えば、仁空は『義釈捜決抄』巻一之五で、「縦又隔二多生一開悟得脱、入聖得果事有トモ、ソレモ此教意ナラハ、一刹那中具二無量劫一、無量劫只是刹那如来性海不思議時約意得時、一念成仏謂全不レ可レ有二差異一也。(35)」と述べている。ここでは、一念成仏の語が用いられていることに注目されよう。仁空の成仏に対する考えは本覚思想とは一線を画しつつも、結論としては本覚思想的なものになっている(36)。従って、仁空にとって成仏とは凡夫の当体のままの即身成仏を意味するのであるが、もともと仏である、或いはもともと成仏している、換言すれば六即の中の理即、或いは本来成仏・理具成仏といった概念が基底にあり、それに眼目を置いた成仏論となっているのである。そういったことを根拠に、凡位における一瞬の成仏、要するに発心即到を即身成仏の本意と捉えるのであり、時間論的には一念・一刹那のみを論ずればよいことになる。そこで、『義釈捜決抄』巻二之四には、「……雖二一念也一、刹那前後ヲモ論センスルハ、尚可レ非二頓覚成仏本意一也。(37)」の如く、刹那の前後においての一念ですら論ずることは不要であるという主張がなされている。但し、仁空はそのことのみを説くことによって慢心に堕することを警告するのであり、以後の修行についても論じている。例えば、『義釈捜決抄』巻一之六には次のような記述が見出される。

菩提心者、衆生自心即是一切智智、如実了知名為一切智者ナル故、発菩提心云ヘハ一念即到ニテ、究竟菩提ヲ一念開発スル義ナル故、指レ之妙果云也。雖レ然、事正妙覚究竟菩提得タルニハ非。故此妙果至方便進修行、具縁品明レ之云ナルヘシ。発心ト云ヘハ初後不二ニシテ全発心・究竟差別無也。此故、仏因・仏果ヲモ分別、従因至果姿振舞発心上修行相ニテハアル也(38)。

ここでは一念即到の語を用い、発心即到の義を説いているが、しかしそれは事に正しく妙覚位に達したのではないとしている。そして、『大日経』の具縁品以下に説かれる事相は果に至るための修行の相を明かしたものであることを説述するのである。

四　『五部血脈』「一念成仏義」について

そこで、次には最澄述と伝えられる『五部血脈』の「一念成仏義」について若干触れておくことにしたい。その内容は、「明二万徳円明之性一、談二自心本覚理一、期二成仏於一念一者、法華円教之実説。(39)」という記述からも窺えるように、本覚思想に基づくものである。従って、その成仏の瞬間性は凡位において論じられるものとなる。なお、こういった成仏論を一瞬成仏・瞬間成仏といった観点で捉えようとする場合もあるが(40)、注意すべきは『華厳経』の「初発心時便成正覚」に代表される円教の成仏論も瞬間的なものに他ならないことである。要するに、成仏とは瞬間的なものなのであり、その瞬間を論ずる位が重要なのである。そこで、前述した仁空について言えば、「初発心時便成正覚」をも凡位に下げて理解すべく議論を展開しているのである(41)。

「一念成仏義」における瞬間性は、そこに掲げられる偈の中に、「妙法円満教、顕二心法身仏一、一念須臾間(42)」の如く記されていることからも窺えるであろう。しかし、その一念の義は本覚思想に基づく凡夫の一念でもあり、それは一念三千の一念に同じく、遍摂性とでも言うべき特色を持っている。そのことは、次に示す偈文に明らかである。

以二八葉心蓮一、顕二妙法蓮華一、指二凡夫一念一、為二如来蔵理一。則是名二成仏一。顕二本覚真仏一、唯在二我一念一。覚二心性仏体一、取レ証須臾間。知二三千一念一、一念遍二三千一。当レ知諸如来、三徳秘密蔵、不レ出二我一念一、遍不縦不横。体ヿ達一念心一、能順二諸仏心一、頓超二等・妙覚一、正悟二真実性一、名曰二正妙覚一。(43)

このように本覚、或いは如来蔵といった言葉で表される凡夫の一念を根拠に、一念という須臾に証悟するという構造になっている。

ところで、最澄撰と伝えられてきた「一念成仏義」を引用した文献に、貞舜の『宗要柏原案立』がある。すなわち、巻三の「一生妙覚」の箇所に、「山家大師御釈、今経須臾聞レ之、即得二究竟一文、並菩薩処胎経、唯在二心垢滅一、取レ証如レ反レ掌文、引レ之一念成仏相釈成給。(44)」と見出される文が、「一念成仏義」に基づくものである。「一念成仏義」の原文では、「顕二本覚法身一、不レ仮二修証一、証二心性仏体一、不レ経二時節一。故今経説二須臾聞レ之、即得レ究ヿ竟阿耨多羅三藐三菩提一。他経説下唯在二心垢滅一、取レ証如上レ反レ掌。(45)」となっているように、本来は本覚思想を基調にした一念成仏論である。ところが、『宗要柏原案立』では一生妙覚を立論するための論及になっているのであり、次のような文脈で引用されている。

答云云。一生入妙覚有無、学者異端不レ同也云、先任二円実大旨一、此類可レ有歟存事、此教廃立、聊異二余教一也。

……若夫最上利根一機、於二現身当体一、極二朗然妙果一事、何煩可レ有レ之耶。速疾教、最上利人乍レ受、惑二極果一不二証入一云事、全不レ可レ然。依レ之無量義経云、是故此経能有二如レ是無量功徳不可思議一。令三衆疾成二無上菩提一矣。既云二無上菩提一、極果也覚。今経云、須臾聞レ之、即得レ究ヿ竟阿耨菩提一矣。一家消レ之云、須臾聞レ之、即得レ究コ竟三菩提一、此証二深果一也矣。意初住已上為二深因一、妙覚為二深果一意也。宗師釈云、理即・名字・観行・相似・分真・究竟、一生可レ弁矣。山家大師御釈、今経須臾聞レ之、即得二究竟一文、並菩薩処胎経、唯在二心垢滅一、取レ証如レ反レ掌文、引レ之一念成仏相釈成給。山王院釈云、円教菩薩不レ同二前三一。縁二無作諦一、修二無作観一。遍二一切処一、造レ境即中、六即智断一生究竟、虚空為レ座、成二無上覚一矣。[46]

ここでの主張の骨子は一生入妙覚の可能性を認めるところにあり、「宗師釈云」というのは『天台智者大師発願文』の、「理即・名字・観行・相似・分真・究竟、円伊三点不レ縦不レ横、正法大城・金剛宝蔵・一切仏法、自行・化他、一生有レ辦。[47]」という記述、また、「山王院釈云」というのは『法華論記』巻一本[48]の文に基づく。なお、こういった一生入妙覚を容認する諸文献を集めた学匠として注目されるのは証真であるが、証真はそれらを文理・教道であるとして、実義としての一生入妙覚は否定している。[49]

また、「一念成仏義」の「須臾聞レ之、即得レ究コ竟阿耨多羅三藐三菩提一」という経文は『法華経』法師品[50]からの引用であり、そこに「深果」の語を加える記述は『法華玄義』巻一上[51]に見出される。要するに、『宗要柏原案立』では、この経文が迹門における初住の功徳を明かすものではなく、妙覚を意味することを言いたいのである。そして、「一念成仏義」で今の法師品の文と並記される「唯在二心垢滅一、取レ証如レ反レ掌」という『菩薩処胎経』巻四の偈文は、天台教学では『法華文句』以来、『法華経』提婆品の龍女成仏の解釈に活用されている。[52]『菩薩処胎経』の同所には魔（魔王）・梵（梵天王）・釈（天帝釈）・女身の現身成仏、つまり身体の捨受なき成仏が説かれ、更に、「法性如二大海一、不レ記（説カ）有二是非一。凡夫・賢聖人、平等無二高下一、唯在二心垢滅一、取レ証如レ反レ掌。[53]」という偈が見られる。この『菩薩処胎経』の教義が天台教学における龍女成仏論を輔翼することになるが、龍女成仏に対する解釈は易しくはない。

その龍女成仏は、天台では通途には初住位の成仏と捉えるのを基本とする。ところが、『法華経』提婆品では龍女の成仏を海中と南方無垢世界の二所で記述しているのである。前に述べた如く、前者（海中）は刹那頃・須臾頃、後者（南方無垢世界）はそれを前提として、忽然の間に変じて男子と成る、という表現で語られているように、やはり瞬間性が論じられている。そのことに併せ、基本的な問題点として、実得と権巧という二義による解釈が挙げられる。実得とは上記の『菩薩処胎経』に説かれる立場であり、無生法忍を得ても生身のままであるという生身得忍をその内容とすると捉えうる。従って、海中での生身得忍の後、そのまま生身でいるため、もしそれを南方無垢世界の成道に当て嵌めるならば、単に神通力で成仏を示現したことになる。しかし、南方無垢世界の成道は権巧の立場から捉えるのが第一義であり、海中で無生法忍を得た後、実報無障礙土に往き法身を得てから、権用を起こすことになる。但し、これらのことは即身成仏との関わりから一様ならざる議論が提示されているのであり、今は細かい点は省略する。

　ここで一念の話に戻るが、『宗要柏原案立』の一生妙覚の項でも一念の義が強調されている。例えば、「五大院釈云、法華云、無量阿僧祇劫、是超二其劫数行一、非レ謂三実歴二若干劫数一矣。所超、無辺劫数、能超、一念可レ得レ意也。[54]」、「華厳経云、一念即三祇矣。[55]」といった記述がそのことを物語っているであろう。そして、初住と妙覚については、「次修禅院御釈事、分証者、先挙二初住一歟。サテ不レ捨二此初住身一、此身可レ証二妙覚一也。同釈云、不レ経二三祇一、頓満二薩埵之行一、不レ越二一念一、直進二遮那之果一矣。[56]」とあることから窺えるように、妙覚位を一生成仏の果としうる旨を説くのである。修禅院というのは義真のことであり、『天台法華宗義集』[57]で一生成仏の果を分証位に定めているとしても、同書には、「……不レ越二一念一、直近二遮那之果一。[58]」という主張が見られるとしている。

　更に、『宗要柏原案立』では、一生入妙覚の人証についても、「次一生入妙覚人証事、先可レ出二龍女一也。是則証前・起後二意有レ之。於二起後一辺一者、即入妙覚義可レ有レ之也。但判為二初住一釈、証前迹門一意歟。此即一念坐道場成仏不虚也云文付、聊甚深料簡可レ有レ之歟。[59]」と論ずるのであり、龍女を初住成仏とする一般的な説を必ずしも踏襲しない立場からの発言と捉えうる。この中、「此即一念坐二道場一、成仏不レ虚也。」とある文は、『法華文句』[60]における龍女成仏の釈文中に見出される。

ところで、龍女を妙覚位とする資料として、『渓嵐拾葉集』巻二八の、「私云、天台宗一流龍女ノ成道ハ二重有也。謂、海中ノ成道ハ、初住ノ成道也。無垢界ノ成道ハ、妙覚成道也。故初住ノ成道ト見タルハ文、約二海中成道一釈レ之也。無垢界成道ハ妙覚也ト云事、智積菩提(ママ)ニ疑見タリ。」[61]という記述が挙げられるが、『宗要柏原案立』とは観点が異なっている。ここでは、海中の成道を初住、南方無垢世界の成道を妙覚に配し、その妙覚成道の根拠として智積菩薩の疑を掲げている。要するに、智積が釈迦如来の成道を挙げることで、龍女の速疾成道を難じたことは、妙覚成道である釈迦と同じ立場で龍女を論じたということである。

龍女は即身成仏の最も代表的な具体例として扱われ、台東両密という密教の見地からも尊重されている。従って、その解釈が多岐に及ぶことは当然であるが、日本天台の法華円教に立脚する場合であってもその解釈は一概ではない。それは、天台教学の難解さにも起因するところがあるかもしれない。最澄が『法華秀句』巻下に設けた「即身成仏化導勝八」という章も様々な問題を包含している。[62]

以上、「一念成仏義」の説を検討しつつ、それを引用する『宗要柏原案立』における一生入妙覚の議論を探ってみた。前述したように、「一念成仏義」は本覚思想文献と言いうるものである。しかし、それが一生妙覚を首肯する資料として活用されたのは、本覚思想特有の名字即成仏の明示がなく、「頓超二等・妙覚一、正悟二真実性一、名曰二正妙覚一。」[63]といった教説が容認しえたからであろう。成仏を一念で論ずることは、様々な立脚点から立証でき、それを認めることは容易であるかもしれない。しかし、仏・凡の違いを一念のみで論ずるとしたら、修行の階梯をどう理解するか、大きな問題が残ることも確かである。

五　結　語

成仏を時間論的に論ずると、長い時間を要するのは歴劫成仏であり、それに対するものとして速疾成仏が主張されるようになった。しかし、成仏とは何かということは必ずしも一定の理解で議論されてはいない。特に、日本仏教では速疾成仏に併せて即身成仏が強調され、それが日本天台や東密の成仏論の特色となっている。即身成仏の場合は、先ず身体の問題があるので、別の観点からの理解も要求されるが、即身成仏と同時に論じられる速疾成仏も一生という期限を前提とする場合があったり、瞬間を意味する場合があったりする。

最も究極的な対比は一念や一刹那と歴劫を対峙させ、一刹那中に無量劫を具するから一刹那で事たれりとすることである。その見地に立つとしても本覚思想的に名字即成仏を説く場合はともかく、初住や妙覚に入ることを説くとしたら、その位に至るまでの漸次の階梯をどう理解するか大きな問題になる。

例えば、「初発心時便成正覚」という考えは華厳・天台・真言といった立場からは常に尊重される教義であるとしても、天台でそれを基本的に初住位とすることは、成仏は瞬間であることを容認するとともに、そこに到達するまで段階について考究しなければならないのである。勿論、それは一生入住といった議論をする場合も同様であるが、凡夫即初住とでもしない限り、単純な一刹那成仏論は成立しないであろう。

その問題は、入妙覚を理解する時にも同様の疑義を提起する。凡夫と妙覚の差異を一瞬とするなら一刹那中具無量劫といった理論で論じうるが、一生の内、一旦初住に入った後、妙覚に入ると説くならばその間の階梯や時間が問題になる。これは、一生入妙覚を肯定する場合に考究しなければならない事柄と言えよう。恐らく、妙覚位に入るのは、その前の階梯を経歴する仕方が一様でないとしても、一瞬と言えるであろう。つまり、入妙覚はそこに至る階梯を認めるとしても刹那の成仏であるべきなのである。そして、それを歴劫成仏に対比する一瞬成仏と捉えるのが極論となる。

なお、東密で説かれる初地即極説(64)は、「初発心時便成正覚」を初地で論ずるものであり、即極とすることにより入妙覚を時間論的に言わなくてもよいことになるが、そこに至るまでの階梯をどうするかということも、上述と同様の問題を持つ。

或いは、分真位の成仏には、化他を行うため、必ずしも自行の立場から速やかな妙覚位への到達を目指さなくともよいという意味づけもある。

このように、時間論は複雑に関わるが、そういった問題は必ずしも整理されずに議論されている。それが顕著に表れているのが『宗要柏原案立』の一生妙覚の項である。結論ははっきりとしている。とはいえ、内容が問題であり、最澄撰とされる「一念成仏義」を取り込んでの議論もあまり成功しているとは言えない。

また、即身成仏や一生入妙覚を論ずる場合、常に取り上げられるのが龍女であり、様々に説かれるものの、基本的な問題を理解せず言及している場合も多いようである。龍女以外に、一生入住や一生妙覚の義が論じられるかということも考究する必要があろう。

註

（1）仏全二一・二六二頁下。
（2）拙著『天台教学と本覚思想』一五頁。
（3）岩波・日本思想大系『天台本覚論』一七九頁～一八〇頁、三六七頁上。『枕双紙』は恵全三・五〇三頁。
（4）拙著『天台教学と本覚思想』二一八頁。
（5）大正八・八二六頁上。
（6）大正八・八三五頁下。
（7）伝全四・七二頁。
（8）『仁王般若経疏』巻上二、大正三三・二五五頁下。また、智顗説、灌頂記と伝えられる『仁王護国般若経疏』巻三（大正三三・二六七頁上）にも同様の記述が見出されるが、それは吉蔵の書に基づくものと考えられる。この『仁王護国般若経疏』の成立について、佐藤哲英『天台大師の研究』（五一七頁～五五四頁）では灌頂より後とする。
（9）大正四六・三三二頁中。
（10）大正四六・二七頁下。
（11）大正四六・二三四頁下。
（12）天台大師全集『摩訶止観』二・二七四頁。
（13）南本巻三四、大正一二・八三七頁下。
（14）大正四六・一〇〇頁下。
（15）仏全二二・一〇六六頁下～一〇六七頁上。
（16）大正一二・一〇三三頁中下。
（17）大正一二・一〇二四頁中。
（18）例えば、『止観輔行伝弘決』巻九之一（大正四六・四一一頁中）に、「一念即是刹那。」と見られる。
（19）このことを扱った論考に末木文美士「一念」（『仏教—言葉の思想史—』所収）がある。
（20）大正四六・三九四頁下。『法華文句』巻八上（大正三四・一〇八頁下）には、「乃至一念者、時節最促也。皆与記

当得菩提者、明₂其聞極少、時極促、随喜之功遂得₁仏果₁。」とあり、ここでの一念は「時節最促」の意味である。
(21) 大正三四・一〇九頁上。
(22) 大正三四・三〇五頁下。
(23) 大正九・四〇二頁中。
(24) 大正一〇・三四頁上。
(25) 大正一〇・九一〇頁中。
(26) 先駆的な業績として、木村清孝『初期中国華厳思想の研究』(第二篇第七章「成仏道の実践」)がある。その後、吉津宜英『華厳禅の思想的研究』(第一章第五節「法界縁起の成仏論」)、村上俊「智儼の成仏思想―別教一乗との関連において―」(『南都仏教』七一)で、その問題が検討され、それぞれ先行論文の修正を試みている。因みに、「一念成仏」の語は八十『華厳』巻五七(大正一〇・三〇〇頁中)に見られるが、それは智儼没後の訳出である。六十『華厳』該当箇所(巻四〇、大正九・六五四頁下)では、「随₂其心念₁覚₂菩提₁」となっている。
(27) 六十『華厳』巻八、大正九・四四九頁下。
(28) 大正九・三五頁中。
(29) 拙著『天台教学と本覚思想』「証真の即身成仏論」・「一生入妙覚について―証真を中心に―」参照。
(30) 大正二五・三四二頁下。
(31) 続天全、密教1・四頁上。
(32) 詳しくは、拙著『台密教学の研究』第十四章「神通乗について」参照。
(33) 大正六一・二三頁上。
(34) 例えば、前記した『華厳経』の文(註(23)・(24)・(25))が挙げられよう。また、六十『華厳』に見られる一念の語については、木村前掲書(五七九頁~五八〇頁)参照。
(35) 天全一〇・二七六頁下。
(36) 拙著『台密教学の研究』第十章「仁空の即身成仏論」参照。
(37) 天全一三・一九三頁上。

(38) 天全一〇・三五六頁上下。

(39) 伝全五・三五七頁。

(40) 浅井円道『上古日本天台本門思想史』(五九七頁)や岩波・日本思想大系『天台本覚論』(四三四頁下～四三五頁上)では、円珍の教説に注目して、瞬間・一瞬の成仏に言及している。

(41) 拙著『台密教学の研究』第十章「仁空の即身成仏論」参照。

(42) 伝全五・三五八頁。

(43) 伝全五・三五九頁。

(44) 大正七四・四九〇頁上。

(45) 伝全五・三五七頁～三五八頁。

(46) 大正七四・四八九頁下～四九〇頁上。

(47) 続蔵二―四・五七丁左下。

(48) 仏全二五・七頁上。

(49) 拙著『天台教学と本覚思想』「一生入妙覚について―証真を中心に―」参照。

(50) 大正九・三一頁上。

(51) 大正三三・六八四頁中。原文を示せば、「又、法師品云、若聞二此経一、乃是善行二菩薩之道一、深因也。求二仏道一者、咸於二我前一聞二妙法華経一句一、乃至一念随喜、我皆与二授記一。乃至須臾聞レ之、即得レ究コ竟二菩提深果一。此証レ宗也。」となっている。

(52) 拙著『天台教学と本覚思想』「証真の即身成仏論」参照。

(53) 大正一二・一〇三五頁下。

(54) 大正七四・四九〇頁上中。安然の説は『教時問答』巻一(大正七五・三九三頁中)に基づく。このことについては、拙著『台密教学の研究』(三四二頁～三四三頁)参照。

(55) 大正七四・四九〇頁中。

(56) 大正七四・四九〇頁中。

(57) 大正七四・二六八頁上。
(58) 大正七四・二八一頁中。
(59) 大正七四・四九〇頁中。龍女成仏に関する「証前」と「起後」という語の典拠として、『五百問論』巻下（続蔵二―五・三八五丁左上）が挙げられる。そのことを扱った論考に、窪田哲正「日蓮の師、俊範の未紹介資料について―初期日蓮教学形成の背景―」（『仏教学』二三）がある。
(60) 巻八下、大正三四・一一七頁上。
(61) 大正七六・六〇〇頁中。
(62) 最澄の成仏思想に関する問題点ついては、拙稿「最澄の教学における成仏と直道」（渡邊寶陽先生古稀記念論文集『法華仏教文化史論叢』所収）〔本書所収〕参照。
(63) 前出、註(43)。
(64) 初地即極については、拙著『台密教学の研究』（二二四頁〜二二五頁）参照。なお、初住即極という表現が慧澄癡空の『法華文句記講義』（天台大師全集『法華文句』四・二〇〇三頁下）や、大宝守脱の『止観輔行講述』（天台大師全集『摩訶止観』一・三六七頁）に見られるが、それは華厳の信満成仏説との関わりで用いられている。

発心即到と自心仏

一　心と成仏

日本天台や東密の成仏論と言えば、取りも直さず、即身成仏という身体を議論の対象とする教義を代表として、様々な観点からの解明がなされてきた。しかしながら、心と仏との関わりの究明も大きな課題であった。勿論、身体と心の関係は色心不二の語をもって説明されるのであり、そのことも基本的な問題となる。

そもそも色心不二の語は『大乗起信論』[1]に見出される。そして、その語を一般化したのは智顗ではなく湛然であると言える。それは、特に『法華玄義釈籤』巻一四[2]やその教義を別行した『十不二門』[3]の議論として著名であり、そこに示される主張は後への影響も多大である。但し、智顗説、灌頂記『四念処』巻四[4]にはその用語が見られる。また、『維摩経略疏』巻六には「円教菩提、色心不二。[5]」と記されるものの、そのもととなる『維摩経文疏』巻一七では「色身不二[6]」となっていて問題が残る。

心と身体の成仏・作仏について、どのように考えるかということになると、しばしばその勝劣を議論し、一方を勝れていると判ずる場合がある。特に、『大日経義釈』巻三（『疏』巻三）に「即心成仏[7]」の語が見られることは、即身成仏との関わりの議論を余儀なくさせることになった。[8] その場合、色心不二が前提になっているとしても、勝劣の判定へと展開し、即身成仏こそ不共の立場であることを誇ることも多い。

とはいえ、仏教において心と仏との関わりを解明することは基本的な課題であり、日本天台や東密では出発点から多彩な主張が提示されるのである。

二　発心即到

発心即到は東密の論題としても知られる。[9] しかし、その意味するところは、人口に膾炙する『華厳経』の「初発心時便成正覚」[10] に異ならず、また『涅槃経』の「発心・畢竟二不レ別。」[11] とも共通の概念と言える。従って、一つの重要な問題として挙げられるのが、その「発心即到」という語の出現であろう。そのことについては、空海の撰述として知られる『般若心経秘鍵』に、次の如く記されていることが注目されるであろう。

夫仏法非レ遥。心中即近。真如非レ外。棄レ身何求。迷・悟在レ我、則発心即到。明暗非レ他、則信修忽証。哀哉、哀哉、長眠子。苦哉、痛哉、狂酔人。痛狂笑レ不レ酔、酷睡嘲二覚者一。不三曾訪二医王之薬一、何時見二大日之光一。至レ若二翳障軽重、覚悟遅速一、機根不レ同、性欲即異。遂使二一教殊レ轍、分二手金蓮之場一、……[12]

ここでは、仏法が遥か遠くにあるのではなく、心中という近きにあることを述べている。そして、身についての言及として、真如が身外にあるのではないとする。このように自らの心・身を尊重する記述に繋げて、迷・悟が我にあることを根拠として「発心即到」することを述べているのである。このことについての、伝統的な見解の一例を示せば、宥快御口『般若心経秘鍵信力鈔』巻上には、「……古来以二当段迷・悟在我、発心即到之文一、立二発心即到機[13]。」と記されている。要するに、『般若心経秘鍵』に示される「発心即到」の文によって、機根論の観点から発心即到の機を立てることを言うのであり、まさに東密の代表的な立場が表明されていると言えよう。なお、このことは東密における初地即極という教義と一具に考究すべき要素を持つが、今は行位のことは措く。

ところが、現今の東密系諸研究者の主張を参酌すると、その事情が異なってくる。すなわち、前に引用した『般若心経秘鍵』の文章が、中国天台の明曠によって著された『般若心経疏』を引用したというのである[14]。その当否は後で述べるが、先ずは『般若心経疏』の冒頭の記述を見ることにしたい。

妙楽門人　明曠述

夫以、仏法非レ遥。心中即近。真如非レ外。棄レ身何求。迷悟在レ我、発心即到。明闇非レ他、信修急証。不レ訪二医王之薬一、何時見二大日之光一。今為二念誦観行之縁一、略註如レ右(ママ)。広釈歴レ劫不レ窮[15]。

妙楽というのは湛然のことであり、その門人の明曠が撰述したことが記されている。この記述に基づいて、明曠の親撰として、本書を扱うのが最近の説である。ということは、空海が明曠の文をほぼそのまま用いたということになる。果たして、そのようなことがあるのだろうか。『般若心経秘鍵』の古い註釈書には明曠への言及は見られないようであるが、現今の真言宗系の学者が示す見解がそういった方向性にあることは確かである。

先ず、問題は右の序文に「大日之光」、「念誦観行」といった密教的な言葉が見えることが疑われなくてはならないであろう。『仏書解説大辞典』（田島徳音稿）には『般若心経秘鍵』と同文であるということについての論及はないが、そのような観点から『般若心経疏』の明曠撰述を疑う見解が示されている。卓識と言うべきと思われる。

この明曠撰と伝えられる『般若心経疏』は、天台教学に依拠した註釈書であり、その評価は低いものではないが、偽撰の可能性が高い著述である。本書での註釈について少しく検討しておくことにしたい。右の序文に続き、次のように解釈が始まる。

摩訶般若波羅蜜多心経者、

就二此題一、略有二二別一。梵・漢語別故。摩訶般若波羅蜜多者、梵語也。心経者、漢語也。若具存二梵語一者、可レ言二摩訶般若波羅蜜多質多蘇他覧一。若偏存二漢語一者、可レ言二大智慧到彼岸心経一。言二摩訶一者、依二大智度論一有二三種義一。謂大・多・勝也。天台大師言、大者空義、多者仮義、勝者中義也。即是円融三諦。真如実相之理、是即所観之理也。(16)

これは、経題を釈したものであり、注目すべき事柄として、「心」の原語を通常のhrdayaではなくcitta（質多）としていることが挙げられる。これは、サンスクリット原典についての知識がなかったことに因るのであろう。(17)また、天台大師の説として引用するのは、「大者空義、多者仮義、勝者中義也。」の箇所と考えられるが、これは明曠の師である湛然の『止観輔行伝弘決』巻一之一に「大是空義、多是仮義、勝是中義。(18)」と見られる文に基づくようであり、智顗の言葉ではないところが問題となる。

ところで、発心即到の語は、以上のように『般若心経秘鍵』と『般若心経疏』において、同様の文章中で確認できるものの、平安初期にはそれほど一般化しなかったようである。そのような中、安然が『菩提心義抄』巻一で、次のように述べていることは注目されるのではなかろうか。

今起信論、是五教中別教三大僧祇菩薩成仏。然龍樹智論云、或有二菩薩一、初発心時即坐二道場一、転二法輪一度二衆生一。或有二菩薩一、初発心時与二薩婆若一相応。或有二菩薩一、初発心時遊戯神通、浄二仏国土一成二就衆生一。譬如下乗二神通一去者上、発心即到。若乗レ馬行、若乗レ羊行者、久久則到。或有レ不レ到。大日義釈、以二彼神通乗行菩薩一為二今真言行菩薩一。又、龍樹菩提心論云、惟真言法中即身成仏。龍樹本師馬鳴。師弟不レ可二違逆一。故知、依二所

㆑弘経㆒、各説㆓一教之義[19]㆒。

この記述は、初発心の諸様相を説いているのであり、『大品般若経』巻二[20]と『大智度論』巻三八[21]の教説を源流として、それを密教に導入した『大日経義釈』巻一[22]（『疏』巻一）の記述、更にはその『大品般若経』と『大智度論』を独自に採用した中国天台の教義が複雑に交錯している[23]。そして、初発心が神通に喩えられることは前にも触れた通りであり、ここではそれを発心即到の語に依って論じている。安然がその用語を用いた原拠は不明であるが、その表記が定着していく過程にあることは確かであろう。

三　自心仏

自心と仏、或いは成仏との関連を考究する上で重要なのは、『大日経義釈』（『疏』）の所説である。『義釈』巻二（『疏』巻三）には次のような文章が見出される。

如来智慧、於㆓一切法中㆒無㆑可㆓譬類㆒、亦無㆓過上㆒。故名㆓無等㆒。而心之実相、与㆑之函蓋相称間無㆓異際㆒。故曰㆓無等等㆒。若以㆓十縁生㆒了㆓知心処㆒、則安㆓住其中㆒。故曰㆓無等等句㆒。諸仏以㆓此十縁生義㆒、必定師子吼説㆓如来性心実相印㆒。若有㆓能信解者㆒、仮使十方世界一切諸魔、皆化㆑身作㆑仏説㆓相似般若㆒、亦不㆑能㆘変㆓易其心㆒、使㆗法相不㆑如㆑是。故曰㆓必定句㆒。以㆓此中道正観㆒、離㆓有為・無為界㆒、極無自性心生、即是心仏顕現。故曰㆓正等覚句㆒。以㆓深修観察㆒故、如㆘入㆓大海㆒漸次転深㆖、乃至毘盧遮那、以㆓上上智観㆒、方能尽㆓其源底㆒。故曰㆓漸次大乗生句[24]㆒。

そもそも、『大日経』が自心を尊重し、菩提を「如実知自心[25]」と説明するのであるから、その註釈書の随所に心についての言及がなされるのは当然の趨勢となる。この『義釈』の記述で注目すべきは、極無自性心が生ずることが、心仏が顕現することであると主張していることである。ここで言う極無自性心は、やがては空海の十住心教判の第九の呼称となるものであるが、ここでは空海義との関係を有さない。そして、心仏の顕現というのは、意味としてはまさに自心仏が顕現することに他ならない。

さて、そこで、自心仏という用語を検討する必要が出て来る。この言葉は中国仏教にも散見するが、日本仏教では次に示す、最澄の『守護国界章』巻下之下と空海の『十住心論』巻一の記述が注目されるであろう。

頌曰、　我今為レ護二妙法城一　造レ章述レ義救二世傾一
　　不レ欲三已身類二三虫一　不レ預二我徒九猴名一
　　三乗五性向二一乗一　自心仏果一切成
　　開二示悟一入仏知見一　令レ聞二衆生仏道声一[26]
（『守護国界章』巻下之下）

若能明察二密号名字一、深開二荘厳秘蔵一、則地獄・天堂、仏性・闡提、煩悩・菩提、生死・涅槃、辺邪・中正、空・有、偏・円、二乗・一乗、皆是自心仏之名字。焉捨焉取。雖レ然知二秘号一者、猶如二麟角一。迷二自心一者既似二牛毛一。是故大慈説二此無量乗一、令レ入二一切智一。若竪論、則乗乗差別浅深。横観、則智智平等一味。悪平等者、未得為レ得、不同為レ同。善差別者、分・満不二、即・離不謬。迷レ之者以レ薬夭レ命、達レ之者、因レ薬得レ仙。迷・悟在レ己、無レ執而到。有疾菩薩、迷方狂子、不レ可レ不レ慎[27]。
（『十住心論』巻一）

奇しくも、両者に「自心仏」という表記が見える。但し、最澄の方は、「自心仏」という用語ではない。『守護国界章』の末尾に記された偈文の中で、一切皆成を説く立場からの総結として仏果が自心に帰結することを説いていると言える。

また、『十住心論』の方は、劈頭の序文であり、空海は、相対的に示される諸名字が実は皆、自心仏の名字であ

ると言う。これは天台教学と通じる点があると評せよう。但し、空海の主張は、そういった平等面よりは勝劣の強調にあり、同序文でも、十界を説明するに当たって、阿修羅を省き、仏について第九の一道無為宮と第十の秘密漫荼羅金剛界宮に分類している。

この自心仏という語も、平安初期においてそれほど普及しなかったようである。そして、やはり注目されるのが安然なのである。『教時問答』には次のような教説が見出される。

問。何名二無始・無終、本来常住之仏等一耶。

答。真如法界、色心実相平等智身名二無始・無終本来常住之仏一、真如法界、長・短一如名二無始・無終平等之時一、真如法界、遍二一切処一名二無中・無辺法界之宮一、雖レ説二真如法界無量乗一而皆成二真如法界自心仏一名二遍一切乗・自心成仏之教一[28]。

（『教時問答』巻二）

今華厳宗四十二位一一位中六位究竟成仏。六位、謂、十住・十行・十向・十地・等覚・妙覚也。而有二四十二位一者、是余教菩薩来コ入此教一、一一位中随同二此教一。此同下真言諸教菩薩各聞二真言一成二自心仏一、是名中遍一切乗・自心成仏之教上。此則天台若下至二法華一会二一切乗一皆為中仏乗上。各随二本習一、皆開二実相之義一。亦是真言五乗三昧道、各開二心実相一、一一成レ仏之義。此則胎蔵大曼荼羅之本懐也[29]。

（『教時問答』巻二）

この二つの引用で、極めて重要なのは密教を「遍一切乗・自心成仏之教」と押さえていることである。『大日経義釈』巻一[30]（『疏』巻二）に見出されるこの語に、一仏・一時・一処・一教という四一教判で知られる『教時問答』の総括的見地が集約されていると言える。そして、自心成仏について、自心仏を成ずることであることが説かれている。ここに、自心仏という用語の展開を見ることができる。

その他、安然は『菩提心義抄』巻二では、「今諸凡夫聞二自心仏一、不レ生二疑慮一。是皆名字発菩提心[31]。」と、六即発心の第二である名字即の発心を、凡夫が自心仏を聞き、疑慮を生じないことであるとしている。

四　結　語

『大日経』とその註釈である『大日経義釈』（『疏』）は、心の法門を様々に説示したものと言うことができる。勿論、そこには「即身成仏」という語は見出されない。しかし、心の成仏があってこそ即身成仏が可能になることは言うまでもなく、特に日本天台では天台教学を依用する『大日経義釈』を縦横に用いての即身成仏論が展開する。そして、善無畏・一行という相承を主流と見ない空海の流れでは即身のみを重視する傾向があるものの、空海の教義に心の尊重がしばしば描出されていることには注意する必要がある。

そのような中、本章では、「発心即到」と「自心仏」という用語に焦点を絞って若干の問題点を探ってみた。一つには「発心即到」という語を手掛かりとして、明曠撰と伝えられる『般若心経疏』の真偽にも及ぶことになった。結果として、同書を親撰として空海に言及する現今の見解に疑問を呈し、それを否定することになった。また、平安初期における「自心仏」という語の用例を見て、それが徐々に一般化していくという流れを見た。

註

（1）大正三一・五七九頁下。二巻本巻上（五八八頁上）では「色心無二」となっている。
（2）大正三三・九一八頁中。
（3）大正四六・七〇三頁上。

（4）大正四六・五七八頁上。本書は、灌頂の撰述とされる。そのことについては、佐藤哲英『天台大師の研究』参照。
（5）大正三八・六四〇頁下。
（6）続蔵一―二八・八三丁左下。この箇所は、『維摩経』菩薩品（大正一四・五四二頁下）の「無処是菩提。無二形色一故。」という記述の解釈に関わり、ここでの課題とは方向性を異にする。
（7）続天全、密教1・八一頁下。
（8）即心成仏については、拙著『台密教学の研究』第九章「円珍の成仏論」参照。
（9）高井観海「発心即到」（『智山学報』新一一、『真言教理の研究』所収）参照。
（10）六十『華厳』巻八、大正九・四四九頁下。
（11）南本巻三四、大正一二・八三八頁上。北本は巻三八、同五九〇頁上。ここでの発心については、拙著『台密教学の研究』第十四章「神通乗について」参照。
（12）大正五七・一一頁上。
（13）真全一六・三七九頁下。この箇所は対校本に見られる。
（14）例えば、勝又俊教編修『弘法大師著作全集』第一巻（一〇九頁）、頼富本宏『日本の仏典2　空海』（三九二頁）、弘法大師空海全集編輯委員会編『弘法大師空海全集』巻二（三七三頁）等。また、高木訷元『空海思想の書誌的研究』「空海請来の経疏をめぐって」（二三五頁）には、「これは明曠の『般若心経疏』に見られる、「夫以、仏法非遥、心中即近、真如非外、棄身何求、迷悟在我、発心即到、明闇非他、信修急証」の引用であることはよく知られている。」とある。
（15）続蔵一―四一・三二八丁左下。仏全二四（小部集釈）・四三五頁上。
（16）同右。
（17）福井文雅『般若心経の総合的研究』（三三三頁）は、明曠の説として、この点に注目している。また、同書（三四〇頁～）では、『般若心経疏』の問題点に言及する。
（18）大正四六・一四二頁上。なお、『止観輔行伝弘決』の同所では、『大智度論』の文を「言二摩訶一者、名含二三義一。謂二大・多・勝一。」と引く。その引用は『大智度論』巻三の「摩訶秦言レ大、或多、或勝。」（大正二五・七九頁中）という記述に基づく。

（19）大正七五・四七二頁上。

（20）大正八・二二六頁上。

（21）大正二五・三四二頁中下。

（22）『大日経義釈』巻一（続天全、密教1・四頁上）に、「行者以二此三方便一、自浄二三業一、即為二如来三密一所二加持一、乃至能於二此生一、満コ足地波羅蜜一、不下復経コ歴劫数一、備修中諸対治行上。故大品経云、或有下菩薩初発心時即上二菩薩位一、得中不退転上。或有下初発心時即得二無上菩提一、便転中法輪上。龍樹以為、如下人遠行、乗レ羊去者久久乃到、乗レ馬則差速。若乗二神通一人、於二発意頃一便至中所詣上。不レ得レ云二発意間云何得レ到。神通相爾。不レ応レ生レ疑。則此経深旨也。」と見出される。

（23）拙著『台密教学の研究』第十四章「神通乗について」参照。

（24）続天全、密教1・七九頁下〜八〇頁上。

（25）大正一八・一頁下。

（26）伝全二・六八〇頁〜六八一頁。この中、九猴の喩は『守護国界主陀羅尼経』巻一〇（大正一九・五七二頁中〜）に基づく。そのことについては、『顕戒論』巻下（伝全一・一六〇頁〜）「開コ示六虫・九猴不浄出家明拠一四十九」参照。

（27）大正七七・三〇三頁下。空海の自心仏思想を検討した論考に、勝又俊教『弘法大師の思想とその源流』第二章「空海における自心仏の思想」がある。但し、自心仏という用例は殆どなく、成立に問題のある『大和尚奉為平安城太上天皇灌頂文』（『平城天皇灌頂文』、定本弘全五・二二頁）に他心仏と自心仏の対比が見られる程度である。

（28）大正七五・三七四頁中。

（29）大正七五・三九九頁上。この中、華厳宗に対する言及については、拙著『台密教学の研究』（二一〇八頁）参照。

（30）続天全、密教1・一六頁下。

（31）大正七五・四八八頁下。

東密における十界論

一　はじめに

十界（十法界）、すなわち地獄・餓鬼・畜生・阿修羅・人・天・声聞・縁覚・菩薩・仏という十の範疇が、天台教学における綱要であることは知られている。その十界がそれぞれ十の世界を具えるという、いわゆる十界互具の思想は、後に与えた影響からも極めて重要である。十界互具、つまり百界に、十如是と三種世間を乗ずることで三千という数字が案出され、それらが一念に具足されるという一念三千という教理がまさに天台教学の枢要であることも周知のことであろう。[1]それらの中、十如是が『法華経』方便品、[2]三種世間が『大智度論』巻七〇の明文に基づ[3]くことに併せ、十界が『華厳経』に依ることが指摘されている。[4]『華厳経』については後述する。

ここに列記した十界は、六道・四聖、六凡・四聖と呼ばれるものであり、六凡と六道は同義である。そして、その最初の三道は三悪道と称されるが、順序は地獄・餓鬼・畜生と、地獄・畜生・餓鬼という二種類で表記され、同一文献でも一定していない例は多く、天台の基本文献でも後者が規矩となっている。[5]しかしながら、上述のいわゆる十界は、一般説として定着しているのである。それが、天台宗の教義を基盤とすることは言うまでもないが、日本仏教において空海は『十住心論』で独自の十界（十処）説を創出して論陣を張った。本章ではそのことを手掛かりに、東密における十界説を検討していく。

二　東密の基本文献に見る十界

空海の代表的著作である『十住心論』は十住心を建てるのであるから、それを十の世界と見ることは可能かもしれない。しかしながら、空海はその序文で、次のような十界説を提示した。

衆生住宅略有二十処一。一地獄、二餓鬼、三傍生、四人宮、五天宮、六声聞宮、七縁覚宮、八菩薩宮、九一道無為宮、十秘密漫荼羅金剛界宮。(6)

ここに挙げられている十処の特色は、阿修羅を除く五道を採用したことと、独自の観点から仏を二つに分けたことである。更に言えば、餓鬼が第二番目であることにも注目してよい。先ず、五道と六道の関係については、例えば、『大智度論』巻三〇に、「問曰、経説レ有二五道一。云何言二六道一。答曰、仏去久、経流遠。法伝五百年後、多有二別異一、部部不レ同。或言二五道一、或言二六道一。若説レ五者、於二仏経一迴レ文説レ五、若説レ六者、於二仏経一迴レ文説レ六。又、摩訶衍中、法華経説レ有二六趣衆生一。観二諸義旨（イ意）一応レ有二六道一。……」(7)と記されていることが参照されるであろう。つまり、部派仏教でも両説が存したことが伝えられているのである。それはともかく、空海が力説したいのは、十界互具のような教理ではなく、仏の差別が存するということに他ならない。そして、三悪道の次の人からは宮の語を与えた。その中、第九宮が一道無為宮であることは十住心の第八が一道無為住心であることと呼応する。これは、第九住心の極無自性住心、つまり華厳宗よりも第八住心である天台宗を明示して自宗の優位性を説くものであるが、第八住心の応身仏（釈迦）と第九住心の報身（他受用身、盧舎那仏）を一括りにしたものとも看做しうる。従って、そのことについて済暹は『般若心経秘鍵開門訣』巻上で次のように言う。

問。若爾者、何故不レ開二立極無自性心宮義一耶。

答。一道無為心・極無自性心、総合為二一種所住処一也。此二種住心、大都等同義故云レ爾也。此二種住心之仏、共名為二権仏一。故合為二一種宮一也。又、如下他縁解大乗心与二覚心不生心一合為中一種菩薩之宮上、此亦爾也。故宝鑰云、第四唯蘊已後、名レ得二聖界一。出世心中唯蘊・抜業、是小乗教。他縁以後大乗心。大乗前二菩薩乗、後二仏乗云云。

問。其文証何。

答。同論第一云、菩薩・権仏二宮乗、雖レ云レ未レ到二究極金剛界一、地前諸住処（比カ）、亦是大自在、安楽無為。故如来与二大小二牛一示二其帰舎一云云。[8]

つまり、第八・第九住心は共に権仏であり、合わせて一道無為宮という一種になることや、第六住心（他縁大乗住心、法相宗）と第七住心（覚心不生住心、三論宗）は合わせて菩薩宮となることを説くのであり、その証文として『秘蔵宝鑰』巻下[9]や『十住心論』巻一[10]の教説を引用しているのである。

そもそも、『十住心論』では、「若竪論、則乗乗差別浅深。横観、則智智平等一味。[11]」と述べるように、竪・横の判によりそれぞれを差別と平等に該当せしめ、それらが同時に成立していることを説くのであるが、空海説の特色が十住心という竪差別の強調に見られることは言うまでもない。しかも、同所には、「従二彼人天一迄二顕一乗一、並是応化仏対二治心病一之薬、他受尊運二載狂子一之乗。名レ宗則七宗……[12]」と、人・天から顕の一乗、つまり一道無為宮までをまとめて応化仏と他受用尊の範疇とし、それらを七宗に当て嵌めるような記述も見られるので、済暹は配対の確認を行ったのであろう。

東密における、もう一つの十界に関する重要な主張は『声字実相義』に見出される。それは、次のような記述である。

頌曰、

五大皆有レ響　十界具二言語一

六塵悉文字　法身是実相

釈曰、頌文分レ四。初一句竭二声体一、次頌極二真妄文字一、三尽二内外文字一、四窮二実相一。初謂二五大一者、一地大、二水大、三火大、四風大、五空大。此五大具二顕密二義一。顕五大者、如二常釈一。密五大者、五字・五仏、及海会諸尊是。五大義者、如二即身義中釈一。此内外五大悉具二声響一。一切音声不レ離二五大一。五大即是声之本体、音響則用。故曰二五大皆有レ響。次十界具二言語一者、謂二十界一者、一一切仏界、二一切菩薩界、三一切縁覚界、四一切声聞界、五一切天界、六一切人界、七一切阿修羅界、八一切傍生界、九一切餓鬼界、十一切捺落迦界。自外種種界等、摂二天・鬼、及傍生趣中一尽。華厳、及金剛頂理趣釈経有二十界文一。此十界所有言語、皆由レ声起。声有二長短・高下・音韻・屈曲一。此名レ文。文由二名字一、名字待レ文。故諸訓釈者云二文即字一者、蓋取二其不離相待一耳。此則内声文字也。此文字且有二十別一。上文十界差別是。此十種文字真妄云何。若約二竪浅深釈一、則九界妄也。仏界文字真実。故経云、真語者、実語者、如語者、不誑語者、不異語者。此五種言、梵云二曼荼羅一。此一言中具二五種差別一故、龍樹名二秘密語一。此秘密語、則名二真言一也。訳者取二五中一種一翻耳。……(13)

ここに示される頌文は、後述するように、安然によって注目され、台密にも大きな影響を与えることになった。

最初の一句が「五大皆有響」であることは、『即身成仏義』に六大を説くこととは異なるが、かつて、右の釈文中に「五大義者、如二即身義中釈一。」という文が見出されることは後の加筆かどうかということが、『即身成仏義』の真偽に併せて論じられた。そのことに関して、私見では「五大義者、如二即身義中釈一。」の文は後の竄入である可能性が高く、それが現行本に見られることは『即身成仏義』の親撰の証拠にはならないとした(14)。

次に、第二句は「十界具言語」であり、十界の語が用いられている。そして、右の解釈では最初に記した通常の十界を仏から列記しているのであり、『十住心論』のような独自の十界を設定してはいない。更に、竪差別の浅深釈では、九界が妄、第十界の仏界が真であることを説くのみである。とはいえ、ここに一般説とも言うべき十界の次第が見られることは留意すべきである。

また、十界の根拠として『華厳経』(15)と『金剛頂理趣釈経』を挙げていることが注目されるであろう。このことについては、次節で後世の註釈を検討することにしたい。

三　『声字実相義』の註釈をめぐって

『声字実相義』には後世の註釈書も種々あるので、それらに依って『華厳経』と『金剛頂理趣釈経』の十界説を探ることにしたい。先ず、頼瑜の『声字実相義開秘鈔』巻上を見ると、次のような解説がなされている。

華厳、及金剛頂等者、住心論第六引二花厳経一云、仏子、此菩薩坐二花座一時、於二両足下一放レ光、普照二十方諸大地獄一。両膝輪放レ光、普照二十方諸畜生趣一。於二臍中一放レ光、普照二十方閻羅王界一。従二左右脇一放レ光、普照二十方人趣一、皆滅二衆苦一。従二両手中一放レ光、普照二十方諸天・阿修羅一。従二両肩上一放レ光、普照二十方一切声聞一。従二其項背一放レ光、普照二十方初始発心乃至九地諸菩薩一。従二両眉間一放レ光、普照二十方受職菩薩一。従二其頂上一放二百万阿僧祇三千大千世界微塵数光明一、普照二十方一切世界諸如来道場衆会一。文 私云、今十界依二此文一歟。然三悪趣中、鬼・畜軽重相違経云二焔魔王界一是鬼界也者、此二界互有二軽重一故、諸経論中所レ列不同。謂、正法念経・仁王経等、地獄・餓鬼・畜生次第也。阿毘達磨経云二鬼・傍生・人・天一。文 華厳経・地論等、地獄・畜生・餓鬼次第也。故八十経三十五云、十不善道上者、地獄因、中者、畜生因、下者、餓鬼因。文 地論又同レ之。……又、宗家御意、十界雖レ依二花厳一、鬼・畜存二正法念一故、住心論第一引二正法念一畢、依二此等文一、建二立次第一。文 又、修羅次二於天一者、修羅是天・鬼・畜三趣摂故、経属レ天、釈隣レ畜挙レ之矣。[16]

ここでは、十界の根拠としての『華厳経』を、『十住心論』巻六[17]の引用文中に求めている。その『華厳経』は八十『華厳』巻三九[18]のことであり、頼瑜の引用するように、畜生が二番目に置かれ、三番目は八十『華厳』と『十住心論』所引の文でも、餓鬼ではなく閻羅王界となっている。そして、五番目は「諸天・阿修羅」であるが、これは八十『華厳』・『十住心論』共に諸天の後に「及」の文字がありそれを開けば十界となる。但し、それらのことを六十『華厳』巻二七[19]の該当箇所で確認すると、三番目は「餓鬼」であり、また五番目に「及」の文字はなく「諸天(・)阿脩羅」となっている。勿論、智顗の時代に八十『華厳』は訳出されていない。

また、頼瑜は三悪道の順序については、空海が『十住心論』巻一で、「正法念云、上者地獄、中者餓鬼、下者畜生。依二此等文一建二立次第一。[20]」と述べていることを根拠に、『正法念処経』の順序に従ったとしている。頼瑜の説は『声字実相義愚草』巻上でも同様であり、そこでも、「又、宗家御意、十界雖レ依二花厳一、鬼・畜存二正法念経意一歟。[21]」と記している。

頼瑜は天台説に言及することなく、『十住心論』から原拠への遡及を試みたのであるが、この問題は中国天台の教学を無視しては論じえないものである。例えば、湛然の『止観輔行伝弘決』巻二之二には、「言二六道一者、諸論、及阿含・正法念広明二其相一。大論三十三問云、云何六道復云二五道一。答。仏去レ世後五百年中、部別不レ同。各廻二仏経一以従二己義一。故使二修羅一道有無不レ同。此中雖三通云二三障一、軽重不レ同。是故須レ云二六道三障一。[22]」とあるように、『正法念処経』の名も掲げ、続けて地獄・餓鬼・畜生という順で六道を明かしている。なお、この中に引かれる『大智度論[23]』の問答は前に引用した文である。

次に、頼瑜が『金剛頂理趣釈経』について、どのように把捉したかを見ることにしたい。前文に続く『声字実相義開秘鈔』の記述は次のようである。

金剛頂理趣釈経者、理趣釈、三部中金剛部故云二金剛頂一。二経論云二薩埵釈経一。大師以二儀軌等一云レ経。今又此意歟。

問。十界文何。

答。又(イ文)云、金剛加持者、表二如来十真如・十法界・十如来地一、以成二上下十峯金剛大空智処一。加持者、表下如来於二中道一、十六大菩薩上。文 此中十法界文也。故別本即身義云、十種法界加持、一仏法界、二菩薩、三縁覚、四声聞、五天、六人、七阿修羅、八傍生、九餓鬼、十地獄也。略抄 此釈全同二今十界一。故知、指二十法界句一也。又五股金剛上下十峯即表二十界一。故又更解云、金剛者、杵上下十峯。表二十地一。……[24]

ここでは、『金剛頂理趣釈経』については、『理趣釈』(『大楽金剛不空真実三昧耶経般若波羅蜜多理趣釈』)巻上[25]に基づく記述を引用している。但し、そこには十法界の語は見られるものの、その解説はない。そして、異本『即身成仏義[26]』に十界に言及する一本があることを記し、その十界が『声字実相義』に同じであると言う。この異本『即身成仏義』は、十界を列記するのみで解説はない。『理趣釈』や異本『即身成仏義』については、後でもう少し検討を加えることになる。

東密における『声字実相義』の十界について、他の註釈書も検討することにしたい。そこで東寺の杲宝講説、賢宝撰の『声字実相義口筆』巻二を繙くと、次のような注目すべき主張がなされている。

次十界等者、釈二第二句一。謂、十界等者、釈二十界二字一。凡十界有二三配立一。

一、六凡・四聖。如二当段列名一。

二、五凡・五聖。華厳経第九云、仏子、此菩薩坐二華座一時、於二両足下一放レ光、普照二十方諸大地獄一。両膝輪放レ光、普照二十方諸畜生趣一。於二臍中一放レ光、普照二十方閻羅王界一。従二左右脇一放レ光、普照二十方人趣一、皆滅二衆苦一。従二両手中一放レ光、普照二一切諸天・阿修羅一。従二両肩上一放レ光、普照二十方一切声聞一。従二其頂背（ママ）一放レ光、普照二十方辟支仏一。従二其面門一放レ光、普照二十方始初発心乃至九地諸菩薩一。従二両眉間一放レ光、普照二十方第十（傍註カ）地受職菩薩一。従二其頂上一放二百万阿僧祇三千大千世界微塵数光明一、普照二十方一切世界諸仏如来道場衆会一。雨二諸摩尼一以為二供養一。文 此文合二天・修羅一為二一種一、開二第十地菩薩一為二別類一。故成二五凡・五聖列一也。

三、三凡・七聖十界。大日経所レ説十住心是也。(27)

ここでは、三種類の十界があることを説き、先ず『声字実相義』の十界が六凡・四聖であるとすることは問題ない。しかしながら、第二に五凡・五聖を挙げ、その根拠として引用する『華厳経』第九というのは、前に見た八十『華厳』巻三九の説を文証としている。つまり、それを六凡・四聖の根拠として引用したのではなく、天と阿修羅は文面通り合わせて一界とし、やはり経文に基づき菩薩界を初地から第九地までと、第十地の二界に分けるというのである。これは、頼瑜の説とは明らかに異なる。また、第三説として三凡・七聖を挙げ、十住心であるというので第四唯蘊無我住心（声聞）からが聖界となる。

この三類で注意すべきは、『十住心論』の序文に見られた十界が当て嵌まらないことであろう。なぜなら、それは仏を二つに分けた五凡・五聖説と言えるからである。

右の分類と同じ説は、杲宝説、賢宝記『理趣釈秘要鈔』でも確認できるが、その内容は異なっている。すなわち、同書巻二では次のように論じている。

十法界者、十界也。声字義云、理趣釈経有二十界文一云云。是指二此文一也。十界有二三配立一。一、六凡・四聖。如二花厳経等説一。二、三凡・七聖。十住心建立是也。三、五凡・五聖。十住心論第一所レ出十種住宮是也。今十法界者、是五凡・五聖配立也(28)。

ここに記される三種は数字の上からは、前記の三種と同じである。しかし、六凡・四聖を『華厳』に依拠するものとしていることや、五凡・五聖を『十住心論』序文の十処とすることは異なっている。

それでは、これらの両説のうち、東密義としてはどちらがよいのであろうか。明快さから言えば後者の方が好ましいであろうし、次に述べるが如く宥快も後者と同様の説を主張していることが注目されるであろう。とはいえ、『声字実相義口筆』と『理趣釈秘要鈔』の該当箇所が、それぞれ延文三（一三五八）年六月と延文元年（一三五六）十月であることを考えると、前者の方が後年の説であることが気に掛かる。

そこで、宥快の説を検討すると、『略鈔』と言われる『声字実相義鈔』巻上では、「十界具言語」について次のように述べている。

是釈二頌文第二句一。於二十界一有二多種一。一、六凡・四聖十界。当段釈当レ之。一、五凡・五聖十界是也。十住心論中挙レ之。是地獄・餓鬼・畜生・人・天・声聞・縁覚・菩薩・権仏・真言十界也。一、三凡・七聖十界也。是全十住心也。後二十界自宗不共建立也。……当段十界、常顕密合論十界取レ義、顕悉摂二九界一尽、以二仏界一

為レ密。(29)

ここでの主張は『理趣釈秘要鈔』と変わらない。敢えて言えば、『十住心論』に基づく二説が真言不共、すなわち真言独自のものであることを明記していることや、『声字実相義』の十界が、顕密合論のもので第十仏界は密教の立場を意味するとしていることが特徴的であるかもしれない。ともかく、天台義においては十界互具の教理が重要なのであるが、東密においては空海の主張に則して密教の優位性を説くための段階であることの強調が見て取れるのではなかろうか。

宥快の説は、『広鈔』、すなわち『声字実相義研心鈔』巻四でも同様であるが、そこには、「自宗之意、随自意深秘之時、釈下毘盧遮那与二鬼畜一其心平等上。或釈下於二薩般若平等心地一、画中作諸仏・菩薩、乃至二乗・八部等四重法界円壇上。故十界自性種類一味、不レ可レ有二差別浅深一。雖レ爾、且随他浅略時、十界性族種類各別故立二界名一可レ得レ意也。(30)」とも記され、平等（随自意）と差別（随他意）の内、十界は差別浅略の義であることを説いている。随自意平等の説は、『大日経疏』（『義釈』(31)）の教理に準じたものである。

なお、宥快は貞和元年（一三四五）生まれであり、三種の十界説の採用は杲宝の業績に倣ったものである可能性は高いが、宥快によって東密における十界説の定着がなされたことは言えるかもしれない。因みに、江戸時代の周海撰『声字実相義紀要』巻中(32)に見られる説も大同である。

四　安然と東密義

既に検討したように、東密では『十住心論』と『声字実相義』を出発点として十界の義が論じられている。実はそういった展開を見る上で、安然の説示が重要な示唆を持つ。

安然は撰述者について一切記することなく、『即身成仏義』・『声字実相義』・『四種曼荼羅義』を活用した。例えば、『教時問答』巻三では『声字実相義』の記述を『文字実相義』の典籍名で引用した上で、次のような結論を導いている。

問。若爾、直約二五大響一為二真言一耶。

答。五大響当体、是真言也。故真言人直聞二風声・水音一、即知二是法身声一。亦能悟二入阿字本不生理一。若（其）不レ知二此義一、則非二頓悟之機一。雖レ聞二仏音（声）一於レ彼無レ益。(33)

詰まるところ、風音・水音といったあらゆる音声が、実は法身の声であることを論じているのである。但し、安然の教学は音声に限定されることなく、眼前の諸法がそのまま法身・自受用身の三密による活動であり、その活動が取りも直さず法身説法であると主張するところに帰着点がある。(34) そこで、『菩提心義抄』巻三では、「問。若爾、十界三種世間威儀・言音・心想、一一皆是法身・自受三密歟。(35)」という問を掲げ、その義を首肯するために『大日経』・『大日経義釈』、及び天台説や『法華経』・『維摩経』に併せて、「文字実相義云、五大皆有レ響、十界具二言語一、六塵悉文字、法然随縁有（ママ）云云。」という記述を証拠としているのである。

このように、『声字実相義』の教説は安然説に採用された。十界について言えば、天台義と齟齬を来すことはなく、却って円密一致の根拠ともなると言えよう。そのことはまた、別の問題点へと繋がっていく。『菩提心義抄』巻一には次のような問答が見出される。

問。天台以二地獄等十界・十如・三種世間一、名為二諸法実相之理一。今心実相、亦地獄等十界・十如・三種世間法歟。

答。即身成仏義明二地獄等十法界一。理趣釈且釈二上（中）下十峯智処一、亦明二如来十真如・十法界一。故知、今心
実相亦同二天台一。(36)

つまり、天台の諸法実相と『大日経』の心実相が同致することを、十界・十如・三種世間という要語との関わりで問い、円密一致の観点から両者が同じであることを主張しているのである。問題となるのは、『即身成仏義』を根拠としていることである。ここでは密教と天台の一致を言い、しかも『理趣釈』の「金剛加持者、表二如来十真如・十法界・十如来地一、以成二上下十峯金剛大空智処一。(37)」という説に基づく記述を援引するのであるから、『文字実相義』を引用すれば何の問題もないと考えられる。『即身成仏義』で十界を羅列するものに一本の異本『即身成仏義』があるが、「一仏法界、二菩薩、三縁覚、四声聞、五天、六人、七阿修羅、八傍生、九餓鬼、十地獄也。(38)」と記するのみで解説はない。果たして、安然が記した『即身成仏義』が、この異本『即身成仏義』を指すかどうか、明証はない。

このことについては、次に引用する『菩提心義抄』巻二の記述も見ておく必要がある。

如二大日義釈云一、此経為レ決二了十方三世一切仏教一。彼言二諸法実相一者、此経心之実相。是理同也。又、天台云、十界・十如・百界・千如・三千世間名為二諸法実相一。理趣釈釈二上下十峯金剛智処一中云、表二如来十地・十真如・十法界一。即身成仏義釈二十界一中、具列二地獄等十一、与二天台一同。所レ言如来十地、謂、証契経四乗十地中諸仏十地。一広明智徳地、乃至十毘盧舎那智等蔵（ママ）海地。非二是歓喜地等菩薩十地、及二乗各十地一。故十真如、亦非二般若所レ明歓喜等十地所レ証十種真如一。是法華中、唯仏与レ仏、乃能究二竟諸法実相一、如是相等十如是法。故十如是与二十真如一名義同也。(39)

ここでは先ず、『大日経義釈』巻一(40)の略抄文に拠って、『法華経』の諸法実相と『大日経』の心実相が理において

同なることを述べている。そして次に、天台の十界・十如等と『理趣釈』の如来十地・十真如・十法界（原文では如来十真如・十法界・十如来地）との関係を論じ、十如是と十真如とが名義同じであると結んでいる。特に、如来十地や十法界についても『理趣釈』には規定はないが、十地については『証契大乗経』巻下[41]で説く如来の十地を挙げている。但し、安然が依拠しているのは異訳である『大乗同性経』巻下[42]の表記であり、現行本では初地は甚深難知広明智徳地、第十地は毘盧遮那智海蔵地となっている。

そして、問題となる十界についても、やはり『即身成仏義』に言及し、「十界を釈す中」にその名称が列記されていると言う。前に言及した異本『即身成仏義』では十界の名を明示するものの解釈はなく、ここでも円密一致の論拠として権威を求めるならば『声字実相義』でよかったはずである。正本ではない『即身成仏義』を安然が用いたかどうか疑問であり、『文字実相義』とすべきところを誤記した可能性もあろう。蛇足ながら、『八家秘録』には異本『即身成仏義』の存在を窺わせる記述はない。

なお、右の『菩提心義抄』巻二の文章は、杲宝説、賢宝記の『理趣釈秘要鈔』巻二[43]で引用され、やはり『即身成仏義』となっている。今は問題提起に止めたい。

五　結　語

十界説と言えば天台宗の思想と考えられがちであるが、本章では、空海に始まる東密の教義を中心に、日本天台への影響も念頭に置きつつ考察を試みた。

不思議なことに、その順番についても一般説とされる地獄・餓鬼・畜生等の配列が最澄周辺ではなく、東密の中で当初より定着しているのである。しかも、空海説は十住心との関係から権仏を加え阿修羅を除くという独自の立場を闡明し、更に後世には十住心を加えて東密における三種の十界説が定着していく。それらの中、『声字実相義』に見られる説は天台義と内容が同じであり、通途の説と言われる要素を持つので、他の二説が東密独自の教義として認識されていく過程を検討した。

台密では安然の教義に言及し、その結果、十界を説く『即身成仏義』が問題になった。それが、安然の時代に存在したかどうか分からないというのが本稿の立場であるが、安然は『声字実相義』を円密一致の立場で尊重したのであるから、少なくとも正本でない『即身成仏義』を引用する必要がなかったことは言えるのではないかと思う。十界は図像としても描かれ、また十指[44]に配当されて実践の教理づけがなされることもある。日本仏教において十界という世界観の果たした役割は極めて大きいが、その起源と展開を辿ると様々な問題点が浮かび上がるのである。台密の十界説については、別稿で論ずることにしたい。

註

（1）一念三千の概略については、拙編著『新・八宗綱要』Ⅲ「天台宗」（七八頁～七九頁）参照。

（2）大正九・五頁下。

（3）大正二五・五四六頁中下。

（4）福田堯穎『天台学概論』（二一七頁）、安藤俊雄『天台学―根本思想とその展開―』（一二一頁、一二九頁、一三九頁）等、参照。これらの中、『華厳経』と十界との関わりについては、稲荷日宣「十界の成立（2）―特に上四界と下六界との結びつき―」（『印度学仏教学研究』一〇―一）に論じられている。

（5）このことについては、稲荷日宣「十界の成立（1）―特に下六界について―」（『印度学仏教学研究』九―一）、浜田智純「法華玄義の衆生法—特に十界の成立について—」（『天台学報』二五）等、参照。因みに、『守護国界章』巻中之上（伝全二・三五三頁〜三五四頁）には、徳一が破した辺主の説が、「辺主云、妙法之法、所謂十法界。即六道・四聖。是為㆓十法界㆒。言㆓六道㆒者、一地獄道、二畜生道、三餓鬼道、四阿修羅道、五人道、六天道。是名㆓六道㆒。言㆓四聖㆒者、一声聞聖、二独覚聖、三菩薩聖、四仏聖。是名㆓四聖㆒。此名㆓十法界㆒。」と示されている。

（6）大正七七・三〇三頁中。

（7）大正二五・二八〇頁上。

（8）大正五七・二六頁中下。済暹の『般若心経秘鍵開門訣』は、『般若心経秘鍵』の成立を考える上でも重要な書物である。それは、現今の研究者が明曠の『般若心経疏』と『般若心経秘鍵』との関わりを論じ、空海がその影響を受けたことを論じているが、私見によればそれは否定されるべきと考えられるからである。済暹による早い時期の『般若心経秘鍵』の註釈にも明曠撰とされる『般若心経疏』に対する言及はない。このことについては、拙稿「発心即到と自心仏」（『天台学報』五三）〔本書所収〕参照。

（9）大正七七・三七四頁下。

（10）大正七七・三〇三頁中。

（11）大正七七・三〇三頁下。

（12）大正七七・三〇三頁中。

（13）大正七七・四〇二頁中下。

（14）拙著『台密教学の研究』第十一章「安然と空海」参照。

（15）『華厳経』に十界を説くことは、最澄の『守護国界章』巻中之上（伝全二・三五九頁）にも、「解云、一衆生心具㆓三位性㆒。即開㆓三位㆒立㆓十法界㆒。故両訳華厳称㆓十法界㆒。豈天台臆説哉。麁食者所ㇾ遮十法界、確然建立。」と記されている。

（16）真全一四・七〇頁下〜七一頁下。所引の八十『華厳』巻三五の文は、大正一〇・一八五頁下。

（17）大正七七・三四四頁上。

（18）大正一〇・二〇五頁中下。

(19) 大正九・五七二頁上。
(20) 大正七七・三〇六頁下。
(21) 続真全一七・三五九頁下。
(22) 大正四六・一九五頁下。
(23) 註(7)に同じ。
(24) 真全一四・七一頁下。
(25) 大正一九・六〇七頁上。
(26) 大正七七・三八六頁中。
(27) 真全一四・一四八頁下〜一四九頁上。
(28) 大正六一・六六八頁下〜六六九頁上。
(29) 真全一四・二二六頁上下。
(30) 続真全一七・四七四頁下〜四七五頁上。
(31) 『疏』巻三・『義釈』巻三(続天全、密教1・八五頁下〜八六頁上)には「行者如是解時、観毘盧遮那与鬼畜等、其心平等無勝劣之想。」とあり、また『疏』巻一・『義釈』巻一(一九頁上)には「於薩婆若平等心地、画作諸仏・菩薩、乃至二乗・八部等四重法界円壇。」と見られる。
(32) 真全一四・三八四頁下。
(33) 大正七五・四二二頁上。このことについて、仁空は『義釈捜決抄』巻一之二(天全一〇・一一四頁上)で、「弘法大師ヲハ五大院処処破セラレタレトモ、多又引彼釈義被成義事ノミアル也。即此文字実相義ヲハ、引用一切諸法文字言語体ナル事ヲハ被釈タル也。仍真言行者、若今真如言説義理ヲダニモ明ムルナラハ、風声・水音ヲ聞テモ即法身説法也知ルナラハ、終日列此経諸会、常恒三世大日如来説法ヲ聞ニテモアランスル也。」と言う。
(34) 拙著『台密教学の研究』第六章「二 安然の法身説法思想」参照。
(35) 大正七五・五〇八頁下。このことについては、拙著『天台教学と本覚思想』「五大院安然の国土観」参照。
(36) 大正七五・四五九頁下。

（37）註（25）に同じ。

（38）大正七七・三八六頁中。

（39）大正七五・四九一頁下。

（40）続天全、密教1・二八頁下～二九頁上。

（41）大正一六・六六〇頁下。

（42）大正一六・六四九頁上中。なお、同経の如来の十地については、拙著『天台教学と本覚思想』（一一一頁）参照。

（43）大正六一・六六九頁上。

（44）例えば、惟賢撰『菩薩円頓授戒灌頂記』（大正七四・七九〇頁下。続天全、円戒一・一五〇頁上）で師資の合掌を説示する中に、「此十指者、十界也。十波羅蜜也。約二十界一者、左五指者、地獄・餓鬼・畜生・修羅・人道〈始二小指一〉、右五指者、天道・声聞・縁覚・菩薩・仏界也。約二十波羅蜜一者、右五指者、檀・戒・忍・進・禅、左五指者、恵・方・願・力・智也。仍合掌時者、五凡・五聖相合〈以レ天属レ聖〉、顕二迷悟不二一。」と記されている。また、必ずしも具体的ではないが、宥範の『大日経疏妙印口伝』巻七（大正五八・六七〇頁上）には、「十、十界平等門。秘記云、或十法界〈云云〉。謂、左手五指、五凡也。右手五指、五聖也。十界互具故一一指各具二五凡・五聖一、展転不可思議也。如レ此十界本来平等、無二・無別也。」と見られる。

『大日経疏指心鈔』と台密

一　台密と東密

東密の教学は、弘法大師空海が十住心という揺るがしえない綱格を定めたため、後世の変化があまりないかのように受け取られることがある。しかし、そういった解説は、空海以後しばらくの間の台密の隆盛を説明する時には有効であるとしても、その時期を経てからの多くの東密の学匠による研鑽が、空海からかなり進展した東密教学を構築していったという事実を反映しているとは言えないのである。

そもそも、台密の教学は「『義釈』の密教」と言われるほど『大日経義釈』を尊重し[1]、その将来者の一人である円仁の教学を継承・発展せしめた安然により大成されるのである。但し、台密では『義釈』だけでなく『大日経疏』をもしばしば活用する。それは、円仁と安然の間に位置する円珍も同様であり、『疏』による研鑽を相当に積んだ上で、円珍は『義釈』の優越性を主張したのである。なお、安然の密教が円仁・円珍を経て確立されたように述べられることもあるが、年代的にはそうであっても、円珍の教学は独自性を保有したものであり、別個に考えた方がよい。

しかしながら、台密の基本的立場である円密一致という観点は当然共通するのであり、円珍と安然は空海の十住心教判を批判するための根拠として、共に『義釈』・『疏』の文に着目したのである。[2] 勿論、『義釈』・『疏』に見られる教説は最澄にとっても依拠すべきものとなったが、空海は天台宗に有利となる記述を受容することはなかった。[3] そして、東密の学匠が円珍や安然の空海批判を難ずるようになるのは、安然が活躍していた時期から二百年以上を経てのことである。それは、東密の諸学匠による本格的な『大日経疏』の研究とも呼応するのであり、台密により進展した日本密教の教学を、東密の立場に合致させるべく解釈し直そうとしたことを意味する。そこにおいて、東密の学匠がしなければならなかったのは台密教学の超克である。そういった過程があって、聖憲や宥快、その他の学匠による新義や古義の真言教学が確固としたものになっていくのである。

従って、東密の教学も空海のままではありえず、その変遷における台密の影響も見逃せないのである。東密と台密の関わりを考究する上で、頼瑜の業績には注目すべき記述が多々見出される。そこで、本章では新義・古義という見方ではなく、台密を視野に入れた日本密教という観点から、頼瑜の教学について『大日経疏指心鈔』を中心に少しく述べてみたいと思う。

二　『大日経疏指心鈔』における空海説の展開

空海の教義で最重要と考えられる思想は、即身成仏と法身説法であろう。そして、それらが空海独自の思想であり、かつまた空海の時点で完成されているというような観点からの説明がしばしばなされているのが実状である。しかしながら、それらは中国天台で基盤が構築され、日本天台で醸成された思想でもある。しかも、空海の教説には幾つかの大きな問題点が見出されるのであり、それらの解明は後世の学者の尽力に委ねられた。頼瑜はそういった学者の代表格の一人である。更に言えば、そこに台密の影響が見られることが重要なのである。特に、法身説法と即身成仏を同時に矛盾なく成立させる場合に、鍵となるのは行位論である。そのことについては、以前述べたことがあるので(4)、今は頼瑜を中心にして、幾らかの考察を加えておくことにしたい。

要するに、何が問題になるかと言えば、空海は『弁顕密二教論』巻上(5)や『即身成仏義』(6)で、十地や等覚であっても如来内証を聞知しえない旨を述べているのであり、そのことと密教の諸経論や儀軌で初地を基準として重視していることとの関わりが空海の段階では不明瞭なままなのである。この点についての解答の模索が東密の学匠の課題となったのであり、頼瑜の見解は東密の主要な説と認められるものになっている。つまるところ、頼瑜は『二教論指光鈔』巻五(7)に見られるように、次に示す『大日経疏』巻三（『義釈』巻三）の文に注目することで解決を図ったのである。

> 今欲レ説二漫荼羅図位一故、還約二仏身上中下体一、以二部類一分レ之。自レ臍已下現二生身釈迦一、示二同人・法及二乗六趣種種類形・色像・威儀・言音一。壇座各各殊異、及其眷属展転不レ同。普於二八方一、如二漫荼羅本位一次第而住。自レ臍已上至レ咽、出二現無量十住諸菩薩一。各持二三密一之身与二無量眷属一、普於二八方一、如二漫荼羅本位一次第而住。然此中自有二二重一。従レ心已下、是持二大悲万行一十仏刹微塵諸大眷属。従レ心以上、是持二金剛密慧一十仏刹微塵諸内眷属。通名二大心衆一也。従レ咽以上至二如来頂相一、出二現四智・四三昧果徳仏身一。即此八身於二一切世界中一、徒衆・利土・名号・身業・諸受用事、皆悉不レ同。亦於二八方一、如二漫荼羅本位一次第而住(8)。

この文中で重要なのは「十住諸菩薩」の語であり、頼瑜がその語に注目したのは、自性所成の眷属に対して十住（十地）の菩薩という呼称を与えられる場合があることを言いたかったからである。つまり、それは十地に密教と顕教の両種があるとする教理へと結びつくことになり、如来の内証に関与しえない十地は密教の十地ではないという主張として結実するのである。

このことは、『大日経疏指心鈔』巻一でも論述されているのであり、やはり右記した『疏』（『義釈』）の文も活用されている。そこには、『金剛峯楼閣一切瑜伽瑜祇経』巻上の「……諸地菩薩無レ有二能見一、倶不二覚知一。[9]」という説に対する、「慈覚釈云、諸地菩薩、顕菩薩云云。信証僧正云、此菩薩中有二顕教菩薩及真言未究竟菩薩一云云。[10]」という註記も見出される。「慈覚釈」とは円仁の『金剛頂経疏』巻一[11]、「信証僧正云」とは信証の『大日経住心鈔』巻七[12]のことである。円仁の説は、密教の立場ならば諸地の菩薩のみならず、凡夫も如来の内証の境界に入れることを説くもので、まさに台密ならではの教学の基盤となっている。その教説中、特に顕教の菩薩を『瑜祇経』の文に該当せしめたことが注目されたのである。なお、信証の段階では、頼瑜のような後の学匠ほど明瞭な立論はなされていないが、それは、過渡期の学匠として台密の影響を濃厚に受けつつ自宗の立場を確立しようとしたことに因るものと思われる[13]。そして、『大日経疏指心鈔』では、『弁顕密二教論』で等覚・十地を除外することについて、「私云、或顕等覚・十地也。或華厳・天台也[14]。」と註を施すのであり、密教の十地ではないことを含意する主張になっている。

東密において、密教の十地を顕教の十地と区別することは上記のような必要性があったのである。そして、十地の中、特に初地は成仏を論ずる位として最重視されることになる。すなわち、初地即極説であり、『大日経疏指心鈔』巻一二では次のように論じている。

問。初地自証満、二地以上化他義、不レ可レ然。……

答。今宗意、初地位開二如実知自心之悟一云二究竟即心成仏一。又名二菩提実義一也。既自証初地極、何更修二二地行而云到果乎。彼華厳尚云三十信終心得究竟果。何況事理倶密教、即事而真談乎。故今経開題云、若有善男子・善女人、纔入此門、則三大僧祇越一念之阿字、無量福智具三密之金剛。八万塵労変為醍醐、五蘊旃陀忽為仏恵。文 私云、此釈依今文意歟。一念阿字者、初地浄菩提心也。三密金剛者、初地金剛宝蔵也。醍醐者、醍醐妙果也。仏恵者、第十一地一切智智也。意、初地一念阿字菩提心位成一切智智醍醐妙果也。為言秘蔵記云、是密教所謂横義也。初地与十地無高下故。文 又、古徳義宝生御房[15]云、真言秘教証初地時、同究竟妙覚大日位、更無浅深差別。故云、従初地得入金剛宝蔵也。文……

ここでは自証が初地に極まるとする説を証拠づけるため、華厳ですら信満成仏を説くとし、更に密教からは『大日経開題』〔大毘盧遮那〕[16]、『秘蔵記』[17]の文と、古徳の義を挙げている。なお、このような自証の一位以外を化他の位とする見解は既に中国仏教に見られるのであり、突如として出現したものではない。そのことについては、智顗の『維摩経玄疏』巻四で紹介される説の中に、「又、有師解言、円教既是頓悟。初心一悟即究竟円極。而有四十二位者、但是化物方便立浅深之名耳。故楞伽経云、初地即二地、二地即三地。寂滅真如有何次也[18]。」という記述が見出されることからも窺えよう。また、信満成仏説を密教義の中に最初に採択したのは安然であり、『教時問答』[19]の該当箇所では、初住以上の四十二位を余教から真言門に入るための位であるとしている。但し、安然の行位論は単純ではなく、その立場のみ密教の行位論として力説したわけではない。そして、『大日経開題』の引用については、そこに初地であることが明記されてはいないのであり、頼瑜自らの解釈で証文として用いたのである。その上で、古徳の義として引用するのは、宝生房、すなわち教尋の『顕密差別問答鈔』[20]巻下の文である。覚鑁や信証、或いは実範・重誉とほぼ時を同じくして活動していた教尋が、初地即極に類する教義を顕揚していたことは注目されてよかろう。その時代において、東密ならではの真言教学構築の胎動が感じられるからである。

三　即身成仏思想に関する若干の問題

さて、初地の尊重は初地発心の主張に他ならない。台密では、円珍が『義釈』(『疏』)から推せば初地発心とすべき発心の位を薄地(博地)、つまり凡夫位の発心とする説を出し[21]、それが仁空の『義釈捜決抄』における基幹説になっている[22]。その円珍の説に対し、頼瑜も『大日経疏指心鈔』巻三[23]や巻四[24]で自らの見解を表明しているが、初地発心に立つ以上、円珍説を採用することはない。また、初住(初発心住)を重んじ、密教諸経論の初地も実は円密二教では初住であるとする台密独特の教説を採用しないことも言うまでもない[25]。なお、『大日経疏指心鈔』巻一四[26]では、「信証僧正云」として、位を用いないのを正義としつつも、顕教に対比して位を立てた場合、十住より十地を深とする説を紹介しているが、これは円珍の『三部曼荼』[27]に見られる主張である。頼瑜は同書を直接見ることができなかったため、信証の『大日経住心鈔』巻六本[28]の記述を信証の説として理解したものと推察される。

ところで、最澄や空海以後、即身成仏についての教義は、当初、日本天台の学匠により研究が推進された。その特色は、天台円教に立脚する理論の確立に求められるが、そういった研鑽の成果は、円仁や安然によって台密の説の中にも採り入れられた。そして、日本天台における即身成仏論の構築は、法華円教の立場を中心に安然以降も様々に行われたのである[29]。東密における即身成仏思想も実は多様な展開を遂げている。但し、東密における大きな課題として、『即身成仏義』が有する疑点や問題点の解明が挙げられ、台密とは方向性が異なっているし、法華円教の即身成仏論とは立脚点が違うことも自明である。とはいえ、東密の教義には多かれ少なかれ日本天台の教義が影響を与えていると思われる。

それでは、頼瑜の即身成仏思想はどのようなものであろうか。幾つかの問題点につき、少しく検討しておくことにしたい。先ず、『即身成仏義顕得鈔』[30]を見れば、やはり台密説に触れるところもあるし、理具・加持・顕得という三種の即身成仏を説く異本『即身成仏義』の活用も見られる。しかし、頼瑜の即身成仏論の特色は、即身成仏を大きく二つに分けて論じているところに見られるようである。[31]それは端的には、『大日経疏指心鈔』巻一五に、「凡於二真言機一、利・鈍二機分。或云二頓・漸二機一、或云二大機・小機一、或云二一生成仏・二生成仏一、或云二即身成仏・即身成菩薩一、或云二聞時証・漸次証一也。[32]」と示されるように、一生成仏の機と二生成仏の機という分類に他ならない。この分類は、空海撰と伝えられてきた『雑問答』[33]が重要な出拠となっている。『雑問答』の教説については、『即身成仏義顕得鈔』巻上に、「又、雑問答中、以二現証仏菩提等文一為二即身成仏之証文一、以二後十六生成正覚等文一為二則上菩薩之憑拠一。[34]」とあることや、『大日経疏指心鈔』巻一五に、「大師問答中、以二即上菩薩位文一証二一生成仏一、以二即得菩提文一成二一生成仏一……[35]」と記していることから窺えるように、即身に菩薩位に上る人が二生成仏の小機であり、その機には十六生（十六大菩薩生）、すなわち十六生成仏の問題が密接に関わっているのである。

この十六生について、注目すべき主張をしているのが、異本『即身成仏義』の一本（『真言宗即身成仏義問答』）であり、頼瑜も引拠している。同書で先ず問題となるのが、「今意、可レ云二大機即身成仏、小機者後十六生成仏一。[36]」という記述であり、そのことに関連して、頼瑜は『即身成仏義顕得鈔』巻上で次のように言う。

　且有二二意一。一云、謂、雖三小機経二菩薩生一、非レ如二顕教隔生成仏一故、今本為二即身成仏一。又、此教中一生・二生各別説故、別本言レ非二即身成仏一。一云、於二十六生一有二横・竪義一。今本約レ横、別本拠レ竪。故別本云、大・小機雖レ経二十六生一、横竪義故速遅各殊云云。私云、十六次第証云レ竪、十六同時証云レ横也。……[37]

つまり、別本（異本『即身成仏義』）で十六生成仏を小機に配していることと、今本（『即身成仏義』）で「……現世証二得歓喜地一、後十六生成二正覚一。[38]」という文を即身成仏の証文としていることについて、二意を挙げて解説しているのである。いずれの場合でも十六生を漸次に証するのは小機であるとしているが、最初の説では、顕教の隔生成仏とは異なるから今本ではそれも即身成仏と看做すものの、この教の中で一生成仏・二生成仏という区別があるから別本では即身成仏に非ずとしているとする。そして、次の説では共に十六生を経るが、大機と小機でそれぞれ横・竪の義の違いがあると言う。その中、横の義とは大機が次第ではなく同時に十六生を証することを意味するのであり、それは初地即極説と矛盾をきたさないことにも注意が必要である。従って、『即身成仏義顕得鈔』巻上には、「秘蔵記云、是密教所謂横義也。初地与二十地一無二高下一故云云。准二此釈一約二頓証一者、初地即仏果也。何非二従レ凡入レ仏義一矣。故今釈云、自家仏乗初地云云。[39]」という説示も見られるのである。このことに関して、『即身成仏義顕得鈔』には、更に、「後十六生成正覚者、化他成道。故文殊軌云、現世得レ成二無上覚一、後十六生成二正覚一云云。[40]」の如く、十六生を化他の成道とする見解も示されているのであり、注目されるであろう。

ともかく、頼瑜は密教の即身成仏を二つに分類して論じたのである。但し、その証文の中には、やや強引なものも見出される。『大日経疏指心鈔』巻一五ではそういった二類のあることを証明する諸文を挙げるが、最初の、「疏第六云、而諸衆生有二漸入者一、有二頓入者一。然其所レ趣畢竟同帰。文[41]」という『大日経疏』巻六[42](『義釈』巻五)からの証文は、本来、漸入者・超昇者・頓入者という三類を掲げるものである。このような問題点があるとしても、頼瑜自身にとっては整合性のある主張となっているのであり、その独自の着眼に目を向ける必要があろう。ところで、頼瑜が大きく二つに分類した双方を共に即身成仏と捉えてよいかどうかという問題が残っている。この点については『大日経疏指心鈔』で次のようにまとめている。

私云、依二諸文一、真言機既分二大・小、利・鈍一。若爾何以二即上菩薩位人一、為二従レ凡入レ仏人一耶。但至二上文一者、一生・二生同望二顕乗人一、不レ捨二肉身一故、同云二即身成仏一、又云二一生成仏一也。故上具文云、即一生成仏。何論二時分一耶。文 対二顕乗経三祇一、十六生・一生倶以レ不レ経二三祇一故云二一生一耳。或三劫挙二大機一、無畏明二小機一、影略互顕歟[43]。

この中に、「即一生成仏。何論二時分一耶。」とあるのは、『大日経疏』巻二[44]（『義釈』巻二）の三劫段の要点であり、その教説に基づき、顕乗の人と対照すれば、大・小、利・鈍、一生成仏・二生成仏といった二分類をするとしても、同じく肉身を捨てることなき即身成仏であり、また一生成仏であると言うのである。

なお、頼瑜が一生・二生という二分類を提唱したことは、『即身成仏義』が持つ問題点の一端を指摘していることに他ならない。そのことは、『大日経疏指心鈔』巻一六の、「或又即身義不レ分二一生・二生一云二即身成仏一。小機二生又非二隔生一。故異二秘釈順次往生之義一矣[45]。」という記述が語っているであろう。つまり、小機の二生成仏も隔生の意ではなく、『即身成仏義』では一生・二生の区別がなされていないことを説いているのである。前にも見たように、頼瑜の眼目は一生・二生の二類に密教の機根を摂めるところにあり、同書巻六でも、「今教意、機根雖二万差一、不レ過二一生・二生二類一[46]。」と言う。なお、そこでは、「私云、今住心品意以二十地一尽二修行次位一。謂、以二十信・三賢行一、摂二十地一、不レ立二地前位一故云二信解行地一。」と、地前の位を行位として立てないことを述べた上で、一生・二生の機が到達する位について、「……若一生、若二生、従二薄地凡夫一、或至二仏果一、或至二初地一。」と述べている。

そこで問題となるのは、例えば、『大日経疏指心鈔』巻一〇[47]で、一生成仏と二生成仏を究竟と分証に分けていることの意義である。というのは、前述の通り、初地即極という観点からは、初地の成仏がそのまま究竟の成仏になるからである。要するに、分証の成仏、つまり小機の二生成仏と言った場合は、単に、初地分証の果を先ず得るということであろう。

ところで、法華円教の即身成仏論では分段身の捨・不捨の問題が重要であるが[48]、この点についての言及はあまりなされていない。但し、『大日経疏指心鈔』巻一三には、分段身と変易身についての論述がなされ、注目される。そこに見られる問は、「問。第一巻釈二縁業生一云、痴愛因縁造二不清浄業一、生二六趣身一云云。此但分段業果。何通二変易一。況彼華厳猶云、若依二円教一不レ説二変易一等。期二即身成仏一行者、受二変易一乎。[49]」というものであり、華厳では円教において変易を説かずとする文を引いている。そして、答中には、「今既頓断故、分段尽時即変易無。故成二即身成仏義一也。華厳又一断一切断故云三但分段身窮二於因位一也。」という記述が見出されるのであり、分段が尽きる時に変易も無くなるという見解を示し、また華厳の説を出すのである。これらの華厳の教説は、実は『華厳五教章』の、「若依二円教一、不レ説二変易一。但分段身至二於十地離垢定前一。以下至二彼位一得中普見肉眼上故、知二是分段一也。又如二善財等一、以二分段身一窮二於因位一故也。[50]」という文を分解して引用したものである。ともかく、右の記述に依れば分段身が尽きることと即身成仏は矛盾なく共に成立することになり、そこに頼瑜の立場を見て取る必要があると言えるのではなかろうか。

頼瑜は台密の教理を研究し、その教義を導入することもしているが、以上のように、最重要教義の一つである即身成仏説においては、直ちにそれを取り込むことはせず、独自の立場を形成していることが重要なのである。

四　『大日経疏指心鈔』の意義——結びに代えて——

頼瑜の成仏論が本覚思想的でないことは、上述のことからも窺われると思うが、本覚ということについて、『大日経疏指心鈔』巻一では、『大日経疏』の文の読み方に寄せて論じているところがあるので見ておくことにしたい。

すなわち、次のようである。

現覚諸法本初不生等者、此有二二点一。一云、現覚二諸法本初不生一。意云、本有始覚顕コ得本有本覚一也。一云、現覚之諸法本初不生也。本覚之覚也。意云、凡夫見聞覚知諸法即本初不生而法仏法爾四曼非二始可一レ覚也。（為言疏）第六釈二菩提実義一云、我覚本不生者、謂、覚自心従本以来不生即是成仏。而実無覚無成也。文 此文有二二点一。一云、謂、自心覚二本来不生一即是成仏（始覚智身）而実無レ覚無レ成也（本覚理身）。一云、謂、覚者自心也。本来不生即成仏（本覚成仏義）而実無レ覚無レ成也（簡二始覚成覚一也）。(51)

ここでは、『大日経疏』巻一（『義釈』巻一）の、「現覚諸法本初不生」(52)、及び『大日経疏』巻六（『義釈』巻五）の、「我覚本不生者、謂覚自心従本以来不生即是成仏而実無覚無成也」(53)という文について、二通りの読み方を紹介している。「現覚諸法本初不生」には、「現に諸法は本初不生なりと覚す（現に諸法の本初不生を覚す）」、「現覚の諸法は本初不生なり」という読み、そして、「謂覚自心従本以来不生即是成仏而実無覚無成也」には、「謂く、自心は本従り以来、不生なりと覚す。即ち是れ成仏なり。而も実には覚も無く成も無きなり。」、「謂く、覚とは自心なり。本従り以来不生即ち是れ成仏なり。而も実には覚も無く成も無きなり。」という読みがあるとしているのである。それぞれの読み方の一つ目は始覚、つまり「覚する」という義のあることを前提にして本覚を説くものであり、二つ目は始覚を排除して本覚のみを表出するものである。これらを本覚思想という観点から分析することは、行位の問題等、様々な事柄が関わるので今は控えるが、それぞれの読みの後者の立場が絶対性を強調したものであることは確かであり、そういった議論がなされていたことには注目する必要がある。とはいえ、頼瑜がそれを自説の基本としたわけではないし、『疏』（『義釈』）そのものも相対性を排した本覚を主張しているわけではない。特に、『大日経疏』巻六（『義釈』巻五）の文は、『義釈』では、「謂覚了自心従本以来〔本〕不生……」となっていて、「謂く、自心は本従り以来、〔本〕不生なりと覚了す……」と読むよりない。

なお、読み方の問題は『大日経』本文にもあり、そのことについて『大日経疏指心鈔』巻一二には注目すべき記述が見られるので、ここで述べておくことにしたい。それは、『大日経』巻一の、「復次、秘密主、真言門修行菩薩行諸菩薩、無量・無数百千倶胝那庾多劫、積集無量功徳・智慧、具修諸行、無量智慧・方便、皆悉成就。(54)」という文についてであり、次のような二説を挙げている。

私案、准二疏二釈一、経文可レ有二二点一也。依二初釈一云、真言門修二菩薩行一之菩薩（今教菩薩也）、無量・無数那由多劫積ㇾ集無量功徳・智恵（余教菩薩行也）、具修二諸行一（真言行也）、無量智恵・方便（指二前顕福智一也）、皆悉成就（今教菩薩成就也）。……依二後釈一云、無量多劫積ㇾ集無量福智一具修二諸行一（顕菩薩徳行也）無量智恵（指二前福智一也）・方便（指二前諸行一也）、余如レ先。(55)……

要するに、『大日経疏』巻二（『義釈』巻二）に見られる二つの釈文によって、二様の釈を施しているのである。但し、それらは共に『疏』（『義釈』）の一連の解説に基づくのであるから、それほど異なった取り方になっているわけではない。その『疏』（『義釈』）の文を示せば、前者に該当するのが、「如二余教中菩薩一、行二於方便対治道一、次第漸除二心垢一、経二無量阿僧祇劫一、或有レ得レ至二菩提一、或不レ至者。今此教諸菩薩則不レ如レ是。直以二真言一為レ乗、超ㇾ入浄菩提心門一。若見二此心明道一時、諸菩薩無数劫中所レ修福慧自然具足。(56)」という記述であり、後者は「真言行者、初入二浄菩提心一、亦復如レ是。雖レ未下於二無数阿僧祇劫一、具修二普賢衆行一満中足大悲方便上、然此等如来功徳皆已成就。何以故。即是毘盧遮那具体法身故。是以経云、無量無数劫、乃至智慧・方便、皆悉成就也。(57)」というものである。

そもそも、問題となるのは、もとになる『大日経』の文をそのまま読めば、歴劫修行が説かれているということである。(58)しかし、それを『疏』・『義釈』という註釈によって理解すると、歴劫するのは密教以外、つまり余教、或いは顕教の菩薩ということになるのであり、それは今の頼瑜の両説でも共通する。そこで、頼瑜の指示に従って、二つの読みを試みるならば、前者は、「復次に、秘密主よ、真言門に菩薩行を修行する諸菩薩は、(余教の菩薩が)無量・無数百千倶胝那庾多劫に、無量の功徳・智慧を積集するを、具に諸行を修し、無量の智慧・方便を、皆悉く成就す。」とでもなろうか。因みに、仏教大系『大日経疏』所収の『大日経疏指心鈔』では、「真言門に菩薩の行を修する諸菩薩は、無量・無数那由多劫に積集する無量の功徳と智慧と、具に諸行を修する無量の智慧と方便とを、皆悉く成就せり。[59]」と読んでいる。これは、この『大日経』の文に対する訓読文としてしばしば採択される読みに一致するが、『大日経』本来の意を伝える読みとしてばかりでなく、ここでの読みとしても妥当かどうか、疑問である。さて、頼瑜の二つ目の読みは、「復次に、秘密主よ、真言門に菩薩行を修行する諸菩薩は、(顕教の菩薩が)無量・無数百千倶胝那庾多劫に、無量の功徳・智慧を積集し、具に諸行を修する無量の智慧・方便を、皆悉く成就す。」のようになるであろうか。[60]ともかく、頼瑜の言う二説は、「具修二諸行一」、すなわち諸行を修するのが、密教の菩薩なのか、それとも顕教の菩薩なのかという違いなのであって、歴劫するのは余教(顕教)の菩薩であるとする点に変わりはない。

『大日経疏指心鈔』によって、当時の研鑽の様子が窺えることは大変貴重であるし、それが現在においても有効な示唆に富んでいることに注目すべきであろう。勿論、『大日経疏』の解釈ということばかりでなく、頼瑜が多くの注目すべき文献を引いていることも見逃せない。また、台密との関わりにおいては、批判的な議論もなされているが、そのこと自体が重要なのである。例えば、『大日経疏指心鈔』巻一四に引用される教判論諍関係の記述は、従来の研究の不備を補う上でも刮眼に値するものである。詳しくは、別稿[61]に譲るが、実範や重誉が引用する『大日経指帰』の文が現行本通りになっていないことの確認ができたり、或いは、台密の隆禅が破したのが通説となっていた信証の『大日経住心鈔』ではなく、大進上人撰と推定される『十住遮難抄』であることなどが、同所から導かれるのである。

今後、頼瑜が残した業績を、日本密教史という広い視野から検討していく必要があると思われる。

註

(1) 拙著『台密教学の研究』第一章「『大日経義釈』の教学と受容」参照。
(2) 拙著『台密教学の研究』第五章「台密教判の問題点」参照。
(3) このことについての指摘は、岡村圭真「最澄と密教思想」(『密教文化』八九)でなされている。
(4) 拙著『台密教学の研究』第八章「台東両密における行位論の交渉」参照。
(5) 大正七七・三七五頁上。
(6) 大正七七・三八三頁上。
(7) 真全一二・一四二頁下〜一四三頁上。
(8) 続天全、密教1・八五頁上下。
(9) 大正一八・二五四頁上。
(10) 大正五九・五七八頁上。
(11) 大正六一・一五頁中。
(12) 仏全四二・三二八頁下。ここでは、「問。随自意説無二当機一証如何。答。自性・自受離二情機一顕密常習也。文証非レ一。瑜祇経云、諸地菩薩倶不二覚知一。文」と『瑜祇経』を情機を離れるという意味の証文とした上で、続けて「此菩薩衆中有二顕教菩薩・真言未究竟菩薩一。」と述べているのである。
(13) 信証の教学の一端については、拙著『台密教学の研究』第十二章「信証と台密」参照。
(14) 大正五九・五七八頁上。
(15) 大正五九・七五一頁中下。
(16) 大正五八・六頁上。

（17）真全九・二四頁下。
（18）大正三八・五四〇頁下。この中、『楞伽経』の引用は、『入楞伽経』（十巻『楞伽』）巻七に、「十地為二初地一、初地為二八地一、九地為二七地一、七地為二八地一、二地為二三地一、四地為二五地一、三地為二六地一。寂滅有二何次一。」（大正一六・五五五頁下）と見られる文の取意と思われる。同様の文は巻九（同五七〇頁上）にも見出される。
（19）『教時問答』巻一（大正七五・三九二頁上）、巻二（三九九頁上）。このことについては、拙著『台密教学の研究』第七章「台密の行位論」参照。
（20）真全二二・四七頁上。大正七七には、本書と同本である『顕密差別問答』が、済暹撰として収められている。しかし、済暹撰とすることについては、堀内規之「『顕密差別問答』と『顕密差別問答鈔』について」（『印度学仏教学研究』五〇—二）で疑問が出されている。
（21）拙著『台密教学の研究』第九章「円珍の成仏論」参照。
（22）拙著『台密教学の研究』第十章「仁空の即身成仏論」参照。
（23）大正五九・六〇〇頁下〜。
（24）大正五九・六二九頁上中。
（25）『大日経疏指心鈔』巻一三（大正五九・七六三頁下）には、「但初発心（時）者、如レ云二初心一、未二必発心住一歟。或随義転用矣。」とある。
（26）大正五九・七六九頁上中。
（27）仏全二八・一〇七一頁上〜。また、拙著『台密教学の研究』第九章「円珍の成仏論」参照。
（28）仏全四二・二九八頁上〜。この点については、拙著『台密教学の研究』第十二章「信証と台密」に触れるところがある。
（29）拙著『天台教学と本覚思想』参照。
（30）三種の即身成仏については巻上（真全一三・二四頁上下）。
（31）この点については、藤田隆乗「頼瑜の成仏観」（『智山学報』四二）に指摘がある。但し、初地即極との関わりについて言及がない。

(32) 大正五九・七七六頁中。

(33) 弘全四・一五六頁〜一五七頁。また、別の箇所（一九五頁〜一九六頁）では、一生と二生の成道について、「三密相応、如レ説修行、或即身超二十地一至二一生補処位一、或一生入二仏位一。是秘密乗力耳。」と説いているのであり、ここでの二生成仏は、即身に一生補処の位に至ることが前提になっている。

(34) 真全一三・一四頁下。

(35) 大正五九・七七六頁中。

(36) 大正七七・三八四頁中。

(37) 真全一三・一四頁下。

(38) ここでは、『金剛頂経瑜伽修習毘盧遮那三摩地法』（大正一八・三三一頁中）に基づく。

(39) 真全一三・一五頁上下。『秘蔵記』の文は、真全九・二四頁下。また「今釈云」というのは『即身成仏義』で、「現世証得歓喜地」を釈す記述である。

(40) 真全一三・一六頁下。この中、『文殊軌』は頼瑜自身が同書（一三頁上）で『金剛頂瑜伽文殊師利菩薩供養儀軌』と明記しているが、現行本（大正二〇所収）と一致しない。なお、ここでの頼瑜の説に類似した見解が宥快の『即身成仏義鈔』巻一（真全一三・一八九頁上下）に一義として紹介されている。

(41) 大正五九・七七六頁下。

(42) 続天全、密教1・一六七頁下。この文に対する台密の見解については、拙著『台密教学の研究』第十二章「台密の機根論に関する一問題」参照。

(43) 大正五九・七七七頁上。

(44) 続天全、密教1・五八頁下。

(45) 大正五九・七九五頁下。文中の「秘釈」とは、『五輪九字明秘密釈』のことである。

(46) 大正五九・六四七頁上。

(47) 大正五九・七一三頁上〜下。

(48) 拙著『天台教学と本覚思想』「円仁の即身成仏論―特に生身の捨・不捨について―」、「日本天台における法華円

教即身成仏論―『即身成仏義』諸本を中心に―」等、参照。
(49) 大正五九・七五八頁中。「第一巻」の文は、続天全、密教1・一六頁上。
(50) 大正四五・四九二頁中。
(51) 大正五九・五七七頁上中。
(52) 続天全、密教1・三頁上。
(53) 続天全、密教1・一七二頁下。
(54) 大正一八・三頁中。
(55) 大正五九・七四七頁下~七四八頁上。
(56) 続天全、密教1・六五頁上下。
(57) 続天全、密教1・六五頁下~六六頁上。
(58) このことについては、拙著『台密教学の研究』第一章「『大日経義釈』の教学と受容」にも、言及するところがある。
(59) 仏教大系『大日経疏』四・五〇六頁。
(60) 仏教大系『大日経疏』四所収の『大日経疏指心鈔』では、「無量多劫に無量の福智を積集し、具に諸行を修する無量の智恵・方便を」(五〇六頁)と読んでいる。
(61) その点については、拙著『台密教学の研究』第五章「台密教判の問題点」参照。

台密諸流の形成

一　はじめに

分流・分派を繰り返すことは人々の営為においては常のことである。従って、そのことが原始仏教以降に見られても何の不思議もない。特に日本仏教では、比叡山から鎌倉仏教の祖師を輩出したこともその範疇に入れられるかもしれない。そういった独立という形態に限らず、内部でも枝分かれを生じていることは周知のこととなっているのであり、例えば中古天台の口伝法門における恵檀両流が挙げられよう。

今、ここで扱うのは密教の問題であり、幾つかの基本的事柄の検討をすることで後の研究に繋げたいと思う。日本の密教は最澄と空海に始まる台密と東密に分類され、それぞれが教学上の特色を持っている。つまり、即身成仏や法身説法という密教の二大教理と言うべき思想においても根本的な考え方が異なるのである。[1] 密教諸流の分流はそれぞれの内部的なものであり、いわば教理上の問題よりも事相に関わる問題と言ってよいかもしれない。但し、東密における新義真言宗の独立は、教理上の違いを際だたせている。

そもそも台密と東密は最澄・空海の時から交渉があり、最澄をはじめ、円澄や光定など、その弟子達は空海のところで灌頂を受けている。そして、安然に至っては、台東両密の集大成とも言うべき業績を残し、事相関係書も日本密教の財産になっている。そのような状況ではあるが、台密、殊には山門の密教を考える場合は、円仁の受法が中心となるであろう。円仁が伝えた密教が時代に応じて様々に伝えられるようになるのである。そして、台密のもう一つの流れが寺門の密教であり、円珍を祖師とする三井園城寺に伝わっている。

そのような台密全般を表す用語として知られているのが、「台密十三流」であり、台密の総称として使われることもある。しかし、それは台密諸流の総数とは言えない。それでは、いつ頃から十三流の呼称が確立したのであろうか。因みに、十三流及び他の数流の関係を福田堯穎『天台学概論』（四八七頁）によって示せば次のようになる。

最澄——山家流☆（根本大師流）

円仁——石泉流
円仁——川流☆（覚超）
円仁——谷流☆（皇慶）
円珍——三井流☆

谷流☆（皇慶）——大原流☆（長宴）——三昧流☆（良祐）——法曼流☆（相実）——梨本流☆／盧山寺流
大原流☆（長宴）——梨本流☆
谷流☆（皇慶）——双厳流（頼昭）——仏頂流☆（行厳）／智泉流☆（覚範）——穴太流☆（聖昭）——葉上流（栄西）／黒谷流
谷流☆（皇慶）——院尊流☆（院尊）
谷流☆（皇慶）——蓮華流☆（永意）

※　☆に功徳流と味岡流を加えて台密十三流となる。

さて、十三流の典拠について、福田堯穎氏の『天台学概論』（五六頁）では台密十三流の称呼の初出を厳豪の『十八道次第面授抄』に求めている。確かに、この書は厳豪の説を記したものであるが、問題はその箇所が本文とは考えられないことである。因みに、同書の内容は『四度見聞』(2)の「十八道次第」とほぼ同じであり、そこでは台密十三流についての同じ記述が「十八道次第」の末尾に付されている。一方、後述するように、厳豪の説を源豪が記した『四度授法日記』巻四「十八道日記」[3]には、諸流が掲げられているが、それは整然としたいわゆる十三流ではないのであり、『十八道次第面授抄』の該当箇所の記述を厳豪の説と見ることは妥当ではないように思われる。なお、『十八道次第面授抄』[4]に見られる「山門十三流」の名称は、一、根本大師流、二、智証流、三、慈恵流・都率流、四、院尊流、五、三昧流、六、仏頂流、七、蓮華院（流）、八、味岡流、九、智泉流、十、穴太流、十一、法万流、十二、功徳流、十三、梨下流という十三である。

それでは、十三流の初出はどこにあるのだろうか。現時点では、従来言われている定珍（一五三四〜一六〇三）の『鸚鵡抄』を挙げることになろう。[5]同書巻三には「山門十三流」として同じ諸流が掲げられている。そこでの、一は伝教大師流、二は智証流・三井流、三は慈恵流・都率流・覚超流としているが、十三流の内容は同じである。但し、『十八道次第面授抄』や『四度見聞』の付記が『鸚鵡抄』成立以前になされた可能性もあり、稲田祖賢氏は『十八道次第面授抄』に見られる識語により天文二十三年（一五五四）以前の付加としている。[6]この場合は、定珍の『鸚鵡抄』が成立した元亀三年（一五七二）以前に「山門十三流」の称呼が成立していたことになるが、厳豪の説ではない。

十三流及びその他の諸流が台密の中で形成され、現在でも代表的流派が継承され伝法を行っている。本章では、その伝統における若干の問題点につき考察を加えることにしたい。

二　最澄の密教

最澄が越州で順暁から受けた三種の真言は、いわば胎蔵界と金剛界に亙るものであるが、伝法の道場は金剛界の三十七尊曼荼羅所と記されている。その受法が台密における実践の出発点となり、まさに最澄はその修法を日本に伝えて実修したのである。なお、最澄が順暁のもとで金剛号を授かったかどうかは明らかでない。

最澄が金剛界と胎蔵（界）という明確な区別のもとに灌頂を受けたのは、帰国後、空海からであった。弘仁三年（八一二）十一月には金剛界、十二月には胎蔵（界）の灌頂が高雄山寺で行われ、それぞれの得仏が金剛因菩薩、宝幢如来であったことが空海の真蹟である「灌頂暦名」によって知られる。金剛号は金剛因菩薩が菩提金剛、宝幢如来が福聚金剛である(7)。

このことに関連して、時代の下る資料ではあるが、三井の敬光（一七四〇～一七九五）が著した『幼学顕密初門』に付録として収められる「三聖二師小伝」の中の記述が参照されるであろう。すなわち、「高祖伝教大師」の箇所で、最澄が帰国した延暦二十四年（八〇五）の九月、高雄山寺で行った灌頂を「蓋是、本朝密灌之始也。」と説明し、更に次のように言う。

高祖密伝、別有二一流称一、曰二山灌一。（具言二山家灌頂一也）　其密号者、蓋福聚金剛、是也。（胎蔵界）　或云、阿閦如来、是其得仏。（金剛界）　即是不動金剛也。他云、従二我弘法聖師一而受焉。密号是菩提金剛。

ここでは先ず福聚金剛を挙げるが、空海との関わりに言及していない。そして、次に金剛界の得仏として阿閦如来を記し、その密号が不動金剛であることを述べるものの、その根拠は不明である。敬光が何に依ったか興味深いが、問題点とせざるをえないであろう。そして、もう一つ、空海からの受法として菩提金剛について言及しているのであり、これは前述の通り空海から授けられた金剛界の灌頂に基づくものである。

最澄の受法については、敬光以前の資料を探査する必要があるが、今後の課題としておきたい。

三　『四度授法日記』に見られる諸流

大正蔵巻七七に収められる『四度授法日記』は厳豪口・源豪記とされ、巻一「胎記」、巻二「金記」、巻三「護摩記」は明徳二年（一三九一）のものである。そして、ここで取り上げたいのは巻四「十八道記」の記述であり、その冒頭に、「至徳四丁卯年二月二十七日始レ之。西山後師説、厳豪也。(8)」と記されているように、この巻は至徳四年（一三八七）における厳豪の口述、源豪の記録である。師弟関係について、巻四の跋文では、「私云、西山後ノ師者、厳豪御事。先師者、豪鎮御事也。愚身随二両師一受法間ノ爾云也。(9)」と説明されている。

さて、『四度授法日記』巻四「十八道記」の末部には、台密諸流を理解する上で興味深い記述が見られる。現在概説的に語られる相承とは異なる内容も見られ、当時の状況も窺えるので、ここで幾らか紹介してみたいと思う。

先ず、「一、血脈事」として、山門、東寺、寺門について次のように記している。

一、血脈事。仰云、付二真言相承一、塔内・塔外相承。金ハ、塔中ノ相承。東寺ニハ、胎・金トモニ、塔内ノ相承也。各各可レ有二其証拠一事也。山門ハ依二海雲血脈一、東寺ハ依二宗叡血脈一、三井ハ依二造玄ノ血脈一也。総真言教ノ由来ハ、金剛頂ノ義決ニ出。彼云、龍猛菩薩、従二妙吉祥一、胎蔵五字ノ明ヲ受持シテ、白芥子七粒ヲ呪シテ、南天鉄塔ノ戸ヒラヲ打開キ給也。仍入二塔内一、大日・金剛頂経等ヲ、金剛薩埵ニ授伝シ給也。山門ノ一ノ証拠ニハ、塔ノ戸ヒラ不レ開前ニ、既ニ胎蔵五字明ヲ受ルカ故、胎ハ塔外ノ相承ト申ス也。付二此義義勢多事也(10)。

東密では両部を塔内の相承とし、台密では諸説あるものの、基本的には海雲の血脈に依拠して金剛界のみを塔内の相承とする。右の記述では、三井（寺門）は造玄の血脈としているが、その相承も海雲の血脈同様、両部各別である。

そして、八祖について述べ、その中、特に最澄・円仁・円珍の相承に言及した上で、川・谷二流の由来を記す。

付法八祖・伝来八祖在之。附法八祖者、龍猛・龍智・善無畏・金剛智・不空・恵果・一行、山門是加慈覚、東寺加弘法八祖云也。伝来八祖者、伝教・弘法・慈覚・智証・恵運・円行・宗叡・常暁也。是皆渡唐伝法来故、伝来八祖云也。伝教伝順暁、弘法伝恵果、在唐三年也。慈覚八人師承給、本体法全和尚受伝給也。在唐首尾十箇年也。御在唐時、会昌天子破滅仏法、令法久住法行、一七日中会昌天子武宗滅亡、漢土仏法二度耀。故唐朝迄挙名給慈覚大師也。日本灌頂始行給、伝教大師、八人弟子引率高雄神護寺授。是日本最初灌頂也。八人者、広智・徳円・道証・修因・勤操・正能・正秀・豊安等也。智証是随法全伝也。至法全処望受法。全云、我法悉以日本円仁授畢。何遥来。早還日本受円仁示給。其時智証発嗔恚、一七日立虚空。仍非但人受法許。慈覚大師帰朝後、安恵・恵亮等九人足初授也。伝教大師、顕教面給故、別山門真言不高祖也。仍慈覚御流山門申也。仍伝教相承印信等少少在之也。古谷・川両流也。谷流者、池上御相承是也。南谷谷底、谷御房在之。彼依御座有、谷阿闍梨申也。従阿弥陀房静真、三部共受給也。川流者、慈恵大師御流也。心横川流也。彼御流、兜率流出也。川流灌頂、作法受得儀絶也。山門三流者、皆池上御流也(11)。

東密において、八祖に付法の八祖と伝持の八祖の両種を立てることは常に論じられることである。その付法の八祖は、大日如来・金剛薩埵・龍猛・龍智・金剛智・不空・恵果・空海という八祖であり、善無畏・一行という胎蔵界の相承を重んじないことを特色とする。しかし、右に見る附法八祖はそれとは異なり、東密における伝持の八祖をその内容とする。すなわち、ここでの八祖は龍猛・龍智・善無畏・金剛智・不空・恵果・一行・空海という祖師である。但し、山門の附法八祖は空海ではなく円仁を加えたものであるとしている。そして、右の記述では、もう一つ伝来の八祖を挙げているが、これは入唐八家のことであり、師資の相承を意味していない。ともかく、この時代に台密で八祖を論じていることに注目してよかろう。

また、右の記述に見られる特色として、円仁の密教の受法の本体は法全からであるとしていることが挙げられよう。ここにも言及があるように、法全は円珍の師として重要であるが、円仁の師としては、一大円教論や釈迦・大日一体説といった教示を与えたと言われる元政や、蘇悉地法を伝授した義真も極めて重要である。なお、最澄については、日本で最初に灌頂を修したとしても、最澄の相承した印信は少々あるばかりで、山門真言の高祖ではなく、山門の密教は円仁の門流であると言う。最澄の密教に関連して、慧澄癡空（一七八〇〜一八六二）の『密門雑抄』には、「根本大師流ハ古ヘヨリ所伝詳カナラズ。当時西塔ニ伝ヘル山家灌頂ヲ此流ト云ヘトモ、シカトシタコトハ知レヌナリ。」という記述が見られる。

更に、川・谷二流の中、川流は慈恵大師良源（九一二〜九八五）の流であり、そこから兜率、つまり覚超（九六〇〜一〇三四）の流が出たとしている。ここで注意すべきは、川流の川が横川であることは問題がないとしても、近年は川流の祖を覚超とする解説が主流になっていることである。[12] それは、谷流の祖とされる皇慶（九七七〜一〇四九）と並べる場合、覚超が密教関係の著述を多々遺していることに依るかもしれない。しかし、本来は、慈恵大師の流に対して川流の呼称を用いたようである。加えて、山門の三流は谷流から出ているというのであり、それらのことは、次に示す尊舜（一四五一～一五一四）の『津金寺名目』巻上末における解説が参看されるであろう。因みに左記の文は、『阿娑縛抄』「当流代々書籍事」所掲の「山門真言三流事」[13]に合致するが、「当流代々書籍事」は後の付加である。

一、山門真言三流事

上古、谷・川両流也。川流者、慈恵大師御流也。川者、横川事也。大師専、横川有御座故也。池上申、皇慶御事也。丹州池上大日寺有御座故也。慈応和尚申也。東塔東谷阿弥陀房静真御弟子也。川流断絶今無之、一向谷流也。谷御下三流分。池上最初阿弥陀房御入室、後南谷井房御移住。其丹波池上御隠居。山王依御咎目、又井房御登山。彼御入滅云云。丹州御夢猿一来、池上御背掻破、血三筋流御覧、其時我法可分三流瑞相也思食。随而谷流三流分事不思議也云云。三流者、三昧流・法曼流・穴太流也。……[14]

やはり、川流を慈恵大師の流としている。そして、谷流の皇慶について略伝を記し、山門では三昧流・法曼流・穴太流という三流がそこから出ることを伝説的に述べている。同様の伝承は、『密門雑抄』にも見られ、また、同書でも慈恵大師流という表記を採用している。

『四度授法日記』では続けて法曼流・三昧流・穴太流を中心に諸流に論及し、更に東寺流や三井流についても記している。ここでは煩を避け、若干の記載事項につき検討を加えるに止めたい。

先ず、法曼流の展開として注目されるのは、「浄土寺方、玄隆・栄全・秀暹・隆禅流也。[15]」という相承である。浄土寺は京都市左京区浄土寺町にあった山門の門跡寺院のことと考えられる。この流れを継承する学者として著名なのが実導仁空（一三〇九～一三八八）及び仁空の師兄照源（一二九八～一三六八）であり、しばしば廬山寺流の称呼によって論じられている。照源と仁空の師は仲円であるが、仁空が、秀暹―隆禅―仲円―仁空と次第する中の秀暹や隆禅の撰述を『義釈捜決抄』で活用し、また隆禅を祖師と呼んでいることは注目を要する。[16] 秀暹と隆禅、特に隆禅の業績は台密の教学史上重要な位置を占めたようであり、『山門穴太流受法次第』には次のように記されている。

> 又、政春下玄隆・栄全・秀暹・隆禅僧正至、教相盛沙汰。浄土寺慈勝僧正、菩提院澄覚親王、皆是隆禅御弟子也。山門教相、只彼家抄物用来者也。[17]
>
> ……慈覚大師両経疏、五大院教時義・菩提心義、皆是教相親文也。菩提心論談教相本様思誤。山門教相大日経住心品義釈能々可沙汰量事也。雲林院栄全秘要五重玄教相極秘書也。或秀暹抄物、或隆禅書給住心品義釈七帖抄有之。菩提心論五帖抄、是龍興院作。此等抄披見教相大綱可意得事也。[18]

これらの文面から、隆禅（龍興院）の評価が推知できるのであり、「住心品の義釈の七帖の抄」（『住心品義釈七帖抄』）や「菩提心論の五帖抄」（『菩提心論五帖抄』）が現在伝わらないことは残念と言うよりない。

『四度授法日記』における三昧流の解説は次のようである。

> 三昧流者、慈鎮和尚御相承、青蓮院尊円・尊道等相承三昧嫡流申也。法曼院名字、相実事也。三昧名字、良祐事也。大原三昧衆故、三昧良祐呼也。東陽忠尋流、岡崎方名、於三昧流灌頂相続流也。於三昧流山門嫡流被存事、灌法頂戴十九箱相伝給故也。然彼聖教、慈鎮和尚不付属玄、侍法師預置。其後双福寺全玄、取之行玄被進。仏法習、殊更真言事相、以師資口伝為本故、横聖教伝持正流不可云歟。[19]

ここでは、三昧流という名称の由来を説明して、良祐が大原の三昧衆であったとしている。そして、十九箱（二九一の秘篋）[20]の伝持についての問題点に言及するが、これだけでは必ずしも明瞭ではない。しかし、聖教の伝持よりも師資口伝を尊重しようとする趣意が見て取れ興味深い。

さて、そこで次には穴太流である。本書は穴太流から小川流への展開を明示し、更にそれに続く西山の名があるので西山流の立場からの授法の記録と言えるが、ここでの立脚点から見れば、総じて穴太流に摂めてよいかもしれない。

穴太流者、双厳房頼昭流也。即頼昭・行厳・聖昭・契中・忠快・承澄故上人也。穴太流云、聖昭御事也。坂本穴太御房有故也。当流智泉流、仏頂流云事、穴太高祖仏頂房行厳、智泉房院昭御受法有故也。就其両檀移仏頂房現行、合行被移智泉房現行也。名小川流事、忠快・承澄二代、小川御座有故也。此流灌頂已前許可受慈恵大師御流許可、灌頂受池上御流故、谷・川相承也。池上御流許可、四家許可内、大原許可、梨本許可、持明房許可、池上相承也。仍谷流許可周備也。川流灌頂、離作業灌頂伝受故、又、川流許可・灌頂共相承也。当流一規摸、谷・川(ママ)西流相承、二灌頂相承血脈是近。一池上以来師資口決次第面受也。帖決至総持抄、悉具足也。穴太流傍流仁聖流也。号小坂方是也。契中御弟子也。彼聞書名月蔵抄。密談書大略同物也。同聴異聞故也。良信御流九州在之。大蔵卿僧正申忠快是附属可申由思食処、小川殿諸事互堪法器故付法給也。聖行房院尊、現行具被移法流不流也。[21]

皇慶門下の頼昭（双厳房流）から承澄（一二〇五～一二八二、小川流）に至るまでを穴太流として扱い、その中間の、仏頂（房）流の行厳、及び智泉（房）流の院昭から受法したのが穴太流の聖昭であることを記しているのであり、これは通説と言えよう。そして、この流（穴太流）が川・谷の二流を相承していることを誇るのであり、灌頂已前の許可に慈恵大師流（川流）の許可を受け、灌頂には池上流を受けることをはじめ、幾つかの相承が記されていることは注目されてよかろう。今の池上流の許可については、大原（長宴）、梨本（明快）、持明房（延殷）、池上（皇慶）という四流の相承により、谷流の許可を周備していると言う。

また、穴太流の傍流として仁聖流を挙げ、小坂方と号することや、仁聖が契中の弟子であることを記している。そして、その著作に『月蔵抄』があり、それが『密談書』とほぼ同じであることを、同聴異聞と説明している。この『密談書』とは、やはり契中の弟子であった忠快の『密談抄』のことであろう。『密談抄』は『阿娑縛抄』のもとになったとされる文献である。(22)『密談抄』について、『山門穴太流受法次第』では次のように紹介している。

次小川忠快法印、彼五輪抄宣広被レ名二密談抄一。穴太一流事、不レ被レ載二此抄一云事无レ之云々。次小川承澄僧正ノ御時、密談抄上息心・行林等備二潤色一載二博覧才一、号二阿娑縛抄一給。自他門諸流如レ是口決総無事也。大事・秘事不レ貽レ之注置給者也。此抄重々被レ成二置文一、要用抜書不レ被レ許、又不二頓写一者、不レ可レ叶云々。其外、観性法橋大海抄、月性房仁聖月蔵抄二十四帖、葉上僧正口決等有レ之。皆当流脇々口決也。月蔵抄、密談抄同聴異聞書也。然非二正流人一故彼抄謬事少々有レ之。当流只以二密談抄一為二最上口決一也。(23)

ここでは、『密談抄』の由来を載せ、それが基づいた書として契中の『五輪抄』を挙げている。そして、従来言われるように、『密談抄』をもととし、『息心抄』・『行林抄』という法曼流の書を用いて承澄が『阿娑縛抄』を著したことを記しているのである。更に、仁聖の『月蔵抄』は『密談抄』と同聴異聞の書ではあるが、正流ではなく、誤謬が少しあるとし、『密談抄』こそ穴太流の最上の口決であるとしている。『密談抄』は部分的に現存するのみであり、『月蔵抄』は伝わっていないようである。また、右の記に栄西(一一四一～一二一五、葉上僧正)への言及があるが、『山門穴太流受法次第』では、「扨葉上流云、亦穴太脇流。聖昭・基好・栄西相伝来。」(24)のように、葉上流は穴太流の脇流であると言う。

以上の如く、『四度授法日記』は穴太流の立場から台密の相伝を論じたもので、承澄—澄豪—豪鎮—厳豪と次第する厳豪の口授に基づく書である。厳豪は比叡山の正覚院灌頂祖とされる。その他、総持房、行光房、鶏足院という穴太流の灌室が正覚院同様、澄豪の流れを汲んでいる。

四　台密十三流について――結語に代えて――

先に検討した『四度授法日記』には、いわゆる台密十三流のうち、三井流、川流（慈恵大師流）、院尊流、三昧流、仏頂流、智泉流、穴太流、法曼流、梨本流の九流、及び伝教大師の相承についての記述が見られ、功徳流、味岡流、蓮華流についての論述はない。そして、谷流、兜率流、小川流、その他の相承が記載され、重要な資料となっている。

三井流についての記述は、次のようなものである。

一、三井流事。仰云、三井如東寺諸流不立也。然聖護院・円満院両門跡付御相承嫡流論也。先以円満院為正流也。黄不動大事、唯受一人、門主一人外御相承無之。智証大師御筆、正生身不動御説記給。大聖口決名、門主外不見之也。常住院・実相院・花頂、是等諸門跡、皆両門跡御下人也。山門大塔、毘沙門堂、竹内、岡崎等如也。(25)

三井流は東寺の如く、諸流を立てないが、聖護院・円満院の両門跡間でどちらが嫡流かという議論があったと言う。なお、東寺については、右の記述の前に「東寺流事」という項を設け、野沢二流について論じ、更に東寺について述べている(26)。そして、三井流の正流は円満院であるとし、黄不動の大事はその門主一人だけの相承であるとする。また、常住院・実相院・花頂という門跡が両門跡の下にあることを記す。これらの記述は当時の様子を伝えるものとして貴重であろう。花頂門跡（花頂院）は応仁の乱で焼失し、やがて廃絶した(27)。

台密十三流の初出文献として、定珍の『鸚鵡抄』巻三(28)が挙げられることがあることは前に触れた通りである。その呼称は「山門の十三流」であるが、第一は伝教大師流、第二は智証流、又は三井流というように三井流を含む。また、第三は「慈恵流、又都率流覚超流云也。」と記す如く、良源と覚超どちらかを特定していないのであり、川流の問題点である。そして、続けて十流を列記した後、「私云、功徳院・味岡崎流、三昧流派也云云。」と言う。

快雅の功徳流と忠済の味岡流は後世に伝えられなかったため、具体的には分からない流派とされ、慧澄癡空の『密門雑抄』でも、「味岡流・功徳流ハ所伝詳カニセズ。」と記している。

また、『鸚鵡抄』では、「一、十三流外、書写流有之。是性空上人、夢中値金剛薩埵直受アル処也。」と、性空（皇慶はその甥）が夢中に金剛薩埵より授かった書写流を挙げている。類似した記述は、『十八道次第面授抄』・『四度見聞』の十三流の記述の箇所にも見えている。両書の内容はほぼ同じである。『四度見聞』によって示せば次のようになっている。

此外、書写流有之也。是夢中奉値金剛サタ受之也。是皇慶伯父以往也。其時、皇慶伯父甥伝受様授二三字処相違也。皇慶我以翌伝受伝々誤有之申。上人夢中伝受誤有互辞退給也。[29]

詳しいことは分からないが、こういった伝承の扱いは慎重でなければならないであろう。ともかく、定珍の『鸚鵡抄』が成立した元亀三年（一五七二）頃には、山門の十三流を抽出し、全体として論ずることがなされていたのであり、それは当時の状況を反映しているのかもしれない。『十八道次第面授抄』・『四度見聞』に付加された記述が厳豪の説ではないとしても、そこに見られる同様の記載は、『鸚鵡抄』成立以前に十三流が代表諸流とされていたことを窺わせるものである。

また、『鸚鵡抄』には、「其中、穴太・仏頂・蓮花・三昧ヲ以テ本流スル也。」とも記されているのであり、これは三昧流・穴太流・法曼流を根本三流とする考え方とも異なっている。

現在、比叡山では三昧流、法曼流、穴太流、西山流の四流が行われている(30)。西山流が十三流外であり、その流派の重要人物である厳豪が穴太流であることを自認し、その流の他に秀でることを述べていたことは前述の通りである。ともかく、元来は穴太流と西山流は明確な区別がなしえなかったことの証左と言えるかもしれない(31)。

また、それぞれの流に立脚すれば、自らを誇ることになるのは当然であるが、三昧流と法曼流、人物で言えば、良祐と相実（一〇八一～一一六五）の関係には大きな問題がある。両者の関係が好ましくなかったことは、『山門穴太流受法次第』に、「彼法曼院法印宗良祐御弟子　良祐如何被レ思、不レ許二口決一。故三年閉籠　経軌悉見。東寺・三井諸流学玉フ。故无レ比為二碩才一。御弟子亦碩才数多ヲハシケリ(32)。」と見られることからも窺えよう。それと同時に、東密の事相にまで通暁したことは、その該博さを誇れば、後の影響からも極めて重要な人物となる。しかし、相実は、東密の恵什（最朝・斉朝）の門弟となり、『審印信謬譜』を著して台密の伝統を難じたのである(33)。ともかく、三昧流からは批判が出ることは当然である。そのことは、延文五年（一三六〇）に、千妙寺で亮澄の言を亮海が筆受した『三昧流由来事書』にも見られる。同書は単独でも写本で伝わっているが、『華頂要略』巻二に収められている。その冒頭に「当流者、大師正嫡之法流、於二山門諸流之真言之中一為二最頂一(34)」と記し、その相承を論ずる。そして相応については、「於二三昧一流一、不レ能二委細一歟。其故、相実法印両補弟随一、静然法眼、行林抄被レ撰中、三昧秘書名字、全無レ之。爰知、相実法印於二三昧流一者、不レ尽二委細一。其上師範義絶之人也。雖レ然、広学多才之間、梨下法流為二祖師一。梨下、聖教三昧云銘被レ書也(35)。」と記している。つまり、相実は三昧流については委細を尽くさず、門下の一翼である静然の『行林抄』にも三昧流の秘書の名字が見えないと述べ、更に良祐に義絶された人であると言うのである(36)。

諸流の相承には様々な問題があったことであろう。こういった研究はあまりなされていないが、先学による積み重ねがあり基本的なことを知ることはできる。しかし、それらを一歩でも進めていくことが必要であろう。本章ではそういった目的のもと、幾つかの資料を扱ってみたが、新たな点を示しえたかどうか心許ない。とはいえ、従来の研究は古いものが多く、それらの再確認も必要な時機に来ているのであり、若干の検証はできたと思っている。
また、事相に関わる文献は膨大であり、しかも刊行されているものであっても殆ど手をつけられないままになっているのが実状である。それらの特色をどういった観点から検討できるのか、課題は多い。

註

(1) 拙著『台密教学の研究』参照。
(2) 比叡山専修院の活字本がある。
(3) 大正七七・一三六頁中〜。
(4) 天王寺、福田蔵本による。
(5) 大山公淳『密教史概説と教理』(一五五頁)、三﨑良周「台密の発祥と諸流伝法の意義」『台密諸流伝法印信纂脩幷解説』(芝金聲堂)等、参照。『鸚鵡鈔(抄)』は続天全・密教4に所収。
(6) 稲田祖賢「台密諸流史私考」『叡山学報(研究会学報)』六、九頁〜一〇頁。
(7) 金剛号(金剛名号・密号)については大正蔵巻一八に『胎蔵金剛教法名号』があるが、同書には諸尊の種子は記載されていない。
(8) 大正七七・一二五頁中。
(9) 大正七七・一三七頁下。
(10) 大正七七・一三六頁中。
(11) 大正七七・一三六頁中下。
(12) 例えば、清水谷恭順『天台の密教』(一三六頁)、福田堯穎『天台学概論』(五五頁、四七五頁)等、参照。なお、覚千（一七五六～一八〇六）の『自在金剛集』巻九「遮那業学則」（仏全三四・三六四頁上）には、「慈恵大師ノ如キハ、智証大師ノ流ヲ花山ノ覚恵ニ学ビ給ヘリ。兜率先徳ニ至テ別ニ一流ノ名ヲ称セリ。川ノ流是レナリ。今山門鶏足院ニ此流ノ灌頂ヲ行ズ。此ノ流ハ遍昭僧正ノ慈覚・智証ノ両流ヲ習伝ヘラル、ヨリ、覚恵ニ至テ慈恵大師ニ伝ヘラル、ユヘ智証流ヲ兼タルナリ。」とあり、川流を説明して、その呼称は覚超の時にできたものであるとしている。

(13) 仏全四一・五二四頁上～。

(14) 『自在金剛集』巻九（仏全三四・三六五頁下）でも谷の三流を挙げることは同じであり、また、穴太・西山は一流の異称であるとしている。西山流については、獅子王円信「台密西山流雑考」（『叡山学報』七）参照。なお、背三箇所の流血についての記事は本来、大江匡房（一〇四一～一一一一）の『谷阿闍梨伝』（続群書類従八下・七五三頁下。続天全、史伝2・三一八頁上）に見られるものであり、そこでは、「昔久住丹州、夢山王来告曰、何不帰山。仍割其背、出血三所。是分真言血脈為三流也。少僧都長宴、阿闍梨院尊、安慶、皆是孔門之遊夏也。」の如く、長宴、院尊、安慶のこととしている。この文は、『華頂要略』巻二「三昧流由来事書」（天全一・九二頁上）では、「然彼行状云、皇慶阿闍梨住丹州池上。夢山王告云、汝何不住山上、久在田舎哉。即以鉾割背。三処流血。言、則長宴、安慶、院尊也云云。」となっている。「三昧流由来事書」については、本文中で後述する。

(15) 大正七七・一三七頁上。

(16) 『義釈捜決抄』の概略については、拙稿「義釈捜決抄　解題」（天台宗典編纂所編纂『正続天台宗全書　目録解題』所収）参照。

(17) 仏全二・二八九頁下。

(18) 仏全二・二八九頁下～二九〇頁上。

(19) 大正七七・一三七頁上。

(20) 二九一の箱の目録が『華頂要略』巻二（天全一・一〇一頁上～）に収められている。

(21) 大正七七・一三七頁上中。

(22) 『阿娑縛抄』の選者はしばしば承澄と言われるが、宮島新一「『阿娑縛抄』をめぐる二、三の問題―曼殊院本を中心にして―」（『仏教芸術』一一二）では承澄を再治・増補者とし、尊澄を本来の著者とする。『阿娑縛抄』については、拙稿「阿娑縛抄」（日本仏教研究会編『日本仏教の文献ガイド』）参照。

（23）仏全二・二八五頁上下。観性撰『大海抄』の書名は、諸流の事が入っているからであると伝えられている。そのことについては、『華頂要略』巻二（天全一・八五頁下、九三頁下）参照。

（24）仏全二・二八八頁下。

（25）大正七七・一三七頁中。

（26）そこには、「一、東寺流事。仰云、源仁下、小野・広沢両流分。益信流名広沢。御室御流、寛平法皇御相承、号仁和寺方是也。聖宝僧正流名小野流也。醍醐観修寺・理性院・三宝院・金剛王院、如此流流多也。広沢各各其所流有、皆御宝御下出故、如小野流各別イタク其義不立也。東寺名野沢抄、両流取合口決在之。以之為秘蔵也。」とある。

（27）勝野隆信「花頂門跡考」（『日本歴史』75）。

（28）続天全・密教4所収の『鸚鵡鈔（抄）』巻三では、一二八頁下〜一二九頁上。

（29）専修院版『四度見聞』上、一〇〇頁。また、『華頂要略』巻二「台家真言血脈相承次第」（天全一・八三頁下〜八四頁上）参照。なお、性空の密教を扱った論考に、水上文義「『書写山真言書』について」（『平安仏教学会年報』三）がある。

（30）武覚円「台密諸流とその伝法について」『台密諸流伝法全集成』別巻、一八頁〜一九頁。

（31）このことについては、福田堯穎『天台学概論』（四八一頁）参照。

（32）仏全二・二八九頁上。

（33）相実に関わる問題点を扱った論考に大森真応「法曼流祖相実法印に就て」（『山家学報』八）がある。『審印信謬譜』は現存せず、例えば、杲宝の『〔梵字〕〔梵字〕鈔』巻一〇（真全二一・九四頁下）に「天台相実法印、審印信謬譜云、海雲血脈有多不審。」として引用されている。同文は『玉印鈔』巻一〇にも見られる。また、恵什は最澄の批判をしたのであり、それに反駁したのが薬雋撰『天台宗遮那経業破邪弁正記』二巻である。なお、杲宝は薬雋とせず、松養房真源法橋の撰述としている。

（34）天全一・九一頁下。

(35) 天全一・九二頁下。

(36) 相応が良祐に義絶されたという記述については、福田堯穎『天台学概論』(四七九頁)に指摘がある。

Ⅳ　訳註　円仁撰『金剛頂経疏』大綱・玄義

はじめに

『金剛頂経疏』（『金剛頂大教王経疏』）七巻と『蘇悉地経疏』（『蘇悉地羯羅経略疏』）七巻は円仁の代表的著作であり、両書によって台密の教学的基盤が確立された。先に完成した『金剛頂経疏』（八五一年、五十八歳）では経文を解釈する前に、大綱と五重玄義という二門を設け、それが台密ならではの方向性を明示している。ここで訳註として紹介するのはその箇所である。

因みに、後の『蘇悉地経疏』（八五五年、六十二歳）では、開巻の冒頭に、「将に此の経を釈せんとするに、分かちて三門と為す。初めには略して経意を明かし、次には題目を釈し、後には経文を判ず。」（大正六一・三八九頁上）と記しているように、経意を明かし、題目を釈した上で経文の解釈に入るが、経意・題目共に極めて簡略な叙述になっている。

勿論、『金剛頂経疏』と『蘇悉地経疏』の経文解釈の中にも、注目すべき記述が散在する。例えば、『蘇悉地経疏』巻一（大正六一・三九三頁中）の顕密判は特色的な教説であり、諸三乗教を顕教、『華厳経』・『維摩経』・『般若経』・『法華経』等の諸大乗教を理秘密教（唯理秘密教）、『大日経』・『金剛頂経』等の真言教を事理倶密教（理事倶密教）と判ずる教義として知られている。

とはいえ、『金剛頂経疏』の大綱と五重玄義の中には台密の根幹となる教義が豊富に示されている。五重玄義が天台教学そのものであり、円密一致を主軸とする台密の特色が遺憾なく発揮されていることは言うまでもない。併せて、自ら将来した十四巻本の『大日経義釈』を、帰趨すべき拠り所として多々活用していることが極めて重要である。『大日経義釈』が円密一致の指南となることは周知のことであろう。

要するに、安然によって大成される台密の教義がその箇所に凝縮しているのである。従って、台密の基本思想を把捉するためには丁寧に読み込まなければならないと言える。そのような重要な箇所であるので、既に訓読や解説も少なからず存する。つまり、その概要は容易に知られるのである。ところが、先行研究において、細かいところには修正を加えなければならない箇所が幾つも存するようであり、見直しも必要なように思われる。特に訓読は国訳一切経（経疏部一六）や昭和新纂国訳大蔵経（天台宗聖典）等に収められているが、修正すべき箇所もある。

そこで不十分であるかもしれないが、筆者の気づいた点を活かし訳註を提示することにした。底本としては、大正新脩大蔵経巻六一所収本を用いた。

訳註　円仁撰『金剛頂経疏』大綱・玄義

目次

⑩金剛界大曼荼羅広大儀軌品之一

(二)経体

大要

①総体

②別体

(三)宗

大要

①諸経の宗

②今の経の宗

③今の経の宗〔明疑難〕

(四)用

(五)教相

大要

①諸門

①―Ⅰ　諸蔵

①―Ⅱ　諸教

①―Ⅲ　諸乗

①―Ⅳ　十二分

①―Ⅴ　処会
②根性
②―Ⅰ　一切に約す
②―Ⅱ　当経の所被
③　判教
③―Ⅰ　説教の時
③―Ⅰ―ⅰ　説教の時〔随他立〕
③―Ⅰ―ⅱ　説教の時〔随自立〕
③―Ⅱ　所説の教
③―Ⅱ―ⅰ　所説の教〔明教〕
③―Ⅱ―ⅱ　所説の教〔教証〕
㈠教の本源
㈡教の起由
㈢教の浅深
㈣教義の別
③―Ⅱ―ⅲ　所説の教〔問答分別〕

金剛頂大教王経疏巻第一

大勇金剛[1]撰

（1）大勇金剛　円仁の金剛界における密号（金剛名号）、得仏は金剛薩埵。

第一、帰敬序

稽首金剛宝楼閣　法界衆徳大日尊
理事倶密金剛乗　菩提心殿一切衆
今欲演此秘密典　令諸迷徒開心明
唯願流澍無縁慈　能所詮中増四弁

金剛宝楼閣の、法界衆徳の大日尊と、
理事倶密[1]の金剛乗と、菩提心殿の一切衆とに稽首す。
今、此の秘密の典を演べ、諸々の迷える徒をして心明を開かしめんと欲す。

唯願くは無縁の慈(2)を流澍して、能所詮(3)の中、四弁(4)を増さん。

（1）理事倶密　円仁は『金剛頂経疏』（仁寿元年、八五一）より後（斉衡二年、八五五）に著した『蘇悉地経疏』巻一（大正六一・三九三頁中）で、諸三乗教を顕教、『華厳経』・『維摩経』・『般若経』・『法華経』等の諸大乗教を理秘密教（唯理秘密教）、『大日経』・『金剛頂経』等の真言教を事理倶密教（理事倶密教）と判ずる教説を提示した。そのことは、安然が『菩提心義抄』巻一（大正七五・四七一頁下）で、「蘇悉地経疏云、有㆓二種教㆒。一顕示教、二秘密教。顕示教、謂、阿含・深密等諸三乗教也。秘密教、謂、華厳・維摩・般若・法華・涅槃等諸一乗教。秘密教亦有㆓二種㆒。一理秘密教、謂、彼華厳等一乗、唯説㆓世俗・勝義円融無㆓二、不㆑説㆓三密行相㆒故。二事理倶密教、謂、大日・金剛頂・蘇悉地経等、能説㆓世俗・勝義円融不㆓二、亦説㆓三密行相㆒故。」と抄出している。

（2）無縁の慈　対象を区別することのない慈しみ。

（3）能所詮　能詮（内容を言い表す文句）と所詮（表される理）。

（4）四弁　四無礙弁。法無礙、義無礙、辞無礙、楽説無礙。

解説

『金剛頂経疏』開巻劈頭の偈文であり、円仁が打ち立てた教判論の鍵となる「理事倶密」の語が見られる。「理事倶密」は「事理倶密」とも言う。

第二、総論・大綱

今釈此経、将用三門。初明大綱、次判五義、後釈経文。

初大綱者、夫以、本初極理超百非而常寂。遮那大智絶四句以恒明。三乗賢聖趾猶不臻。凡・外輩流焉能得測。顕教如来雖説甚深、而只是莽鹵。歴劫薩埵雖称真実、而争得伊没（イ役）。今此金剛真宗人則達麼（イ磨）駄都以為其体、法是娑嚩（イ薩縛）（二合）羅、無非其教。四種曼荼羅該法界而無外、五種枳攘拏遍三際以尽底。凡学之者、斯瑩飾摩尼、厥修之者、疾得践極階。然則体性毘盧居極理以示頓覚心品、四仏顕内証、以住各方。十六開士、内外八供、豈是異矣。三世仏陀、十方群聖、咸同源乎。縮之一塵、一塵猶大。舒之法界、法界還小。何況、一発言声塵界悉感、一指纔動仏亦不違。暫思字義無災不除、試観円輪無楽不与者也。故此経云、由此真言、設作無間罪、謗一切如来及方広大乗正法、一切悪作、尚得成就一切如来印、由金剛薩埵堅固体故。現生速疾、随楽得一切最勝成就、乃至獲得如来最勝悉地。三密結要、諸経所無。五智奥源、唯在此教。金剛乗大綱、蓋如是歟。

伏惟、我仁寿皇帝、運合乾坤、明均日月。受仏付属、聿興大教。不遺曩願、終弘真宗。今所賛述、無非前聞。一義・一文如契実際、伏願奉資陛下、徳同山河、算斉劫石。一句・一頌、儻叶聖心、復願守護国界、普福無辺。

今、此の経を釈するに、将に三門を用いんとす。初めには大綱を明かし、次には五義を判じ、後には経文を釈す。

初めに大綱とは、夫れ以れば、本初の極理は百非を超え(1)て常に寂なり。遮那の大智は四句を絶して以て恒に明らかなり。三乗賢聖（げんじょう）の趾も猶、臻らず。凡・外の輩流は焉んぞ能く測ることを得んや。顕教の如来は甚深を説くと雖も、而も只是れ莽鹵[2]なり。歴劫の薩埵は真実と称うと雖も、而も争か伊れ没（イ役）することを得んや。今此の金剛真宗の人は則ち達麼（イ磨）駄都[3]以て其の体と為し、法は是れ娑嚩（イ薩縛）[4]二合羅[5]にして、其の教に非ざるは無し。四種曼荼羅[6]は法界を該ねて外無く、五種の枳攘拏[7]は三際に遍じて以て底を尽くす。凡そ之を学ぶ者は、斯れ摩尼を瑩飾し、厥れ之を修する者は、疾く極階を践むことを得ん。然れば則ち体性の毘盧は極理に居して以て頓覚の心品を示し、四仏[8]は内証を顕し、以て各方に住せり。十六の開士[9]、内外の八供[10]、豈に是れ異ならんや。三世の仏陀、十方の群聖は、咸く源を同じくす。之を縮むれば一塵、一塵猶大なり。之を舒ぶれば法界、法界還って小なり。何に況んや、一たび言声を発（おこ）さば塵界悉く感じ、一指纔かに動かさば仏も亦、違わず。暫くも字義を思わば災として除かざるは無く、試みに円輪を観ぜば楽いとして与えざるは無き者なり。故に此の経[11]に云く、此の真言に由らば、設い無間の罪を作し、一切如来及び方広大乗の正法を謗り、一切の悪作すとも、尚、一切如来の印を成就することを得るは、金剛薩埵堅固の体に由るが故なり。現生に速疾に、楽いに随って一切の最勝成就を得、乃至、如来の最勝の悉地を獲得す、と。三密の結要は、諸経に無き所なり。五智の奥源は、唯、此の教に在り。金剛乗の大綱は、蓋し是の如きか。

伏して惟れば、我が仁寿皇帝[12]は、運は乾坤に合し、明は日月に均し。仏の付属を受け、聿（ここ）に大教を興す。曩（さき）の願を遺（わす）れず、終に真宗を弘む。今、賛述する所は、前聞に非ざるは無し。一義・一文も如し実際に契わば、伏して願わくは陛下を資け奉りて、徳は山河に同じく、算は劫石に斉しうせん。一句・一頌も儻し聖心に叶わば、復願わくは国界を守護して、普く無辺に福（さいわい）せん。

（1）百非を超え　この後の「四句を絶し」と共に、吉蔵が用いる語。「超百非」・「絶四句」だけでなく、「絶百非」・「離四句」、「超四句」というような表記も見られる。例えば、『三論玄義』（大正四五・六頁上）には、「若論二涅槃一、体絶二百非一、理超二四句一。」と記されている。四句は有・無・亦有亦無・非有非無の四を言う。

（2）莽鹵　鹵莽に同じ。粗雑・粗略の意。

（3）達磨駄都　dharma-dhātu の音写。法界。

（4）娑嚩　sarva の音写。一切。

（5）羅　ra の音写。塵垢 rajas の羅。密教では離塵垢とし、煩悩の除滅を言う。

（6）四種曼荼羅　大曼荼羅（図像）・三昧耶曼荼羅（持ち物等の標幟）・法曼荼羅（種子・梵字）・羯磨曼荼羅（仏像・立体）の四種。『理趣釈』巻上（大正一九・六一〇頁上）には、「若画二一一菩薩本形一、即成二大曼荼羅一。若画下本聖者所二執持一標幟上、即成二三昧耶曼荼羅一。如三前種子字各書二本位一、即名二法曼荼羅一。各鑄二本形一安二於本位一、即成二羯磨曼荼羅一。」とある。

（7）五種の枳攘拏　五智、すなわち法界体性智・大円鏡智・平等性智・妙観察智・成所作智のこと。枳攘拏は jñāna。

（8）四仏　金剛界の阿閦如来（東）・宝生如来（南）・阿弥陀如来（西）・不空成就如来（北）のこと。

（9）十六の開士　金剛界の十六大菩薩。

（10）内外の八供　内の四供養菩薩（嬉・鬘・歌・舞）と外の四供養菩薩（香・華・燈・塗香）のこと。

（11）此の経　『金剛頂経』巻下。大正一八・二二三頁上。

（12）仁寿皇帝　文徳天皇。仁寿は八五一～八五四年。

解説

この中に、「三密の結要は、諸経に無き所なり。」とあることは、円仁が三密行を極めて尊重したことと直接に繋がる。そして、そのことは、「何に況んや、一たび言声を発さば塵界悉く感じ、一指纔かに動かさば仏も亦、違わず。暫くも字義を思わば災として除かざるは無く、試みに円輪を観ぜば楽いとして与えざるは無き者なり。」という名言として示されているのである。

第三、玄　義

総　説

次判五義者、謂、釈経名、弁顕教体、弁宗与用、判教相也。

次に五義を判ずとは、謂く、経名を釈し、幷びに教体を顕すと、宗と用とを弁ずると、教相を判ずるとなり。

解説

以下、経名・教体・宗・用・教相という中国天台の五重玄義に依拠して論述することを記している。

（一）釈　名

①総名

初釈経名者、今於此経有二題目。初云金剛頂一切如来真実摂大乗現証大教王経巻第一。次云金剛界大曼荼羅広大儀軌品之一也。言金剛頂一切如来真実摂大乗現証大教王者、是総名也。言金剛界大曼荼羅等者、即別号也。就総名中、言金剛頂者、是十八会都名也。一切如来大教王等者、即十八会初会名為一切如来真実摂教王者也。故指帰云、金剛頂経瑜伽有十万偈、十八会。初会名一切如来真実摂教王、有四大品。一名金剛界、二名降三世、三名遍調伏、四名一切義成就。第二会名一切如来秘密主瑜伽、於色究竟天説、具四大品。第三会名一切教集瑜伽、於法界宮殿説。此経中説大曼荼羅五部、一一部中五曼荼羅。第四会名降三世金剛瑜伽、於須弥頂説。金剛蔵等八大菩薩、一一尊各説四種曼荼羅。第五会名世間出世間金剛瑜伽、於波羅奈国空界中、略説五仏曼荼羅、及諸菩薩・諸外金剛部曼荼羅。一一具四種也。第六会名大楽不空三昧耶真実瑜伽、於他化自在天宮説。此経中説普賢菩薩乃至外金剛部、説般若理趣。一一尊具説四種云云。第七会名普賢瑜伽、於普賢菩薩宮殿中説。此経中説普賢菩薩等乃至外金剛部、一一尊各説四種曼荼羅等。第八会名勝初瑜伽、於普賢宮殿説。普賢菩薩等乃至外金剛部、各各説四種曼荼羅等。第九会名一切仏集会拏吉尼戒網瑜伽、於真言宮殿説。此中説立自身為本尊瑜伽、訶身外立形像。瑜伽者、広説実相理、幷説五部根源、幷説瑜伽法等。又説四種曼荼羅等。第十会名大三昧耶瑜伽、於法界宮殿説。普賢等十六菩薩、各各説四種曼荼羅等。第十一会名大乗現証瑜伽、於阿伽尼吒天説。毘盧遮那仏乃至八供・四摂、出生同真実摂瑜伽。一一尊具四種等。第十二会名三昧耶最勝瑜伽、於空界菩提道場説。毘盧遮那等四部中上首菩薩、金剛峯(イ拳)等第八菩薩、及外金剛部、各各説四種等。第十三会名大三昧耶真実瑜伽、於金剛界曼荼羅道場説。金剛薩埵得十方一切仏請已、説普賢十七字真言等。第十四会名如来三昧耶真実瑜伽、此経中普賢菩薩十六大菩薩・四摂、成一身説四種曼荼羅等。第十五会名秘密集会瑜伽、於秘密処説。此中説教法・壇・印契・真言等、広説実相三摩地、諸菩薩各各説四種曼荼羅等。第十六会名無二平等瑜伽、於法界宮殿説。毘盧遮那仏、及諸菩薩幷外金剛部等、各各説四種曼荼羅等。第十七会名如虚空瑜伽、住実際宮殿説。毘盧遮那・普賢、及外金剛部、一一説四種曼荼羅等。第十八会名金剛宝冠瑜伽、於第四静慮天、為娑訶世界主説五部瑜伽曼荼羅、亦説四種曼荼羅等。具如彼説也。

初めに経名を釈すとは、今、此の経に於いて二の題目有り。初めに金剛頂一切如来真実摂大乗現証大教王経巻第一と云う。次に金剛界大曼荼羅広大儀軌品之一と云うなり。金剛頂一切如来真実摂大乗現証大教王と言うは、是れ総名なり。金剛界大曼荼羅等と言うは、即ち別号なり。総名の中に就いて、金剛頂と言うは、是れ十八会の都名なり。一切如来大教王等とは、即ち十八会の初会を名づけて一切如来真実摂教王と為す者なり。故に指帰(1)に云く、金剛頂経瑜伽に十万偈、十八会有り。初会を一切如来真実摂教王と名づけ、四大品有り。一を金剛界と名づけ、二を降三世と名づけ、三を遍調伏と名づけ、四を一切義成就と名づく。第二会を一切如来秘密主瑜伽と名づけ、色究竟天に於いて説き、四大品を具す。第三会を一切教集瑜伽と名づけ、法界宮殿に於いて説く。此の経中に大曼荼羅五部を説き、一一部中に五曼荼羅あり。第四会を降三世金剛瑜伽と名づけ、須弥頂に於いて説く。金剛蔵等の八大菩薩あって、一一の尊に各々四種曼荼羅を説く。第五会を世間出世間金剛瑜伽と名づけ、波羅奈国の空界の中に於いて、略して五仏の曼荼羅、及び諸菩薩・諸外金剛部曼荼羅を説く。一一に四種を具するなり。第六会を大楽不空三昧耶真実瑜伽と名づけ、他化自在天宮に於いて説く。此の経の中に普賢菩薩乃至外金剛部を説き、般若理趣を説く。一一の尊に具に四種を説く云云。第七会を普賢瑜伽と名づけ、普賢菩薩宮殿中に於いて説く。此の経の中に普賢菩薩等乃至外金剛部を説き、一一の尊に各々四種曼荼羅等を説く。第八会を勝初瑜伽と名づけ、普賢宮殿に於いて説く。普賢菩薩等乃至外金剛部、各各四種曼荼羅等を説く。第九会を一切仏集会拏吉尼戒網瑜伽と名づけ、真言宮殿に於いて説く。此の中に自身を立てて本尊の瑜伽と為し、身外に形像を立つることを訶するを説く。瑜伽とは、広く実相の理を説き、并びに五部の根源を説き、并びに瑜伽法等を説く。又、四種曼荼羅等を説く。第十会を大三昧耶瑜伽と名づけ、法界宮殿に於いて説く。普賢等の十六菩薩は、各各四種曼荼羅等を説く。第十一会を大乗現証瑜伽と名づけ、阿伽尼吒天に於いて説く。毘盧遮那仏乃至八供・四摂は、同じく真実摂瑜伽を出生す。一一の尊に四種等を具す。第十二会を三昧耶最勝瑜伽と名づけ、空界の菩提道場に於いて説く。毘盧遮那等の四部の中の上首の菩薩と、金剛峯（イ拳）等の第八（ママ）菩薩と、及び外金剛部は、各各四種等を説く。第十三会を大三昧耶真実瑜伽と名づけ、金剛界曼荼羅道場に於いて説く。金剛薩埵は十方一切仏の請を得已って、普賢の十七字真言等を説く。第十四会を如来三昧耶真実瑜伽と名づく。此の経中には普賢菩薩と十六大菩薩と四摂とが、一身と成って四種曼荼羅等を説く。第十五会を秘密集会瑜伽と名づけ、秘密処に於いて説く。此の中に教法・壇・印契・真言等を説き、広く実相三摩地を説き、諸菩薩は各各四種曼荼羅等を説く。第十六会を無二平等瑜伽と名づけ、法界宮殿に於いて説く。毘盧遮那仏、及び諸菩薩并びに外金剛部等は、各各四種曼荼羅等を説く。第十七会を如虚空瑜伽と名づけ、実際宮殿に住して説く。毘盧遮那と普賢、及び外金剛部は、一一に四種曼荼羅等を説く。第十八会を金剛宝冠瑜伽と名づけ、第四静慮天に於いて、娑訶世界主の為に五部瑜伽曼荼羅を説き、亦、四種曼荼羅等を説く、と。具には彼に説くが如し。

（1）指帰　『金剛頂経瑜伽十八会指帰』（『金剛頂瑜伽経十八会指帰』）。大正一八・二八四頁下〜。以下、十八会の説明まで略抄による引用。

解説
『十八会指帰』の記述に基づき、十八会を略説している。

②金剛

言金剛者、是堅固・利用二義、即喩名也。堅固以譬実相不思議、秘密之理常存不壊也。利用以喩如来智用摧破惑障顕証極理。又、極理従本具摧破用故云利用義。智用自体無有滅壊故為堅固義。又、世間金剛有三種義。一不可壊、二宝中之宝、三戦具中勝。即顕極理具三種義也。不可壊者、是実相中道過一切語言・心行、離諸過患不可変易。故雲阿闍梨示云、金剛者堅固義。以表一切如来法身堅固不壊、無生・無滅、無始・無終、堅固常存不壊也。宝中之宝者、是顕実相中道具恒沙万徳也。戦具中勝者、即表第一義空、一切煩悩無敵対者。此三即是阿字三義。此等三法非仏所作、及以非人天所作。法然道理、無始・無終、無生・無滅。故云金剛。故毘盧遮那経云、此真言相非一切諸仏所作。不令他作、亦不随喜。何以故。以是諸法法如是故。若諸如来出現、若諸如来不生、諸法法爾如是住。諸真言、真言法爾故。若入此門者、亦復如是。一切三惑等不能破壊。一切邪魔等不敢壊乱。住法本際、法然道故。如此一阿、余字亦然。故云金剛也。又、金剛有五種。一青色金剛、能除一切災障。二者黄色金剛、能昇空身軽。三者赤色金剛、能得出火。四者白色金剛、能得出水、亦能澄水。五者碧色金剛、能消諸毒。如是金剛各具二義、咸備功能。以譬如来五智利用、砕壊煩悩、満有情願。或云、七種金剛。五如前列、更加緑色、及以紫色以為七種。今謂、七種金剛何過五色。但今青・碧収彼且為五耳。釈論明、以金剛安亀甲上、以白羊角打之、金剛砕成微塵。若金剛譬如来智者、仏智豈不壊耶。然涅槃経云、夫喩不可全取。或取少分、或取多分。今且取世間金剛少分相似、以喩出世常存・不壊金剛耳。又如金剛不可壊、此経亦爾。不為外道・邪魔等之所阻壊。一切法中、極実法故。如金剛宝中之宝、此経亦爾。諸経法中、最為第一。三世如来髻中宝故。如金剛戦具中勝、此経亦爾。於諸教中而為殊勝。若学此教、不歴劫数、破煩悩賊早成仏故也。

金剛と言うは、是れ堅固・利用の二義、即ち喩の名なり。堅固は以て実相不思議、秘密の理の常存不壊なるに譬う。利用は以て如来の智用の惑障を摧破して極理を顕証するに喩う。又、極理は本従り摧破の用を具するが故に利用の義と云う。智用の自体は滅壊有ること無きが故に堅固の義と為す。又、世間の金剛に三種の義有り[1]。一には不可壊、二には宝中の宝、三には戦具中の勝なり。即ち極理に三種の義を具するを顕すなり。不可壊とは、是れ実相中道は一切の語言と心行とを過ぎ、諸々の過患を離れ変易す可からざればなり。故に雲阿闍梨[2]示して云く、金剛とは堅固の義なり。以て一切如来の法身は堅固にして不壊、無生・無滅、無始・無終、堅固にして常存不壊なるを表すなり、と。宝中の宝とは、是れ実相中道に恒沙の万徳を具するを顕すなり。戦具中の勝とは、即ち第一義空にして、一切煩悩の敵対する者無きを表す。此の三は即ち是れ阿字の三義[3]なり。此れ等の三法は仏の所作に非ず、及以人天の所作にも非ず。法然の道理にして、無始・無終、無生・無滅なり。故に金剛と云う。故に毘盧遮那経[4]に云く、此の真言の相は一切諸仏の所作に非ず。他をして作さしめず、亦、随喜せず。何を以ての故に。是の諸法は法として是の如くなるを以ての故に。若しは諸々の如来出現し、若しは諸々の如来生ぜざるも、諸法は法爾として是の如く住す。諸々の真言は、真言として法爾なるが故に、と。若し此の門に入らば、亦復是の如し。一切の三惑[5]等も破壊すること能わず。一切の邪魔等も敢て壊乱せず。法の本際、法然道に住するが故に。此の一阿の如く、余字も亦然り。故に金剛と云うなり。又、金剛には五種(6)有り。一には青色金剛、能く一切の災障を除く。二には黄色金剛、能く空に昇り身軽し。三には赤色金剛、能く火を出すことを得。四には白色金剛、能く水を出すことを得、亦能く水を澄ます。五には碧色金剛、能く諸々の毒を消す。是の如き金剛に各々二義を具し、咸く功能を備う。以て如来の五智の利用は、煩悩を砕壊して、有情の願を満ずるに譬う。或は云く、七種金剛なり、と。五は前列の如くして、更に緑色、及以（および）紫色を加えて以て七種と為す。今謂く、七種金剛は何ぞ五色に過ぎんや、と。但今は青と碧に彼を収めて且く五と為すのみ。釈論(7)には、金剛を以て亀甲の上に安じ、白羊角を以て之を打たば、金剛は砕けて微塵と成る、と明かす。若し金剛を如来の智に譬うれば、仏智豈に不壊ならんや。然れば涅槃経(8)に云く、夫れ喩は全取す可からず。或は少分を取り、或は多分を取れ、と。今且く、世間の金剛の少分相似たるを取って、以て出世の常存・不壊なるを金剛に喩うるのみ。又、金剛の不可壊なるが如く、此の経も亦爾り。外道・邪魔等の阻壊する所と為らず（イ等）。一切法の中の、極実の法なるが故に。金剛の宝中の宝なるが如く、此の経も亦爾り。諸々の経法の中、最も第一と為す。三世如来の髻中の宝なるが故に。金剛の戦具中の勝なるが如く、此の経も亦爾り。諸教中に於いて殊勝と為す。若し此の教を学せば、劫数を歴ず、煩悩の賊を破り早く成仏するが故なり。

（1）三種の義　『大日経義釈』巻一（続天全、密教1・五頁下）に、「金剛喩二（実相智一。）過二一切語言心行一、適無二所依一不レ示二諸法一。無二初中後一、不レ尽不レ壊、離二諸過罪一不レ可二変易一不レ可二破壊一。故名二金剛一。如下世間金剛宝有二三事一最勝上。一者、不可壊故。二者、宝中之上故。三者、戦具中勝故。此与二釈論三種金剛三昧中喩意一大同。」と見られる。釈論は『大智度論』巻四七（大正二五・四〇〇頁中下）。

（2）雲阿闍梨　海雲の『両部大法相承師資付法記』巻上。大正五一・七八四頁中。

（3）阿字の三義　『大日経義釈』巻五（続天全、密教1・一七九頁下）に、「阿字自有二三義一。謂二不生義・空義・有義一。」とある。

（4）毘盧遮那経　『大日経』巻二、入漫荼羅具縁真言品第二之余。大正一八・一〇頁上。

（5）三惑　全ての煩悩を言う。天台教学では見思・塵沙・無明の惑。

（6）五種　典拠未詳。宗密述、子璿治定『金剛般若経疏論纂要』（大正三三・一五五頁中）では、真諦の説として、青色・黄色・赤色・白色・空色・碧色の六種金剛を挙げている。

（7）釈論　『大智度論』巻三一（大正二五・二九〇頁中）に、「又不レ知下破二金剛一因縁上故以為二牢固一。若知下著二亀甲上一、以二山羊角一打破上、則知レ不二牢固一。」とある。

（8）涅槃経　『大般涅槃経』巻二七（南本、大正一二・七八二頁上。北本は巻二九、大正一二・五三七頁上）に、「善男子、凡所レ引喩不二必尽取一。或取二少分一、或取二多分一、或復全取。」と見出される。

解説

経典名の中の「金剛」の語について、『大日経義釈』に基づく、「不可壊」、「宝中の宝」、「戦具中の勝」という三義を基準にして論じている。加えて、金剛について青色・黄色・赤色・白色・碧色という五種を挙げ、更に譬喩としての金剛の意義に言及する。

③頂

所言頂者、是最勝義、亦、尊上義。謂、此金剛教、於諸大乗法中最勝無過上故、以頂名之。故雲阿闍梨釈云、金剛頂者、如人之身頂最為勝、此教於一切大乗法中最為尊上。故名金剛頂也。又、金剛頂者不是喩名。一切衆生心法界中、従本具足金剛堅固、最勝・最尊義。則於理体諸法与起故、法華云是法住法位。今正顕説此秘密理故云金剛頂也。

言う所の頂とは、是れ最勝の義、亦、尊上の義なり。謂く、此の金剛の教は、諸大乗法中に於いて最勝にして過上無きが故に、頂を以て之に名づく。故に雲阿闍梨の釈[1]に云く、金剛頂とは、人の身の如く、頂を最も勝と為す。此の教は一切大乗の法中に於いて最も尊上為り。故に金剛頂と名づくるなり、と。又、金剛頂とは是れ喩の名ならず。一切衆生の心法界中に、本従り金剛堅固、最勝・最尊の義を具足す。則ち理体に於いて諸法与に起こるが故に、法華[2]に是の法は法位に住すと云う。今正しく此の秘密の理を顕説するが故に金剛頂と云うなり。

（1）雲阿闍梨の釈　『両部大法相承師資付法記』巻上。大正五一・七八四頁中。

（2）法華　『法華経』方便品第二（大正九・九頁中）に、「是法住法位、世間相常住。」と見られる偈文の伝統的な訓み方。サンスクリット原典に従えば、「是法住法位」の箇所は、「是れ法の住、法の位にして」といった訓みになる。なお、「（五）教相③—Ⅱ—ⅱ　所説の教〔教証〕」の註（3）参照。

解説

金剛頂の「頂」を説明している。そして、金剛頂の義を一切衆生の心法界において論じ、更に『法華経』方便品の要文を引証する。

④一切如来

言一切如来者、謂、毘盧遮那如来也。内曼拏羅三十七尊、及八十一聖者、十方三世、尽虚空遍法界、微塵刹海一切如来身以為其体。故亦能出生甚深秘密百千万億修多羅蔵。皆是毘盧遮那如来性海功徳。亦能出生華蔵荘厳世界海有情世間、及器世間。皆是毘盧遮那如来体性周遍故。一身充遍一切刹故名一切如来。又、一切如来者、謂、五如来。毘盧遮那仏・阿閦仏・宝生仏・阿弥陀仏・不空成就仏。此五如来摂一切仏故。又、三世十方一切諸仏、是為一切如来。以一切言遍該摂故也。

一切如来と言うは、謂く、毘盧遮那如来なり。内曼拏羅三十七尊[1]と、及び八十一聖[2]とは、十方三世、尽虚空遍法界、微塵刹海の一切如来身以て其の体と為す。故に亦能く甚深秘密百千万億の修多羅蔵を出生す。皆是れ毘盧遮那如来の性海の功徳なり。亦能く華蔵荘厳世界海の有情世間[3]、及び器世間を出生す。皆是れ毘盧遮那如来の体性周遍するが故に。一身が一切刹に充遍するが故に一切如来と名づく。又、一切如来とは、謂く、五如来なり。毘盧遮那仏・阿閦仏・宝生仏・阿弥陀仏・不空成就仏なり。此の五如来は一切仏を摂するが故に。又、三世十方の一切諸仏、是れを一切如来と為す。一切の言を以て遍く該摂するが故なり。

(1) 三十七尊　金剛界曼荼羅の主要諸尊。最澄が「三十七尊様一巻」を将来したことが『越州録』(仏全二・一〇頁上)に記されている。

(2) 八十一聖者　三十七尊に更に四十四尊を加えたもので、金剛界八十一尊曼荼羅として現存する。特に円仁の将来に基づく曼荼羅は台密系の曼荼羅として知られている。

（3）有情世間　三世間（三種世間）の一で、衆生世間の新訳であり、しばしば器世間と並記される。

解説

一切如来とは三世十方の一切諸仏であると同時に、それらが毘盧遮那如来に他ならないことを述べている。更に、金剛界の三十七尊や八十一尊、或いはその中の五仏が一切如来と言いうることを説いている。

⑤真実

言真実者、非是随機誘引之言。専是一切如来随自意語故云真実也。

真実と言うは、是れ随機誘引の言に非ず。専ら是れ一切如来の随自意語なるが故に真実と云うなり。

解説

「真実」の語を説明して、如来の随自意語であるからとしている。このことは、後述するように、本書の最重要教義である一大円教論と密接に関係する。

⑥摂大乗現証

摂大乗現証者、収摂也。為摂七大故名大乗頓証。故為現証也。大乗者、理趣釈云、大乗有七義。一者法大、二者心大、三者勝解大、四者意楽大、五者資糧大、六者時大、七者究竟大。善戒経有七大。一法大。謂、十二部毘仏略也。二心大。謂、求於菩提也。三解大。謂、解菩薩蔵也。四浄大。謂、見道浄心也。五荘厳大。福徳智慧也。六時大。謂、三阿僧祇行也。七具足大。謂、以相好自厳、得菩提也。六是因大。一[イ七]是果大。大因・大果、合為大乗也。一行阿闍梨云、略有七義。故名大乗。一者以法大故。謂、諸仏広大甚深秘密之蔵、毘盧遮那遍一切処大人所乗。二者発心大故。謂、一向志求平等大恵、起無尽悲願、誓当普授法界衆生。三者信解大故。謂、初見心明道時、具足無量功徳、能遍至恒〔河〕沙仏刹、以大事因縁、成就衆生。四者以性大故。謂、自性清浄心金剛宝蔵無有欠減、一切衆生等共有之。五者依止大故。謂、如是妙乗即法界衆生大依止処。猶如百川趣海、草木依地而生。六者以時大故。謂、寿量長遠出過三時、獅子奮迅、秘密神通之用未曾休息。七者以智大故。謂、諸法無辺故等虚空心、自然妙慧亦復無辺。窮実相源底、譬如函蓋相称。以如是七因縁故、於諸大乗法門、猶如醍醐淳味第一。故云最勝大乗。又名進趣也。義意、准知。今於大乗有二種。一者顕示大乗、二者最勝金剛秘密乗。故金剛経云、為発大乗者説、為発最上乗者説。智論亦云、仏法有二種。一秘密、二顕示。而今此経、是最上金剛秘密乗。修瑜伽者、以大乗普賢金剛欲箭三摩地、破彼無明住地二障種現、及二乗種、摧砕無余、不歴多劫証大日毘盧遮那位。故云現証也。諸最上乗頓証之旨、無不摂属此経。故云摂大乗現証也。

摂大乗現証とは、収摂なり。七大を摂せんが為の故に大乗頓証と名づく。故に現証と為すなり。大乗とは、理趣釈(1)に云く、大乗に七義有り。一には法大、二には心大、三には勝解大、四には意楽大、五には資糧大、六には時大、七には究竟大、と。善戒経(2)に七大有り。一には法大。謂く、十二部の毘仏略(3)なり。二には心大。謂く、菩提を求むるなり。三には解大。謂、菩薩蔵を解するなり。四には浄大。謂く、見道の浄心なり。五には荘厳大。福徳智慧なり。六には時大。謂く、三阿僧祇の行なり。七には具足大。謂く、相好を以て自ら厳り、菩提を得るなり。六は是れ因大、一[イ七]は是れ果大なり。大因・大果、合わせて大乗と為すなり、と。一行阿闍梨(4)云く、略して七義有り。故に大乗と名づく。一には法大を以ての故に。謂く、諸仏の広大甚深の秘密の蔵は、毘盧遮那遍一切処の大人の所乗なり。二には発心大なるが故に。謂く、一向に平等の大恵を志求し、無尽の悲願を起こして、当に普く法界の衆生に授くべしと誓う。三には信解大なるが故に。謂く、初めて心の明道を見る時、無量の功徳を具足し、能く遍く恒〔河〕沙の仏刹に至って、大事の因縁を以て、衆生を成就す。四には性大なるを以ての故に。謂く、自性清浄心の金剛宝蔵は欠減有ること無く、一切衆生等しく共に之有り。五には依止大なるが故に。謂く、是の如き妙乗は即ち法界の衆生の大依止処なり。猶、百川の海に趣き、草木の地に依って生ずるが如し。六には時大を以ての故に。謂く、寿量長遠にして三時を出過し、獅子奮迅、秘密神通の用は未だ曾て休息せず。七には智大なるを以ての故に。謂く、諸法無辺なるが故に虚空に等しき心、自然の妙慧も亦復無辺なり。実相の源底を窮むること、譬えば函蓋相称うが如し。是の如き七因縁を以ての故に、諸々の大乗法門に於いて、猶、醍醐の淳味第一なるが如し。故に最勝大乗と云う。又、進趣と名づくるなり、と。義の意、准知せよ。今、大乗に於いて二種有り。一には顕示大乗、二には最勝金剛秘密乗なり。故に金剛経(5)に云く、大乗を発す者の為に説き、最上乗を発す者の為に説く、と。智論(6)に亦云く、仏法に二種有り。一には秘密、二には顕示、と。而して今此の経は、是れ最上金剛秘密乗なり。瑜伽を修する者は、大乗の普賢金剛の欲箭三摩地を以て、彼の無明住地の二障の種現と、及び二乗の種を破し、摧砕すること余無く、多劫を歴ずして大日毘盧遮那の位を証す。故に現証と云うなり。諸々の最上乗の頓証の旨は、此の経に摂属せざるは無し。故に摂大乗現証と云うなり。

（1）理趣釈　『大楽金剛不空真実三昧耶経般若波羅蜜多理趣釈』巻上。大正一九・六〇九頁中。
（2）善戒経　『菩薩善戒経』巻七（大正三〇・九九九頁下～一〇〇〇頁上）の略抄文。但し、ここでの引用は、『法華文句』巻二下（大正三四・二七頁中）の孫引き。
（3）毘仏略　vaipulya 方広の意。毘仏略を含め、十二部経については、後に詳述される。
（4）一行阿闍梨　『大日経義釈』巻二。続天全、密教1・三五頁下。引用の最後に「又名二進趣一也。」と記されるのは、原文では、「乗名二進趣一、句名二止息之処一。故云二大乗句一也。」となっている。
（5）金剛経　『金剛般若波羅蜜経』。大正八・七五〇頁下。
（6）智論　『大智度論』巻四（大正二五・八四頁下）に、「仏法有二二種一。一秘密、二現（イ顕）示。」と見られる。円仁は『大智度論』が龍樹造とされることからそこに密教義を読み込んだのである。また、『大智度論』巻六五（五一七頁上）には、「諸仏事有二二種一。一者密、二者現。」と見出され、当該箇所の記述は天台教学でも尊重されている。そのことについては、「天台密教の顕密説」〔本書所収〕参照。

解説

「摂大乗現証」の中の、特に「大乗」の語について諸文献を引用して解説している。また、『大智度論』に見られる秘密の語を密教に引き寄せて解釈していることが注目されるが、その解説は後に安然によってなされることになる。

⑦大教王

大教王者、或諸大乗経雖説成仏義、而経歴劫数、或得、或不得。或大乗経雖明現証、但理無事。或大乗経雖粗明真言・印契等、而支分不具、未尽仏意。今此経具説五部・三密・五智・成仏等、事理具足尽仏本意故云大教王也。

大教王とは、或は諸大乗経に成仏の義を説くと雖も、而も劫数を経歴して、或は得、或は得ず。或は大乗経に現証を明かすと雖も、但理のみにして事無し。或は大乗経に粗（ほぼ）真言・印契等を明かすと雖も、而も支分具わらざれば、未だ仏意を尽くさず。今此の経には具に五部(1)・三密・五智・成仏等を説き、事理具足して仏の本意を尽くすが故に大教王と云うなり。

（1）五部　金剛界の区別。仏部（大日）・金剛部（阿閦）・宝部（宝生）・蓮華部（無量寿）・羯磨部（不空成就）を言う。

解説

大教王を説明して、諸大乗経と異なり、理だけでなく事も具わっていること、すなわち事理具足の義を宣揚している。

⑧経

経者梵云素怛覧二合。先古聖人而有多釈。或言無翻。含五義故。五義、謂、法本・徴（微カ）発・涌泉・縄墨・結鬘云云。或言有翻。亦為五。謂、一翻為経。経為由義。由聖人心口故。今亦随而釈之、謂、教由・行由・理由也。二翻為契。契縁、契事、契義也。三翻法本。即教・行・理本也。四翻綖。綖貫持教・行・理令不零落也。五翻善語教。亦是善行教、亦是善理教也。今正用経、於多含義強。含三法本・三徴（微カ）発・三涌泉・諸縄墨・結鬘等義。亦含契・綖・善語教、訓法、訓常等、無不摂在経一字中。余句亦如是。諸大小乗教皆以経為通名。従此義故云経。賁法師云、経者連綴・摂持也。通法師云、今直釈経為常為法。常則道軌百王、法乃徳模千葉。僧肇曰、古今雖殊、覚道不改、群邪不能阻、衆聖不能異。故云常也。

経とは梵には素怛覧二合と云う。先古の聖人に多釈有り。或は無翻[1]と言う。五義を含むが故に。五義とは、謂く、法本・微発・涌泉・縄墨・結鬘なり、と云云。或は有翻[2]と言う。亦、五と為す。謂く、一には翻じて経と為す。経は由の義[3]と為す。聖人の心口に由るが故に。今亦随って之を釈せば、謂く、教由・行由・理由なり。二には翻じて契と為す。縁に契い、事に契い、義に契うなり。三には法本と翻ず。即ち教・行・理の本なり。四には綖と翻ず。綖は教・行・理を貫持して零落せざらしむるなり。五には善語教と翻ず。亦是れ善行教、亦是れ善理教なり、と。今正しく[4]経を用いるに、多含に於いて義強し。三の法本[5]・三の微発・三の涌泉・諸縄墨・結鬘等の義を含む。亦、契・綖・善語教、法に訓じ、常に訓ずる等を含み、経の一字の中に摂在せざること無し。余句も亦是の如し。諸々の大小乗の教は皆経を以て通名と為す。此の義に従うが故に経と云う。賁法師[6]云く、経とは連綴・摂持なり、と。通法師[7]云く、今直ちに経を釈するに常と為し法と為す。常は則ち道にして百王に軌し、法は乃ち徳にして千葉に模す、と。僧肇[8]曰く、古今殊りと雖も、覚道は改まらず、群邪も阻むこと能わず、衆聖も異とすること能わず。故に常と云うなり、と。

（1）無翻　『法華玄義』巻八上（大正三三・七七五頁上）では、「既不レ可レ翻而含二五義一。一法本、亦云二出生一。二

云二微発一、亦云二顕示一。三云二涌泉一。四云二縄墨一。五云二結鬘一。今秖作二五義一不レ可レ翻。今於二一中一作レ三。三五十五義。一教本、二行本、三義本。」と記し、更にその五義を詳述している。

（2）有翻　『法華玄義』巻八上（大正三三・七七六頁上中）の略抄。

（3）経は由の義　『法華玄義』巻八上（大正三三・七七六頁上）では「経由為レ義（経由を義と為す）」となっている。

（4）今正しく　「皆経を以て通名と為す。」まで、『法華玄義』巻八上（大正三三・七七六頁下）の文章。

（5）三の法本　三というのは、註（1）に示したように、教・行・義を指す。

（6）賁法師　良賁述『仁王護国般若波羅蜜多経疏』巻上一。大正三三・四二九頁中。

（7）通法師　基（窺基）の『法華玄賛』巻一本（大正三四・六五一頁上）に、「経者為レ常為レ法。是摂是貫。常則道軌二百王一、法乃徳摸二千葉一。摂則集二斯妙理一、貫又御二彼庸生一、庶令下畢離二苦津一終登中覚岸上。」とある。なお、通法師の説は、その他五箇所（大正六一・二〇頁下、二一頁中、二三頁下、二六頁上、七〇頁下）に見られるが、一箇所（二〇頁下）を除き、基の説と見ることは困難であり、検討を要する。

（8）僧肇　『注維摩詰経』巻一。大正三八・三二七頁下。

解説

ここでは「経」を説明して、良賁・基（窺基）・僧肇の説も紹介しているが、中心となるのは、素怛覧（sūtra）について無翻とする説と有翻とする説を掲げた上で、「今正しく」と自説を記していることである。但し、その三種は、実は智顗の『法華玄義』に見られる記述を活用したものである。この箇所だけでなく、円仁が智顗の文献をそうと言わずに依用していることには十分注意する必要がある。自家の教説としてそういった引用をしたと考えられるが、そのことが認識されていないと円仁の円密一致観は理解できない。

⑨第一

言第者次第。一者数初。此経一部総有三軸。此巻居初。故云第一。

第と言うは次第なり。一とは数の初なり。此の経一部は総じて三軸有り。此の巻は初に居す。故に第一と云う。

解説

経題の「第一」という語が、全三巻のうちの第一巻（上巻）であることを述べている。

⑩金剛界大曼荼羅広大儀軌品之一

次言金剛界大曼荼羅広大儀軌品之一者、指帰云、初会一切如来真実摂教王有四大品。一名金剛界、二名降三世、三名遍調伏、四名一切義成就、表四智印。於初品中有六曼荼羅。所謂、金剛界大曼荼羅。幷説毘盧遮那仏受用身、以五相現成等正覚。第二説陀羅尼曼荼羅。具三十七尊。此中聖衆皆住波羅蜜形、広説入曼荼羅儀軌、為弟子受四種眼、説敬愛・鉤召・降伏・息災等儀軌。第三説微細金剛曼荼羅。亦具三十七聖衆。於金剛杵中尽各持定印。広説入曼荼羅儀軌、為弟子令心堪任、令心調柔、令心自在。説微細金剛三摩地、修四静慮法、修四無量心、及三解脱門。第四説一切如来広大供養羯磨曼荼羅。亦具三十七。彼中聖衆各持本標幟供養而住。広説入曼荼羅法。為弟子説受十六大供養法、説四種秘密供養法。第五説四印曼荼羅法。為弟子受四種速成就法。以此曼荼羅求悉地成就像。如上四曼荼羅中所求悉地、於此像前求成就。第六説一印曼荼羅。若持毘盧遮那真言、及金剛薩埵菩薩、具十七尊。余皆具十三。亦説入曼荼羅儀。与弟子受先行法、修集本尊三摩地。

然今此経於四大品、是初大品故云金剛界。言金剛者、如前所釈。所言界者、名為性分。種類之義。謂、諸有情身中五智如来之性。有此性故有修習是秘密教者、必得開顕曼荼羅海会。是故雲阿闍梨釈云、界者性也。明一切如来金剛性遍一切有情身中、本来具足円満普賢・毘盧遮那大用、自性身海性功徳故也。又、性是実性。実性即是理性。極実無過。即仏性異名。即毘盧遮那法身如来之性。具此理故一切有情悉当顕得秘密三身。理必有覚。猶如金宝必有光明。又、性名不改。是如来性、雖随逐煩悩経歴生死、而其性不改。引発衆生的到仏果。如金剛宝必至輪際而得停住。依此等義故云界也。

言大曼荼羅者、六種曼荼羅中、挙初兼余。故云大曼荼羅。又、此初会曼荼羅為余会本。故云大曼荼羅也。

言広大儀軌者、該摂諸会秘密軌儀（ママ）故云広也。是諸如来内証秘法故云大也。儀謂儀式、軌謂軌範。即是一切如来秘密頓証之儀式、普度群生之軌範故云儀軌。

所言品者類也。品類区別故。

一冠首章。数之極者。於此儀軌品総有三品。此品居初故云之一也。

次に金剛界大曼荼羅広大儀軌品之一と言うは、指帰[1]に云く、初会の一切如来真実摂教王に四大品有り。一には金剛界と名づけ、二には降三世と名づけ、三には遍調伏と名づけ、四には一切義成就と名づけ、四智印[2]を表す。初品中に於いて六曼荼羅有り。所謂、金剛界大曼荼羅なり。幷びに毘盧遮那仏の受用身を説き、五相[3]を以て現に等正覚を成ず。第二に陀羅尼曼荼羅を説く。三十七尊を具す。此の中の聖衆は皆、波羅蜜形に住し、広く入曼荼羅の儀軌を説き、弟子の為に四種眼(4)を受け、敬愛・鉤召・降伏・息災等の儀軌を説く。第三に微細金剛曼荼羅を説く。亦、三十七聖衆を具す。金剛杵中に於いて尽く各々定印を持す。広く入曼荼羅の儀軌を説き、弟子の為に心をして堪任せしめ、心をして調柔ならしめ、心をして自在ならしむ。微細金剛の三摩地を説き、四静慮(5)の法を修せしめ、四無量心、及び三解脱門を修せしむ。第四に一切如来の広大供養羯磨曼荼羅を説く。亦、三十七を具す。彼の中の聖衆は各々本標幟を持し供養して住す。広く入曼荼羅の法を説く。弟子の為に十六大供養法を受けんことを説き、四種の秘密供養法を説く。第五に四印曼荼羅の法を説く。弟子の為に四種の速成就の法を受く。此の曼荼羅を以て悉地成就の像を求む。上の如き四曼荼羅中に求める所の悉地は、此の像の前に於いて成就を求む。第六に一印曼荼羅を説く。若し毘盧遮那の真言、及び金剛薩埵菩薩を持せば、十七尊(6)を具す。余は皆、十三を具す。亦、入曼荼羅の儀を説く。弟子の与に先行の法を受け、本尊の三摩地を修集せしむ、と。

然れば今此の経は四大品に於いて、是れは初めの大品なるが故に金剛界と云う。金剛と言うは、前の所釈の如し。言う所の界とは、名づけて性分(7)と為す。種類の義なり。謂く、諸々の有情の身中の五智如来の性なり。此の性有るが故に是の秘密教を修習すること有らば、必ず曼荼羅海会を開顕することを得。是の故に雲阿闍梨の釈(8)に云く、界とは性なり。一切如来の金剛性は、一切有情身中に遍くして、本来、普賢・毘盧遮那の大用、自性身海の性功徳を具足し円満することを明すが故なり、と。又、性とは(9)是れ実性なり。実性は即ち是れ理性なり。実を極むるに過無し。即ち仏性の異名なり。即ち毘盧遮那法身如来の性なり。此の理を具するが故に一切有情悉く当に秘密の三身を顕得すべし。理には必ず覚有り。猶、金宝に必ず光明有るが如し。又、性は不改に名づく。是れ如来の性は、煩悩に随逐し生死を経歴すと雖も、而も其の性は不改なり。衆生を引発して的しく仏果に到らしむ。金剛宝の必ず輪際に至って停住することを得るが如し。此れ等の義に依るが故に界と云うなり。

大曼荼羅と言うは、六種曼荼羅の中、初を挙げて余を兼ねるなり。故に大曼荼羅と云う。又、此の初会の曼荼羅を余会の本と為す。故に大曼荼羅と云うなり。

広大儀軌と言うは、諸会の秘密軌儀（ママ）を該摂するが故に広と云うなり。是れ諸々の如来の内証秘法の故に大と云うなり。儀とは謂く儀式、軌とは謂く軌範なり。即ち是れ一切如来秘密頓証の儀式にして、普く群生を度するの軌範なるが故に儀軌と云う。

言う所の品とは類なり。品類区別するが故に。

一は首章に冠す。数の極なる者なり。此の儀軌品に於いて総じて三品有り。此の品は初に居するが故に之一と云うなり。

（1）指帰　『十八会指帰』。大正一八・二八四頁下～。
（2）四智印　大智印・三昧耶智印・法智印・羯磨智印のこと。『十八会指帰』（大正一八・二八六頁中）では、大印・三昧耶印・法印・羯磨印の四印を挙げている。
（3）五相　ここでは、「五相者、所謂通達本心・修菩提心・成金剛心・証金剛身・仏身円満。此則五智通達。」と説明される。
（4）四種眼　『都部陀羅尼目』（大正一八・八九九頁上）では、法眼・熾盛眼・忿怒眼・慈〔悲〕眼という四種眼を挙げ、それぞれを敬愛〔法〕・鉤召・「降伏心、殺㆓害煩悩㆒」・「除㆑毒、息㆓怨〔敵〕㆒」としている。
（5）四静慮　色界の四禅。

（6）この十七尊や同所に記される十三の語は、一印会を考える上での問題点となる。
（7）性分　『摩訶止観』巻五上（大正四六・五一頁下）に、「界名二界別一。亦名二性分一。」と見られる。
（8）雲阿闍梨の釈　『両部大法相承師資付法記』巻上。大正五一・七八四頁中。
（9）性とは　「性とは」以下、「仏性の異名なり。」まで『摩訶止観』巻五上（大正四六・五三頁上）の記述。

解説

三巻本の『金剛頂経』（『金剛頂一切如来真実摂大乗現証大教王経』）は『金剛頂経』の最初の一部分とされる。すなわち、四大品の中、金剛界品の大曼荼羅分であり、ここでは巻三の「大曼荼羅広大儀軌品之三」までのうち、巻一の「金剛界大曼荼羅広大儀軌品之一」という品題について論じている。

（二）経　体

大要

次正明経体者、為二。謂、総体・別体。

次に正しく経体を明かすとは、二と為す。謂く、総体と別体となり。

解説

経体を総体・別体の二つに分ける。

①総体

初総体者、是即本有阿字、一部之指帰、衆義之都会也。故大毘盧遮那経第二云、云何真言教法。謂、阿字門。又云、是中一切真言之心、汝当諦聴。所謂阿字門。念此一切真言心、最為無上。是一切真言所住。於此真言而得決定。一行阿闍梨云、阿字是一切諸法教之本。凡最初開口之音、皆有阿声。若離阿声、則無一切言説。故為一切衆声之母。凡三界語言、皆依於名、而名依於字。故悉曇阿字亦為衆字之母。当知、(阿脱カ)字門真実義、亦復如是。遍於一切法義之中也。所以者何、以一切法無不従衆縁生。従縁生者、悉皆有始有本。今観此能生之縁、亦復従衆因縁生。展転従縁。誰為其本。如是観察時、則知本不生際。是万法之本。猶如聞一切語言時、即是聞阿声。如是見一切法生、即是見本不生際。若見本不生際、即是如実知自心。如実即(ママ)知自心、是一切智智。故毘盧遮那、唯以此一字為真言也。而世間凡夫不観諸法本源故、妄謂有生。所以随生死流不能自出。如彼無智画師、自運衆綵、作可畏夜叉之形、成已自観之心生怖畏頓躃于地。衆生亦復如是。自運諸法本源、画作三界、而自没其中、身心熾燃備受諸苦。如来有智画師既知已、即能自在成立大悲曼荼羅。由是而言、所謂甚深秘密蔵者、衆生自秘之耳。非仏有隠也。

初めに総体とは、是れ即ち本有の阿字は、一部の指帰[1]にして、衆義の都会なり。故に大毘盧遮那経第二[2]に云く、云何が真言教法なるや。謂く、阿字門なり、と。又云く[3]、是の中の一切真言の心は、汝当に諦かに聴くべし。所謂阿字門なり。此の一切真言の心を念ずるを、最も無上と為す。是れ一切真言の所住なり。此の真言に於いて而も決定することを得、と。一行阿闍梨云く[4]、阿字は是れ一切諸法教の本なり。凡そ最初に口を開くの音に、皆、阿の声有り。若し阿の声を離るれば、則ち一切の言説無し。故に一切衆声の母と為す。凡そ三界の語言は、皆、名に依り、而して名は字に依る。故に悉曇の阿字も亦、衆字の母と為す。当に知るべし、（阿脱カ）字門真実の義も、亦復是の如し。一切法義の中に遍ずるなり。所以何んとなれば、一切の法は衆縁従り生ぜざること無きを以てなり。縁従り生ずる者は、悉く皆、始有り本有り。今、此の能生の縁を観ずるに、亦復、衆因縁従り生ず。展転して縁に従う。誰をか其の本と為ん。是の如く観察する時、則ち本不生際を知る。是れ万法の本なり。猶、一切の語言を聞く時、即ち是れ阿の声を聞くが如し。是の如く一切法が生ずるを見るは、即ち是れ本不生際を見る。若し本不生際を見れば、即ち是れ実の如く自心を知る。実の如く自心を知るは[5]、即ち是れ一切智智なり。故に毘盧遮那は、唯、此の一字を以て真言と為すなり。而も世間の凡夫は諸法の本源を観ぜざるが故に、妄りに生有りと謂う。所以に生死の流に随って自ら出ずること能わず。彼の無智なる画師の、自ら衆綵を運びて、畏る可き夜叉の形を作し、成し已って自ら之を観て心に怖畏を生じて頓に地に躃するが如し。衆生も亦復是の如し。自ら諸法の本源を運んで、三界を画作し、而して自ら其の中に没し、身心熾燃にして備に諸苦を受く。如来有智の画師は既に知り已って、即ち能く自在に大悲曼荼羅を成立す。是に由って言わば、所謂甚深秘密蔵とは、衆生自ら之を秘するのみ。仏に隠有るには非ざるなり、と。

（1）一部の指帰　『法華玄義』巻八上（大正三三・七七九頁上）に、「体者、一部之指帰、衆義之都会也。」と見られる。

（2）大毘盧遮那経第二　『大日経』巻二、入漫荼羅具縁真言品第二之余。大正一八・一〇頁上。

（3）又云く　『大日経』巻二、普通真言蔵品第四。大正一八・一七頁中。

（4）一行阿闍梨　『大日経義釈』巻五。続天全、密教1・一八五頁下～一八六頁上。引用は、総体の終わりまで。

（5）実の如く自心を知るは　「如実即知自心、是一切智智。」となっているが、『大日経義釈』の原文により、「如実知自心、即是一切智智。」と改めて訓んだ。

解説

金剛界の大日如来の種子は鑁（vaṃ）であるが、円仁はそのことに言及しない。そして、経体の総体として挙げるのは『大日経』及び『大日経義釈』に依拠する阿（a）字の義である。ここにも本書の特色が見られ、『大日経義釈』を尊重する台密の基盤が確立されている。

②別体

次明別体者、謂、約諸字各明経体。故毘盧遮那経云、諸如来加持力、随順衆生、如其種類開示真言教法。謂、阿字・迦字・佉字等一一声・名等、皆是入法界之門。入実門多故名為別。雖総・別異、其体不殊。言諸字者、阿上・阿引・伊上・伊去・塢・汚・哩・哩引・呂・嚧・噎・愛・汚・奥・闇・悪、及迦・佉等三十四字、乃至二合・三合等字也。聞此等時、各各得契本極之理。故為経体。云何阿・伊等、謂、阿上字門、一切諸法本不生故。阿引字門、一切法寂静故。伊上字門、一切法、根不可得故。伊去字門、災禍不可得故。乃至、闇字門、一切法、辺際不可得故。悪字門、一切法、遠離不可得故。具如金剛頂釈字母品。一一字門無不得入本不生際。至論経体、応遍一切随方諸趣名言。但以如来出世之迹始于天竺、且約梵文作一途明義耳。故彼経第二亦云、成等正覚出興于世、而自此法説種種道、随種種楽欲・種種諸衆生心、以種種句・種種文・種種随方語言・種種諸趣音声、而以加持説真言道也。若且約仏世・滅後明経者、如仏在世、金口演説。但有音声詮弁、聴者得道。故以声為経。故大品般若云、従善知識所聞也。若仏去世、紙墨伝持、応用色為経。故大品亦云、従経巻中聞。若意識利者内自思惟、心与法合。不由他教、亦非紙墨、但、心暁悟。即法為経。故云、修我法者、証乃自知。是通仏世、乃(及カ)滅後也。若約土弁者、於此国土耳識利者、能於声塵分別取悟。則声是其経。於余非経。若意識利者、自能研心思惟取決。法是其経。若眼識利者、文字詮量而得道理。色是其経。此方用三塵而已。余三識鈍也。若他土不定、亦用六塵、亦偏用一塵。或有国土。以天衣触身即得道。或見仏光明得道。或寂滅無言観心得道。如衆香土以香為仏事。若約極理弁経体者、五陰・十二入・十八界等、本是法界体、自是経。非根性取方乃是経。故金剛頂字母品等云、一切諸法本不出。言本不出者、即極理也。華厳経云、三界唯心。大般若経云、一切諸法皆如也。若約三性、声・名・句・文是属依他、字義等即真実性也。

問。若声字等、是依他者、即生滅法。何故以為阿字本不生。

答。依他生滅者、是浅略義。今随深秘釈故云阿字本不生。

問。如何阿字本不生。

答。阿字非是仏、及天人之所作。是法然道故云本不生。故毘盧遮那経云、此真言相非一切諸仏所作。不令他作、亦不随喜。乃至云、諸法法爾如是住。謂、諸真言真言法爾故。

問。天竺梵字、是劫初時、梵王所作。西域記云、梵王所製、原始垂則、三十七(ママ)言。寓物合成、随事転用、流演支派。以此准之、既有原初。如何今云阿字是法然道耶。

答。随法然道梵王製書。故云梵王所製。不是彼天自所製作。故華厳云、一微塵中有三千大千世界経巻。又、堅意宝性論云、有一大経巻。如三千大千世界大、記大千界事、如中、如小・四天下・三界等大者、皆記其事、在一微塵中。

一塵既然、一切塵亦爾。一人出世以浄天眼見此大巻而作是念。云何大経在微塵内而不饒益一切衆生。即以方便破出此経以益於他。如来無礙智慧経巻具在衆生身中、顚倒覆之不信不見。仏教衆生修八聖道破一切虚妄、見己智慧与如来等。此即法然道理経巻也。文字既爾。声・名・句等亦是不生。何以故。以彼不離文字性故。故常人云、名詮自性、句詮差別。文即是字為二所依。声亦不離名・句等法故、倶本際不生之法也。

問。小乗有部云声是有漏。何故今云本際不生法。

答。彼随世間安立浅略。是随他法。今依如来随自意法、安立極理故云不生。

問。就大乗宗、亦以如来説法声・名・句等之法雖為無漏、猶是有為。何故今以為無為法。不生是即無為義故。

答。若随浅略大乗之義、応如所言。今但安立如来自意故云無為。

問。如今、現見、或起、或滅、已為四相之所為作。何称無為。

答。似起、似滅、非実起滅。故云無為。

問。不生是不滅。若声・名等、以為不生、即同外道立声是常。

答。諸外道等約遍計所執妄分別法、以為常等。今依法性法界縁起、安立如来内証境界故、不可同諸外道也。

問。諸顕教等、以声・名等倶為経体。亦以唯心、及真如理同為経体。与今秘教有何等異。

答。諸顕教等、雖説声等以為経体、所明字等非法然道。更亦雖明摂境、従心、唯識為体、摂相、帰性、真如為体、境・心不融、相・体隔別。与今経体不可同論。何者、彼但随世間浅略義明声等故。若同今経法然者、応立字等依他之法不生・不滅。若不爾者、相違諸法本不生義。亦非法然。又、彼只依境・心被量知故為唯心。不是色等今為慮知。今義不爾。色体全心、心体全色。若同今者、応立非情有仏性義。若不立者、境・心不融。良有以也。又復、彼只取相不離真如以為摂相帰性。不是相全為如体。今義不然。相法全如、如体全相。若共今者、応立真如随縁之義。若不立者、何免相・体隔別之失。

次に別体を明かすとは、謂く、諸字に約して各々経体を明かすなり。故に毘盧遮那経(1)に云く、諸如来は加持力もて、衆生に随順して、其の種類の如く真言教法を開示す、と。謂く、阿字・迦字・佉字等の一一の声・名等は、皆是れ入法界の門なり。実に入るの門多きが故に名づけて別と為す。総・別異なりと雖も、其の体は殊ならず。諸字と言うは、阿上・阿引・伊上・伊去・塢・汚・哩・哩引・呂・嚧・噎・愛・汚・奥・闇・悪、及び迦・佉等の三十四字(2)、乃至二合・三合等の字なり。此れ等を聞く時に、各各本極の理に契うことを得。故に経体と為す。云何が阿・伊等とならば、謂く、阿上字門、一切諸法本不生の故に。阿引字門、一切法寂静の故に。伊上字門、一切法、根不可得の故に。伊去字門、災禍不可得の故に。乃至、闇字門、一切法、辺際不可得の故に。悪字門、一切法、遠離不可得の故に。具には金剛頂釈字母品(3)の如し。一一の字門は本不生際に入ることを得ざること無し。経体を論ずるに至っては(4)、応に一切随方諸趣の名言に遍ずべし。但し如来出世の迹は天竺に始まるを以て、且く梵文に約して一途に義を明かすことを作すのみ。故に彼の経の第二(5)に亦云く、等正覚を成じて世に出興し、而も自ら此の法もて種種の道を説き、種種の楽欲と種種の諸衆生の心に随って、種種の句・種種の文・種種の随方の語言・種種の諸趣の音声を以て、而も加持を以て真言道を説く、と。若し且く仏世・滅後に約して経を明かさば、仏在世の如きは(6)、金口もて演説す。但、音声有って詮弁し、聴者は道を得たり。故に声を以て経と為す。故に大品般若(7)に云く、善知識に従って聞く所なり、と。若し仏、世を去れば、紙墨もて伝持し、応に色を用いて経と為すべし。故に大品(8)に亦云く、経巻の中従り聞く、と。若し意識利なる者は内に自ら思惟して、心と法と合す。他教に由らず、亦、紙墨に非ず、但、心に暁悟す。即ち法を経と為す。故に云く(9)、我が法を修する者は、証して乃ち自ら知る、と。是れ仏世(10)、乃ち滅後に通ずるなり。若し土に約して弁ぜば、此の国土に於いて耳識利なる者は、能く声塵に於いて分別して悟を取る。則ち声は是れ其の経なり。余に於いては経に非ず。若し意識利なる者は、自ら能く心を研き思惟して決を取る。法は是れ其の経なり。若し眼識利なる者は、文字詮量して道理を得。色は是れ其の経なり。此の方には三塵を用いるのみ。余の三識は鈍なり。若し他土は不定にして、亦、六塵を用い、亦偏に一塵を用う。或は国土有り(11)。天衣身に触るるを以て即ち道を得。或は仏の光明を見て道を得。或は寂滅無言にして心を観じて道を得。衆香土の如きは香を以て仏事を為す。若し極理に約して経体を弁ぜば、五陰・十二入・十八界等は、本是れ法界の体、自ら是れ経なり。根性にして取って方めて乃ち是れ経なるに非ず。故に金剛頂字母品(12)等に云く、一切諸法本不出なり、と。本不出と言うは、即ち極理なり。華厳経(13)に云く、三界唯心なり、と。大般若経(14)に云く、一切諸法皆如なり、と。若し三性に約せば、声・名・句・文は是れ依他に属し、字義等は即ち真実性なり。

問う。若し声字等、是れ依他ならば、即ち生滅の法なり。何が故ぞ以て阿字本不生と為すや。

答う。依他生滅とは、是れ浅略の義なり。今、深秘の釈に随うが故に阿字本不生と云う。

問う。如何が阿字本不生なるや。

答う。阿字は是れ仏、及び天人の所作に非ず。是れ法然の道なるが故に本不生と云う。故に毘盧遮那経(15)に云く、此の真言相は一切諸仏の所作に非ず。他をして作さしめず、亦、随喜せず、と。乃至云く(16)、諸法は法爾として是の如く住す。謂く、諸々の真言は真言として法爾なるが故に、と。

問う。天竺の梵字は、是れ劫初の時、梵王の作る所なり。西域記(17)に云く、梵王の製する所、始を原ね則(のり)を垂るるに、三十七言(ママ)なり。物に寓じて合成し、事に随って転用して、支派を流演す、と。此を以て之に准ぜば、既に原初有り。如何が今、阿字は是れ法然道なりと云うや。

答う。法然の道に随って梵王は書を製す。故に梵王所製と云う。是れ彼の天が自ら製作する所ならず。故に華厳[18]に云く、一微塵中に三千大千世界の経巻有り、と。又、堅意の宝性論[19]に云く、一大経巻有り。三千大千世界の大きさの如きは、大千界の事を記し、中の如きと、小と四天下と三界等の大きさの如きは、皆、其の事を記して、一微塵中に在り。一塵既に然らば、一切塵も亦爾り。一人世に出でて浄天眼を以て此の大巻を見て是の念を作す。云何が大経、微塵の内に在って一切衆生を饒益せざるや、と。即ち方便を以て此の経を破出し以て他を益す。如来の無礙の智慧の経巻は具に衆生の身中に在れども、顛倒して之を覆い信ぜず見ず。仏は衆生をして八聖道を修して一切の虚妄を破せしめ、己が智慧と如来と等しきことを見せしむ、と。此れ即ち法然の道理の経巻なり。文字既に爾り。声・名・句等も亦是れ不生なり。何を以ての故に。彼は文字の性を離れざるを以ての故に。故に常人[20]云く、名は自性を詮し、句は差別を詮す。文は即ち是れ字にして二の所依と為る、と。声も亦、名・句等の法を離れざるが故に、倶に本際不生の法なり。

問う。小乗の有部[21]に声は是れ有漏なりと云う。何が故ぞ今、本際不生の法と云うや。

答う。彼は世間安立の浅略に随う。是れ随他の法なり。今は如来随自意の法に依って、極理を安立するが故に不生と云う。

問う。大乗の宗に就いて、亦、如来説法の声・名・句等の法を以て無漏と為すと雖も、猶是れ有為なり。何が故ぞ今以て無為法と為すや。不生は是れ即ち無為の義なるが故に。

答う。若し浅略大乗の義に随わば、応に言う所の如くなるべし。今は但、如来の自意を安立するが故に無為と云う。

問う。如今、現に見るに、或は起こり、或は滅して、已に四相の為作する所と為る。何ぞ無為と称するや。

答う。起に似、滅に似るも、実の起滅に非ず。故に無為と云う。

問う。不生は是れ不滅なり。若し声・名等、以て不生と為さば、即ち外道が声は是れ常なりと立つるに同じ。

答う。諸々の外道等は遍計所執の妄分別の法に約して、以て常等と為す。今、法性の法界縁起に依って、如来内証の境界を安立するが故に、諸々の外道に同ず可からざるなり。

問う。諸々の顕教等は、声・名等を以て倶に経体と為す。亦、唯心、及び真如の理を以て同じく経体と為す。今の秘教と何等の異なり有らんや。

答う。諸々の顕教等は、声等を説き以て経体と為すと雖も、明かす所の字等は法然の道に非ず。更に亦、境を摂し、心に従い、唯識を体と為し、相を摂し、性に帰し、真如を体と為すことを明かすと雖も、境と心と融ぜず、相と体と隔別なり。今の経の体と同じく論ず可からず。何となれば、彼は但、世間浅略の義に随って声等を明かすが故に。若し今の経の法然に同ぜば、応に字等の依他の法は不生・不滅なりと立つべし。若し爾らずんば、諸法本不生の義に相違す。亦、法然に非ず。又、彼は只、境と心とに依って量知せらるるが故に唯心と為す。是れ色は今に等しく慮知と為さず。今の義は爾らず。色体全心、心体全色なり。若し今に同ぜば、応に非情に仏性有るの義を立つべし。若し立てずんば、境と心と融せず。良に以有る(ゆえ)なり。又復、彼は只、相の真如を離れざるを取って以て摂相帰性と為す。是れ相を全く如の体とは為さず。今の義は然らず。相法全如、如体全相なり。若し今に共ぜば、応に真如随縁の義を立つべし。若し立てずんば、何ぞ相・体隔別の失を免れんや。

（1）毘盧遮那経　『大日経』巻二、入漫荼羅具縁真言品第二之余。大正一八・一〇頁上。

（2）三十四字　三十四の体文（子音）のこと。註（3）参照。

（3）金剛頂釈字母品　不空訳『瑜伽金剛頂経釈字母品』一巻。大正一八・三三八頁中～三三九頁上。本書では、

「𑖀阿上字門、一切法本不生故」以下、五十字門について記している。阿以下、十六の摩多（母音）と、迦以下、三十四の体文（子音）で構成されている。

（4）経体を論ずるに至っては　この後から「一途に義を明かすことを作すのみ。」まで、明示されないが、『大日経義釈』巻五（続天全、密教1・一八五頁上）の引用。

（5）彼の経の第二　『大日経』巻二、入漫荼羅具縁真言品第二之余。大正一八・一〇頁上。

（6）仏在世の如きは　明示されないが、ここからは、『法華玄義』巻八上（大正三三・七七六頁下〜七七七頁上）からの引用であり、その内容、及び安然への影響から言っても極めて重要である。用いられた箇所の原文は、「四歴レ法明レ経者、若以レ経為二正翻一、何法是経。旧用二三種一。一用レ声為レ経。如二仏在レ世金口演説一、但有二声音一詮弁、聴者得レ道。故以レ声為レ経。大品云、従二善知識一所レ聞也。二用レ色為レ経。若仏在レ世可二以レ声為レ経。今仏去レ世紙墨伝持。応二用レ色為レ経。大品云、従二経巻中一聞。三用レ法為レ経。内自思惟心与レ法合、不レ由二他教一、亦非二紙墨一、但心暁悟即法為レ経。故云、脩二我法一者、証乃自知云云。三塵為レ経、施二於此土一。耳識利者、能於二声塵一分別取レ悟。則声是其経、於レ余非レ経。若意識利者、自能研レ心思惟取レ決。法是其経、於レ余非レ経。眼識利者、文字詮量而得二道理一。色是其経、於レ余非レ経。此方用二三塵一而已、余三識鈍。鼻臭二紙墨一則無レ所レ知、身触二経巻一亦不レ能レ解、舌嘗二文字一寧別二是非一。若他土亦用二六塵一、亦偏用二一塵一。如二浄名曰一、以二一食一施二於一切一。於レ食等者、於レ法亦等。於レ法等者、於レ食亦等。此即偏用二舌根所レ対為レ経。或有二国土一。以二天衣一触レ身即得レ道。此偏用レ触為レ経。或見二仏光明一得レ道。此偏用レ色為レ経。或寂滅無言、観レ心得レ道。此偏用レ意為レ経。如二衆香土一以レ香為二仏事一。此偏用レ香為レ経。他方六根識利、六塵得レ為レ経。此土三根識鈍。鼻不レ及二驢・狗・鹿等一。云何於二香・味・触等一、能得二通達一。問。根利故於レ塵是経、鈍者塵則非レ経耶。答。六塵是法界体、自是経。非二根利取方乃是経二。」となっている。この記述は、五重玄義の顕体ではなく釈名中に見出されるが、最澄の『守護国界章』巻中之中（伝全二・四一三頁）以来、経体の義として尊重されたのである。なお、基本的な主張は『維摩経玄疏』巻五（大正三八・五四九頁上）にも記されている。

（7）大品般若　『摩訶般若波羅蜜経』巻二七。大正八・四一六頁中。智顗による取意。

（8）大品　同右。

（9）故に云く　同文は、『摩訶止観』巻四下（大正四六・四三頁中）や『維摩経玄疏』巻五（大正三八・五四九頁上）等では経文として引用しているが、典拠不詳。

（10）是れ仏世　この一文は円仁による追記。「乃」は「及」であろう。

（11）或は国土有り　ここでの根拠は、『維摩経』菩薩行品（大正一四・五五三頁下）に、「或有二仏土一。以二仏光明一而作二仏事一。有下以二諸菩薩一而作中仏事上。有下以二仏所化人一而作中仏事上。有下以二菩提樹一而作中仏事上。有下以二仏衣服・臥具一而作中仏事上。有下以二飯食一而作中仏事上。有下以二園林・台観一而作中仏事上。有下以二三十二相八十随形好一而作中仏事上。有下以二仏身一而作中仏事上。有下以二虚空一而作中仏事上。衆生応下以二此縁一得上レ入二律行一。有下以二夢・幻・影・響・鏡中像・水中月・熱時炎、如レ是等喩一而作中仏事上。有下以二音声・語言・文字一而作中仏事上。或有三清浄仏土寂寞・無言・無説・無示・無識・無作・無為而作二仏事二。」と見出されることや、同経香積仏品に見られる衆香国の記述に求められる。

（12）金剛頂字母品　註（3）参照。「本不出」は「本不生」であろう。

（13）華厳経　八十巻本の『華厳経』巻五四（大正一〇・二八八頁下）に「三界唯心、三世唯心」の語が見られ、また同巻三七（一九四頁上）には、「三界所有、唯是一心」と記されている。

(14) 大般若経　未検出。「一切諸法如」という表記は、『大品般若経』巻一四（大正八・三二五頁中）に見出される。

(15) 毘盧遮那経　『大日経』巻二、入漫荼羅具縁真言品第二之余。大正一八・一〇頁上。

(16) 乃至云く　同右。

(17) 西域記　『大唐西域記』巻二（大正五一・八七六頁下）には、「梵天所レ製、原レ始垂レ則、四十七言也。寓レ物合成、随レ事転用、流二演枝派一。」とある。但し、円仁の引用は、智広撰『悉曇字記』（大正五四・一一八六頁上）に、「西域記云、梵王所レ製、原レ始垂レ則、四十七言。寓レ物合成、随レ事転用、流二演支派一。」と見られる記述に一致する。

(18) 華厳　六十巻本の『華厳経』巻三五（大正九・六二四頁上。註（19）参照）に、「彼三千大千世界等経巻、在二一微塵内一。」とある。但し、ここでの引用も天台の『法華玄義』巻八上（大正三三・七七八頁中）からの孫引きである。

(19) 堅意の宝性論　該当の箇所は『究竟一乗宝性論』巻二（大正三一・八二七頁中）に見出されるが、この引用も『摩訶止観』巻三下（大正四六・三二頁中）の記述に基づいている。引用は、「己が智慧と如来と等しきことを見せしむ」まで。因みに、円仁は『摩訶止観』で「堅意の宝性論」としていることを、そのまま記したのであるが、『宝性論』の著者について中国では堅慧とされ、またチベットでは弥勒の偈に無着が註釈を施したと伝えられる。更に言えば、この『宝性論』の原文は、註（18）に示した六十『華厳』巻三五（大正九・六二三頁下〜六二四頁上）の経文にほぼ一致する。六十『華厳』の記述を示せば、「仏子、譬如丙有二一経巻一。如二一三千大千世界一、大千世界一切所有無レ不二記録一。若二千世界等、悉記二二千世界中事一。小千世界等、悉記二小千世界中事一。四天下等、

悉記二四天下事一。須弥山王等、悉記二須弥山王事一。地天宮等、悉記二地天宮殿中事一。欲天宮等、悉記二欲界天宮殿中事一。色天宮等、悉記二色界天宮殿中事一。若無色天宮等、悉記二無色界天宮殿中事一。彼三千大千世界等経巻、在二一微塵内一。一切微塵、亦復如レ是。時有二一人一、出二興於世一。智慧聡達、具二足成三就清浄天眼一。見三此経巻在二微塵内一。作二如レ是念一。云何如レ此広大経巻在二微塵内一而不レ饒二益衆生一耶。我当下勤二作方便一破二彼微塵一、出二此経巻一饒中益衆生上。爾時彼人、即作二方便一破二壊微塵一、出二此経巻一饒二益衆生一。仏子、如来智慧、無相智慧、無礙智慧、具足在二於衆生身中一。但愚痴衆生、顛倒想覆、不レ知、不レ見、不レ生二信心一。爾時如来、以二無障礙清浄天眼一、観二察一切衆生一、観已作二如レ是言一。奇哉、奇哉。云何如来具足智慧在二於身中一、而不二知見一。我当下教三彼衆生覚二悟聖道一、悉令中永離二妄想顛倒垢縛一、具見三如来智慧在二其身内一、与レ仏無上レ異。如来即時教下彼衆生修二八聖道一、捨中離虚妄顛倒上。離二顛倒一已、具（イ見）二如来智一。与二如来一等、饒乙益衆生甲。」となっているのであり、原意を汲むことができるであろう。

(20) 常人　この説は、『成唯識論』巻二（大正三一・六頁中）に見出される。

(21) 小乗の有部　基（窺基）の『大乗法苑義林章』巻一（大正四五・二五一頁下）では、説一切有部の教体を、「説一切有部説、教体者、有説、唯以二名・句・文三一而為二教体一。有二詮表一故。有説、但以二善声一為レ体。三無数劫所二勤求一故。名等無記故不レ取レ之。評家評二取唯有漏善声一以為二教体一。勤求起故。」と論じているが、詳しいことについては不明。

解説

円仁の経体論には注目すべきことが多い。先ず、天台の五重玄義が根本にあるにしても、『法華玄義』の経体論、すなわち諸法実相の義を必ずしも宣揚するのではなく、総体として阿字、別体として諸字を掲げたのである。つまり、全てが阿字に統合されることになる。そして、別体を論ずる中で、誰の説とも明記することなく、『法華玄義』の五重玄義における釈名中の文章を引用することで、この土では耳識・意識・眼識の利なるものが声塵・法塵・色塵という三塵で得道することを述べ、更に他の三塵を含む六塵全てが経としての意味を持ち、それにより悟りに至りうることを力説する。そして、ここで円仁によって採用された智顗の思想は、安然の密教の核心とも言うべき位置を占め、究極的には諸法がそのまま法身の説法であるという教義として帰結することになるのである。また、円仁は顕教で声や字を経体とするとしても法然の道ではないことや、顕教と異なり密教では色と心が完全に一体であることを色体全心、心体全色という言葉で説明している。更に、相法全如、如体全相という真如論に基づいて、真如随縁の義を立てるべきであると説く。真如随縁という教理も、最澄からの継承であり、更に安然が密教義として強調することになる。

(三) 宗

大要

三明宗者、為二。先出有判諸経宗、後明此経。

三に宗を明かすとは、二と為す。先ず諸経の宗を判ずること有るを出し、後に此の経を明かす。

解説

宗を明かすのに、諸経の宗について述べた上で、此の経の宗について明かすとする。

①諸経の宗

初出判諸経宗者、有人云、如維摩経不思議為宗、法華経一乗為宗、楞伽経如来蔵為宗、涅槃経仏性為宗。如是判経宗、只知所説辞未解其源由。夫以、如来説法、一経一説無不為令諸衆生等修因証果。故法華云、諸仏世尊、欲令衆生開仏知見、使得清浄故出現於世。如其所判、未為該闊。

初めに諸経の宗を判ずることを出すとは、有る人[1]云く、維摩経の如きは不思議を宗と為し、法華経は一乗を宗と為し、楞伽経は如来蔵を宗と為し、涅槃経は仏性を宗と為す、と。是の如く経の宗を判ずれども、只、所説の辞を知って未だ其の源由を解せず。夫れ以れば、如来の説法は、一経の一説も諸々の衆生をして等しく因を修し果を証せしめんが為ならざるは無し。故に法華[2]に云く、諸仏世尊は、衆生をして仏の知見を開かしめ、清浄を得せしめんと欲するが故に世に出現す、と。其の所判の如きは、未だ該闊を為さず。

（1）有る人　良賁述『仁王護国般若波羅蜜多経疏』巻上一。大正三三・四三〇頁下。

（2）法華　『法華経』方便品第二。大正九・七頁上。

明宗の一つ目として、諸経それぞれの宗について論ずることで、今の経（『金剛頂経』）の宗についての意義説示へと繋いでいる。

②今の経の宗

次明今経宗者、復分為二。初正明今経宗、後明疑難。初明経宗者、正以仏因、及以仏果為今経宗。宗是尊主義。如来説法修因証果為尊主故。言仏因者、所謂明了五部秘密、修行三密加持勝妙法等也。言仏果者、所謂顕現毘盧遮那五智菩提、遍法界体也。是故此経正説文初演説五相真言。初四是因位也。後一即果位也。以後説文広説果位智用無礙自在之相。故此経正因果為宗。

次に今の経の宗を明かすとは、復分かちて二と為す。初めに正しく今の経の宗を明かし、後に疑難を明かす。初めに経の宗を明かすとは、正しく仏因、及以（および）仏果を以て今の経の宗と為す。宗は是れ尊主の義なり。如来の説法は修因証果を尊主と為すが故に。仏因と言うは、所謂、五部の秘密を明了にして、三密加持勝妙の法等を修行するなり。仏果と言うは、所謂、毘盧遮那の五智菩提、遍法界の体を顕現するなり。是の故に此の経の正説[1]の文の初には五相の真言を演説す。初の四は是れ因位なり。後の一は即ち果位なり。以後の説文には広く果位の智用の無礙自在の相を説く。故に此の経は正しく因果を宗と為す。

（1）正説　『金剛頂経疏』巻二（大正六一・一八頁上）には、『金剛頂経』巻上（大正一八・二〇七頁下）の「婆伽

梵大菩提心普賢大菩薩」から経末に至るまでを、序分に続く正説分として扱う旨を記している。

解説

今の経（『金剛頂経』）の宗は、仏因・仏果であることを述べている。

③今の経の宗〔明疑難〕

次明疑難者、
問。諸顕教亦明因果。与今所立同異如何。
答。彼是歴劫修証因果。此即不歴修証因果。是故異也。瑜伽論四十八云、然一切住総経於三無数大劫、方得円証。謂、経第一無数大劫、方乃超過勝解行住、次第証得極歓喜住。此就恒常勇猛精進、非不勇猛精進者。復経第二無数大劫、方乃超過極歓喜住、乃至有加行・有功用・有相住、次第証得無加行・無功用・無相住。此即決定。以是菩薩得浄意楽、決定勇猛勤精進故。復経第三無数大功（ママ）、方乃超過無加行・無功用・無相住、及無礙解住、証得最上成満菩薩住。已上論文 故知、顕教必経劫数証得最上。仮令雖取日・夜、月等名為劫数、而於現生不能経歴初無数劫。何況、三無数大劫也。毘盧遮那経第一云、普於十方宣説真言道清浄句法。所謂、初発心乃至十地、次第此生満足。已上経文既云十地此生満足。若准此文、応云顕教経歴三無数劫所証最上成満菩薩住、密教之力此生満足。又、金剛頂五秘密云、於顕教修行者、久久経三大無数劫、然後証成無上菩提。若依毘盧遮那仏自受用身所説内証自覚聖智法、及大普賢金剛薩他受用身智、則於現生遇逢曼荼羅阿闍梨。乃至、受灌頂受職金剛名号、従此已後、受得広大甚深不思議法、超越二乗・十地。又云、人・法二執悉皆平等。現生証得初地、漸次昇進。若依此等文、応云現生中得成初地仏、乃至第十地仏等。又、無量義経十功徳品云、第七是経不可思議功徳力者、若善男子、善女人、於仏在世、若仏滅度後、得聞是経、歓喜・信楽生希有心、受持・読誦・書写・解説、如法修行発菩提心、起諸善根、興大悲意、欲度一切苦悩衆生、雖未得修行六波羅蜜、六波羅蜜自然在前。即於是身得無生忍、生死・煩悩一時断壊、昇於第七菩薩之地。又、第八功徳文云、是故、善男子、善女人、以蒙化功故、男子、女人即於是身得無生法忍得至上地、与諸菩薩以為眷属、速能成就衆生浄仏国土、不久得成阿耨多羅三藐三菩提。又、第九功徳文云、若男子、女人、若仏在世、及滅度後、有得是経。乃至、解説是経義者、即得宿業・余罪一時滅尽速得越上地、善能分身散体遍十方国土、抜済一切二十五有極苦衆生悉令解脱。又、第十功徳文云、若男子、女人、若仏在世、及滅度後、若得是経、乃至、如法修行、即於是身便逮得無量諸陀羅尼門、於凡夫地、自然初時能発無数阿僧祇弘誓大願。深能発救一切衆生、成就大悲広能抜衆苦、厚集善根、乃至、安楽一切。漸見超登住法雲地、恩沢普潤慈被無外、摂苦衆生令入道跡。是故此人不久得阿耨多羅三藐三菩提。〔若〕依此等文、応云顕教三無数劫勤精進功、由此経力即身成就。所引経文、皆是如来金口誠言。弥可信受。

次に疑難を明かすとは、

問う。諸々の顕教は亦、因果を明かす。今の所立と同異は如何。

答う。彼は是れ劫を歴て修証せる因果なり。此れは即ち歴ずして修証せる因果なり。是の故に異なるなり。瑜伽論四十八(1)に云く、然れども一切住は総じて三無数大劫を経て、方めて円証することを得。謂く、第一無数大劫を経て、方に乃ち勝解行住を超過し、次第に極歓喜住を証得す。此れは恒常の勇猛精進に就き、勇猛精進せざる者には非ず。復、第二無数大劫を経て、方に乃ち極歓喜住、乃至有加行・有功用・有相住(2)を超過して、次第に無加行・無功用・

無相住を証得す。此れ即ち決定す。是の菩薩は浄意楽を得るを以て、決定して勇猛勤精進するが故に。復、第三無数大功(ママ)を経て、方に乃ち無加行・無功用・無相住、及び無礙解住を超過して、最上成満菩薩住を証得す、と。已上論文故に知んぬ、顕教は必ず劫数を経て最上を証得することを。仮令、日・夜、月等を取って名づけて劫数と為すと雖も、而も現生に於いて初無数劫すら経歴すること能わず。何に況や、三無数大劫をや。毘盧遮那経第一[3]に云く、普く十方に於いて真言道清浄句の法を宣説す。所謂、初発心乃至十地、次第に此生に満足す、と。已上経文既に十地此生満足と云う。若し此の文に准ぜば、応に顕教は三無数劫を経歴して証する所は最上成満菩薩住なれども、密教の力は此生満足なりと云うべし。又、金剛頂五秘密[4]に云く、顕教に於いて修行する者は、久久として三大無数劫を経、然る後に無上菩提を証成す。若し毘盧遮那仏自受用身所説の内証自覚聖智の法、及び大普賢金剛薩埵他受用身の智に依らば、則ち現生に於いて曼荼羅阿闍梨に遇逢す。乃至、灌頂受職の金剛名号を受け、此れ従り已後、広大甚深不思議の法を受得し、二乗・十地を超越す、と。又云く[5]、人・法の二執は悉く皆平等なり。現生に初地を証得し、漸次に昇進す、と。若し此れ等の文に依らば、応に現生中に初地仏、乃至第十地仏を成ずることを得等と云うべし。又、無量義経十功徳品[6]に云く、第七に是の経の不可思議功徳力とは、若し善男子、善女人、仏の在世、若しは仏の滅度の後に於いて、是の経を聞くことを得て、歓喜・信楽して希有の心を生じ、受持し読誦し書写し解説し、如法に修行し菩提心を発し、諸々の善根を起こし、大悲の意を興し、一切苦悩の衆生を度せんと欲せば、未だ六波羅蜜を修行することを得ずと雖も、六波羅蜜は自然に前に在り。即ち是の身に於いて無生忍を得、生死・煩悩一時に断壊して、第七菩薩の地に昇る、と。又、第八功徳の文[7]に云く、是の故に、善男子、善女人、化の功を蒙るを以ての故に、男子、女人は即ち是の身に於いて無生法忍を得て上地に至ることを得、諸々の菩薩と与に以て眷属と為り、速やかに能く衆生を成就し仏国土を浄め、久しからずして阿耨多羅三藐三菩提を成ずることを得ん、と。又、第九功徳の文(8)に云く、若し男子、女人、若しは仏の在世、及び滅度の後に、是の経を得ること有り。乃至、是の経の義を解説せば、即ち宿業・余罪一時に滅尽することを得て、速やかに上地に越えることを得、善く能く身を分かち体を散じ十方国土に遍じて、一切二十五有の極苦の衆生を抜済して悉く解脱せしめん、と。又、第十功徳の文(9)に云く、若し男子、女人、若しは仏の在世、及び滅度の後に、若し是の経を得、乃至、如法に修行せば、即ち是の身に於いて便ち無量の諸陀羅尼門を逮得し、凡夫地に於いて、自然に初時に能く無数阿僧祇の弘誓大願を発す。深く能く発して一切の衆生を救い、大悲を成就して広く能く衆苦を抜き、厚く善根を集め、乃至、一切を安楽にす。漸く見(あらわ)れ超登して法雲地に住し、恩沢普く潤い慈の被うこと外(はず)るる無く、苦の衆生を摂し道跡に入らしむ。是の故に此の人は久しからずして阿耨多羅三藐三菩提を得、と。〔若し〕此れ等の文に依らば、応に顕教の三無数劫に勤精進するの功は、此の経の力に由って即身成就すと云うべし。引く所の経文は、皆是れ如来金口の誠言なり。弥々信受す可し。

（1）瑜伽論四十八　『瑜伽師地論』巻四八。大正三〇・五六二頁上。
（2）有相住　『瑜伽師地論』巻四八（大正三〇・五六二頁上）では「無相住」とする。
（3）毘盧遮那経第一　『大日経』巻一、入真言門住心品第一。大正一八・一頁中。
（4）金剛頂五秘密　『金剛頂瑜伽金剛薩埵五秘密修行念誦儀軌』。大正二〇・五三五頁中下。略抄。
（5）又云く　同右。大正二〇・五三五頁下。
（6）無量義経十功徳品　『無量義経』十功徳品第三。略抄。大正九・三八八頁中。
（7）第八功徳の文　同右。大正九・三八八頁中下。

（8）第九功徳の文　同右。大正九・三八八頁下。
（9）第十功徳の文　同右。大正九・三八八頁下。

解説

ここでは、顕教が三大無数劫（三大阿僧祇劫）の経歴を説くのに対し、密教では此の生において成就することを述べている。顕教の証文は『瑜伽師地論』であり、一方、密教の立場を闡明する依拠として、『大日経』と『五秘密儀軌』に併せて、『法華経』の開経である『無量義経』を引用していることに特色が認められる。『無量義経』に説かれるような、此の身において無生法忍を得ることについての解釈が、日本天台の円教を中心とした即身成仏論の枢要となる。

（四）用

第四明用者、用是如来之妙能、此経之勝用。如来以秘密五智為妙能、此経以大慈・大悲為勝用。只、五智能発起慈悲、慈悲由於五智。能与他楽、名之為慈。能抜他苦、名之為悲。以大慈善根力故、能実与一切衆生世間楽、及出世間楽。故云慈能与楽。楽有二種与楽。一住大慈三昧、慈力冥薫衆生、各得安穏力。二慈三昧力普現三業、随有衆生見聞・覚知者、各獲安楽。故名大慈。即是如意珠王身也。以大悲善根力故、能実抜一切衆生分段生死苦、及変易生死苦。故云悲能抜苦。有二種抜苦。意同慈中分別。但有抜苦之異故名大悲。即是薬樹王身也。若珠王身与楽之時、上従如来無上之楽、下至婦夫卑少之楽、無不授与。若薬樹王抜苦之時、上自変易難除大苦、下至愁咽些些之苦、悉能救済。挙要言之、分段・変易一切諸苦、世・出世間一切諸楽、応時悉救、随楽普与。蓋此秘教最勝妙用矣。

第四に用を明かす[1]とは、用は是れ如来の妙能、此の経の勝用なり。如来は秘密の五智を以て妙能と為し、此の経は大慈・大悲を以て勝用と為す。只、五智は能く慈悲を発起して、慈悲は五智に由る。能く他に楽を与う、之を名づけて慈と為す。能く他の苦を抜く、之を名づけて悲と為す。大慈善根力を以て[2]の故に、能く実に一切衆生に世間の楽、及び出世間の楽を与う。故に慈は能く楽を与うと云うなり。楽に二種の与楽有り。一には大慈三昧に住して、慈力冥に衆生を薫じ、各々安穏力を得。二には慈三昧力もて普く三業を現じ、衆生の見聞・覚知有る者に随って、各々安楽を獲。故に大慈と名づく。即ち是れ如意珠王身なり。大悲善根力を以ての故に、能く実に一切衆生の分段生死の苦、及び変易生死の苦を抜く。故に悲能く苦を抜くと云うなり。二種の抜苦有り。意は慈中の分別に同じ。但、抜苦の異なり有るが故に大悲と名づく。即ち是れ薬樹王身なり。若し珠王身が楽を与うるの時には、上は如来無上の楽従り、下は婦夫卑少の楽に至るまで、授与せざるは無し。若し薬樹王の抜苦の時は、上は変易難除の大苦自り、下は愁咽呰呰の苦に至るまで、悉く能く救済す。要を挙げて之を言わば、分段・変易一切の諸苦、世・出世間一切の諸楽、応時に悉く救い、楽いに随って普く与う。蓋し此れ秘教最勝の妙用なり。

（1）第四に用を明かす　最初の「第四に用を明かすとは、用は是れ如来の妙能、此の経の勝用なり。」という箇所は、『法華玄義』巻九之下（大正三三・七九六頁下）の、「大章第四明レ用者、用是如来之妙能、此経之勝用。」という記述をそのまま引用したものであるが、それ以下の記述は、同所の、「如来以二権実二智一為二妙能一、此経以二断レ疑生一レ信為二勝用一。秖二智能断レ疑生レ信。生レ信断レ疑由二於二智一。約レ人約レ法左右互論耳。」という教義を改変したものである。

（2）大慈善根力を以て　これより以下、「即ち是れ薬樹王身なり。」までは、明記されないが、智顗の『法界次第初門』巻下之下「大慈・大悲初門第五十六」（大正四六・六九六頁上）の記述に基づいている。原文を示せば、「一大慈。仏住二大慈心中一、以二大慈善根力一故、能実与二一切衆生世間楽、及出世間楽一。故云二慈能与レ楽。若四無量中慈、雖二心念レ与レ楽而衆生実未レ得レ楽。故不レ名レ大也。有二二種与楽一。一住二大慈三昧一、慈力冥熏、随二所レ応レ得楽一、衆生各得二安楽一。二慈三昧力、普現二三業一、随二有レ応レ得楽一、衆生見聞知者、各獲二安楽一。故名二大慈一。即是如意珠王身也。二大悲。仏住二大悲心中一、以二大悲善根力一故、能実抜二一切衆生世間苦、分段生死苦、及変易生死苦一。故云二悲能抜レ苦。前四無量中悲、雖二心念レ救レ苦、而衆生実未レ得レ脱レ苦。不レ名二大悲一也。有二二種抜苦一。意同二慈中分別一。但有二抜苦之異一故名二大（悲）一。即是薬樹王身也。」となっている。

解説

用が如来の妙能、此の経の勝用であるというのは、智顗の『法華玄義』に見える教説の踏襲であるが、『法華玄義』（大正三三・七九六頁下）では、如来の権実二智を妙能、断疑生信であるとしている。しかし、円仁は如来の妙能は密教の五智であるとし、此の経の勝用については、五智に基づく慈悲、すなわち大慈・大悲であるとした。その中、大悲・大慈の根拠は智顗の『法界次第初門』に求められる。

（五）教相

大要

第五明教相者、於中為三。初明諸門所摂、次弁法被根性、三正判教相也。

第五に教相を明かすとは、中に於いて三と為す。初めには諸門の所摂を明かし、次には法被の根性を弁じ、三には正しく教相を判ずるなり。

解説

五番目に教相を明かすのに、諸門の所摂・法被の根性を論じた上で、正しく教相を判ずることを言う。

①諸門

諸門所摂有五。一明諸蔵、二明諸教、三明諸乗、四明十二分、五明所会。

諸門の所摂に五有り。一には諸蔵を明かし、二には諸教を明かし、三には諸乗を明かし、四には十二分を明かし、五には所会を明かす。

解説

諸門は、諸蔵、諸教、諸乗、十二分、所会という五項に分けて論じられる。

①—Ⅰ　諸蔵

初諸蔵者、如諸経論説蔵不同。若依瑜伽説有二蔵。謂、菩薩蔵、及声聞蔵。独覚教少入声聞中。従多為蔵名声聞蔵。或説三蔵。一毘奈耶、二素呾攬、三阿毘達磨、如次詮於戒・定・慧学。或説四蔵。声聞蔵・菩薩蔵・雑蔵・仏蔵。或説五蔵。如六波羅蜜経。毘奈耶等三名如前。四般若波羅蜜多蔵、五陀羅尼蔵。或説六蔵。菩薩・声聞各有三故。独覚更無別戒律等故無三蔵。或説八蔵。如処胎経。謂、胎化蔵・中陰蔵・摩訶衍方等蔵・戒律蔵・十住蔵・雑蔵・金剛蔵・仏蔵。此経即於二蔵・六蔵菩薩蔵収、三蔵之中素怛攬蔵、於四・八蔵是仏蔵摂、於五蔵中陀羅尼蔵。

初めに諸蔵とは、諸々の経論の如きは蔵を説くこと不同なり。若し瑜伽(1)の説に依らば二蔵有り。謂く、菩薩蔵、及び声聞蔵なり。独覚は教少なく声聞の中に入る。多に従って蔵と為し声聞蔵と名づく。或は三蔵を説く。一には毘奈耶、二には素呾攬、三には阿毘達磨にして、次(ついで)の如く戒・定・慧学を詮す。或は四蔵(2)を説く。声聞蔵・菩薩蔵・雑蔵・仏蔵なり。或は五蔵を説く。六波羅蜜経(3)の如し。毘奈耶等の三名は前の如し。四には般若波羅蜜多蔵、五には陀羅尼蔵なり。或は六蔵を説く。菩薩と声聞とに各々三有るが故に。独覚には更に別の戒律等無きが故に三蔵無し。或は八蔵を説く。処胎経(4)の如し。謂く、胎化蔵・中陰蔵・摩訶衍方等蔵・戒律蔵・十住蔵・雑蔵・金剛蔵・仏蔵なり。此の経は即ち二蔵・六蔵に於いては菩薩蔵の収、三蔵の中には素怛攬蔵、四・八蔵に於いては是れ仏蔵の摂、五蔵中に於いては陀羅尼蔵なり。

（1）瑜伽　良賁の『仁王護国般若波羅蜜多経疏』巻上一（大正三三・四三三頁上）には、「蔵所摂者、依二瑜伽論一説レ有二二蔵一。一菩薩蔵、二声聞蔵。独覚教少入二声聞中一。従レ多為レ蔵名二声聞蔵一。或説二三蔵一。一毘奈耶、二素呾纜、三阿毘達磨。如レ次詮二於戒・定・慧学一。或説二六蔵一。菩薩・声聞各有レ三故。独覚更無二別戒律等一。故無二三蔵可レ得レ成レ九。此経即於二三蔵・六蔵一菩薩蔵収。三蔵之中素呾纜蔵。」と記されている。この良賁の説の源流になったと考えられる記述が、基（窺基）の『成唯識論述記』巻一本（大正四三・二三一頁中）に見出される。なお、基（窺基）の説は、『大乗法苑義林章』巻二（大正四五・二七一頁上～）に詳しい。

（2）四蔵　『法華玄義』巻一〇下（大正三三・八一二頁上）には、「若摩得勒伽有二二蔵一。声聞蔵・菩薩蔵。又、諸経有二三蔵一。二如レ上、加二雑蔵一。分二十一部経一是声聞蔵、方広部是菩薩蔵、合二十二部一是雑蔵。又有二四蔵一、更開二仏蔵一。」と見られる。つまりここでは、声聞蔵・菩薩蔵に雑蔵を加えて三蔵とし、更に仏蔵を開くことで四蔵になるとしているのである。また、灌頂の『大般涅槃経玄義』巻下（大正三八・一三頁中）では、「若類二通異名一者、即是四蔵。三蔵是声聞蔵、通是雑蔵、別是菩薩蔵、円是仏蔵。」と、四蔵を蔵・通・別・円の四教に配している。

（3）六波羅蜜経　『大乗理趣六波羅蜜多経』巻一（大正八・八六八頁中下）に、「一素呾纜、二毘奈耶、三阿毘達磨、四般若波羅蜜多、五陀羅尼門。……此五法蔵、譬如二乳・酪・生酥・熟酥、及妙醍醐一。契経如レ乳、調伏如レ酪、対法教者如二彼生酥一、大乗般若猶如二熟酥一、総持門者譬如二醍醐一。」と記されている。空海はこの経典を翻訳者である般若から入手し、醍醐味を『法華』・『涅槃』とする天台宗に対して、『弁顕密二教論』巻下（大正七七・三七八頁中～）で陀羅尼門・総持門を醍醐味とする根拠として尊重した。

（4）処胎経　『菩薩処胎経』（『菩薩従兜術天降神母胎説広普経』）巻七。大正一二・一〇五八頁中。『法華玄義』巻一〇下（大正三三・八一二頁上）に、「菩薩処胎経八蔵。謂、胎化蔵、中陰蔵、摩訶衍方等蔵、戒律蔵、十住蔵、雑蔵、金剛蔵、仏蔵。」とある。

解説

蔵について、二蔵・三蔵・六蔵について記した良賁の分類を基本として論じたようであり、更に四蔵・五蔵・八蔵を加えている。そして、『金剛頂経』は二蔵・六蔵では菩薩蔵、三蔵では素怛攬蔵、四蔵・八蔵では仏蔵、五蔵では陀羅尼蔵に該当することを説いている。

①—Ⅱ　諸教

二諸教者、依涅槃経説有二教。半教・満教。智論亦説有二種教。謂、顕示教・秘密教也。又、或説有漸・頓二教。而今此経以為満教、及秘密教。漸・頓之中是頓教也。

二に諸教とは、涅槃経[1]に依らば二教有りと説く。半教と満教となり。智論[2]にも亦、二種の教有ることを説く。謂く、顕示教と秘密教となり。又、或は漸・頓の二教有ることを説く。而して今此の経は以て満教、及び秘密教と為す。漸・頓の中には是れ頓教なり。

（1）涅槃経　『大般涅槃経』巻三（南本、大正一二・六一九頁下。北本も巻三、大正一二・三七九頁下）に、満字と半字の語が見出される。

（2）智論　『大智度論』巻四（大正二五・八四頁下）に、「仏法有二種。一秘密、二現示（イ顕）。」と見られる。また、『大智度論』巻六五（五一七頁上）には、「諸仏事有二種。一者密、二者現。」とある。「（一）釈名⑥摂大乗現証」の註（6）参照。

解説

『金剛頂経』は半・満、顕示・秘密、漸・頓という二教では、満教・秘密教・頓教であることを述べている。

①—Ⅲ　諸乗

三明諸乗者、或説一乗。如法華云。十方仏土中、唯有一乗法。或説二乗。如摂論等。一者大乗、二者小乗。或説三乗。如諸経云。声聞乗・独覚乗・菩薩乗。或説四乗。如十地経第七云。声聞・独覚法行・菩薩行法行・如来地法行。或説五乗。謂、三乗加人・天乗也。今此経即一乗・大乗・仏乗所摂也。

三に諸乗を明かすとは、或は一乗を説く。法華(1)に云うが如し。十方仏土の中に、唯、一乗の法のみ有り、と。或は二乗を説く。摂論等(2)の如し。一には大乗、二には小乗なり。或は三乗を説く。諸経に云うが如し。声聞乗・独覚乗・菩薩乗なり。或は四乗を説く。十地経第七(3)に云うが如し。声聞・独覚法行・菩薩行法行・如来地法行なり、と。或は五乗を説く。謂く、三乗に人・天乗を加うるなり。今此の経は即ち一乗・大乗・仏乗の所摂なり。

（1）法華　『法華経』方便品第二。大正九・八頁上。

（2）摂論等　例えば、真諦訳『摂大乗論』巻上。大正三一・一一三頁中。
（3）十地経第七　『十地経』巻七。大正一〇・五六三頁中。

解説
ここでは、諸乗を論じ、『金剛頂経』が一乗・大乗・仏乗の所摂であることを述べている。

①—Ⅳ　十二分

四明十二分者、謂、以此経十二分収。言十二分教者、分為分類、教者能詮。分類不同、有此十二。其義、具如余処説也。今但標名略配経文。

一修多羅。此云契経。謂、契理契根故。此有通・別。通即十二、倶名契経。別即長行。此経具有。

二者祇夜。此云重頌、亦云応頌。即有二意。一重示後来未聞者故、二重頌長行所未了故、応重述頌。今此経中、如別序末偈頌初十六菩薩・五仏・四波羅蜜等、即重頌故。

三和伽羅那。此云授記。即有三相。一記菩薩当成仏事。二記弟子死生因果。三記諸法甚深之義。此経可通第三義也。

四者伽陀。此云頌也。即諷頌故、以妙言詞而諷誦。故諷誦謂、前未説直以偈明。謂、如十六大菩薩等、各歎所受智印五言偈等、是也。

五優陀那。此云自説。謂、不待請観機即説。及不待問顕説自証。如此経云。爾時、世尊毘盧遮那如来不久現証。乃至、一切如来性於自身加持、即入一切如来普賢摩訶菩提薩埵三摩耶、出生薩埵加持金剛三摩地。一切如来大乗現証三昧耶名一切如来心、従自心出噂曰羅薩怛嚩。顕説自証者是也。

六尼陀那。此云縁起。応彼因縁而起説故。即有三相。一因犯制戒。二因事説法。三因請説法。如此経中、為治悪事而説真言、為除罪垢以説密言、及授三昧耶戒等、是制戒義也。時普賢大菩提薩埵身、従世尊心下一切如来前、依月輪而住。復請教令。時婆伽梵入一切如来智三昧耶。乃至、則一切如来以金剛名号金剛手等者、是因請説法。又、因請大持金剛、讃百八徳、因讃演説持讃功能、及因弟子入壇之事弁説入壇広大功徳等者、即是因事説法。

七阿波陀那。此云譬喩。挙喩況彼所説法故。如此経云与恒河沙等数如来、由如胡麻示現満於閻浮提者、是也。

八伊帝曰多伽。此云本事。謂、除自身説諸弟子本生事故。今此経中、令諸弟子放擲楊枝、奉供花鬘、得知過去所奉諸尊、是也。

九闍陀伽。此云本生。自説仏・菩薩本生法故。如此経中仏自演説本種子生。

十毘仏略。此云方広。理正云方、包含名広。有二種相。一説行菩薩道、二法広多極高大故。此経円備。何者、此経一切如来内証之境、一切菩薩秘密之法。故題目云一切如来真実摂大乗現証大教王経。又、経文云、爾時世尊、不久現証等覚・一切如来普賢心、獲得一切如来虚空発生等。又云、無尽、無余救済有情界、一切主宰安楽・悦意故。乃至得一切如来平等智・神境通・無上大乗見証最勝悉地果故。既是内証、亦是大乗。故為方広。

十一阿浮陀達摩。此云希法。亦云未曾有。謂、説諸衆共・不共徳、及余最勝殊特驚異。如此経云。復有住正法有情。為一切衆生、求一切如来戒・定・恵、最勝悉地・方便・仏菩提故、久修禅定解脱地等労倦。彼等入此金剛界大曼荼羅、纔入已、一切如来果尚不難。何況、余悉地類。是即不共行徳也。又云、彼無量数如来身、従一一身現無量阿僧祇仏刹、於彼仏刹還説此法理趣。又、纔出一切如来心、即彼婆伽梵普賢為衆多月輪、普浄一切有情大菩提心。従彼衆多月輪出一切如来智金剛、即入如来心。是即希有殊特事也。

十二優婆提舎。此云論議(イ義)。問答往復顕真理故。此有二別。謂、仏所説、及弟子説。如此経中、十方諸仏驚覚一切義成就。即彼菩薩還問諸仏、諸仏還答菩薩所疑。如是研覈顕現頓証秘密真理。此即是也。

此十二分応頌・諷頌、是単・重別。本生・本事、即師資異。余分可知。当此経具十二教。

問。諸顕教等、亦同説之。与今何異。

答。顕教所立是随他説、密教所弁是大日尊随自意説也。

問。顕密二教、同立十二。何以随他・随自為別。

答。顕教十二、雖同名為修多羅等、但説随機浅略六度・四摂等法、未顕如来結要三密・内証五智。故云随他。不知三密故、雖歴劫修行、而仏果難得。非内証智故、於法界色・心、不見周遍身。今経不然。纔結一印、供法界仏、暫念真言、利一切（衆）生。況復、法界洞寂、忽爾得見月輪真仏乎。金剛三密力、如来加持力、及以法界力、由如是等力、早得登仏位。故五秘密云、於須臾頃、当証無量三昧、無量陀羅尼門。以不思議法、能変易弟子倶生我執種子、応時集得身中一大阿僧祇劫所集福徳智恵、則為生在仏家云云。一切諸色、一切諸心、一一皆是阿字本不生法性・法界。若見一色、得悟十方三世海会大曼荼羅、具在此中。一切賢聖、亦復同居、修因証果、或経無量無数大劫、浄仏国土、成就衆生、一切凡聖依正二報、不出一色。色法界故。若亦、於心亦復如是。何以故。心法界故。如一色・心、一切色・心、亦復如是。曼荼羅海会、無不遍在。是故経云毘盧遮那遍一切処。如是甚深秘密無礙大曼荼羅、非彼顕教之所演説。故今十二不同顕教。


四に十二分を明かすとは、謂く、此の経を以て十二分の収とす。十二分教と言うは、分は分類と為し、教とは能詮なり。分類不同なれども、此の十二有り。其の義、具には余処[1]に説くが如し。今は但、名を標し略して経文に配す。一には修多羅。此には契経と云う。謂く、理に契い根に契うが故に。此れに通・別有り。通は即ち十二、倶に契経と名づく。別は即ち長行なり。此の経には具に有り。

二には祇夜。此には重頌と云い、亦、応頌と云う。即ち二意有り。一には重ねて後来の未聞者に示すが故に、二には重ねて長行の未だ了せざる所を頌するが故に、応に重ねて頌を述ぶべし。今此の経の中に、別序の末の偈に初めの十六菩薩・五仏・四波羅蜜等を頌するが如きは、即ち重ねて頌するが故に。[2]

三には和伽羅那。此には授記と云う。即ち三相有り。一には菩薩の当に成仏すべき事を記す。二には弟子の死生の因果を記す。三には諸法甚深の義を記す。此の経は第三義に通ず可し。

四には伽陀。此には頌と云う。即ち諷頌なるが故に、妙言の詞を以て而して諷誦す。故に諷誦は謂く、前に未だ説かざるを直ちに偈を以て明かす。謂く、十六大菩薩等の、各々所受の智印を歎ずる五言の偈等の如き、是れなり。

五には優陀那。此には自説と云う。謂く、請を待たずして機を観じて即ち説く。及び問を待たずして自証を顕説す。此の経に云うが如し。[3]爾の時、世尊毘盧遮那如来は久しからずして現証す。乃至、一切如来性を自身に於いて加持し、即ち一切如来普賢摩訶菩提薩埵三摩耶に入り、薩埵の加持の金剛三摩地を出生す。一切如来の大乗現証三昧耶を一切如来心と名づけ、自心従り嚩曰羅薩怛嚩を出す、と。自証を顕説すとは是れなり。

六には尼陀那。此には縁起と云う。彼の因縁に応じて説を起こすが故に。即ち三相有り。一には犯に因って戒を制す。二には事に因って法を説く。三には請に因って法を説く。此の経の中に、悪事を治せんが為に真言を説き、罪垢を除かんが為に以て密言を説き、及び三昧耶戒等を授くるが如きは、是れ制戒の義なり。時に普賢大菩提薩埵の身は、[4]世尊の心従り一切如来の前に下り、月輪に依って住す。復、教令を請う。時に婆伽梵は一切如来智三昧耶に入る。乃至、則ち一切如来は金剛名を以て金剛手と号す等とは、是れ請に因って法を説くなり。又、請に因って大いに金剛を持し、百八徳を讃じ、讃に因って讃を持する功能を演説し、及び弟子入壇の事に因って入壇の広大功徳等を弁説するは、即ち是れ事に因って法を説くなり。

七には阿波陀那。此には譬喩と云う。喩を挙げて彼の所説の法を況するが故に。此の経[5]に、恒河沙と等しき数の如来と与にして、由胡麻の如く示現して閻浮提に満つと云うが如きは、是れなり。

八には伊帝曰多伽。此には本事と云う。謂く、自身を除きて諸弟子本生の事を説くが故に。今此の経の中には、諸弟子をして楊枝を放擲し、花鬘を供え奉り、過去に奉る所の諸尊を知ることを得せしむるは、是れなり。

九には闍陀伽。此には本生と云う。自ら仏・菩薩の本生の法を説くが故に。此の経の中に仏自ら本種子生を演説するが如し。

十には毘仏略。此には方広と云う。理正を方と云い、包含を広と名づく。二種の相有り。一には菩薩道を行ずるを説き、二には法の広く多く極めて高大なるが故に。此の経に円備す。何となれば、此の経は一切如来内証の境、一切菩薩秘密の法なり。故に題目に一切如来真実摂大乗現証大教王経と云うなり。又、経文[6]に云く、爾の時世尊、久しからずして現に等覚・一切如来普賢心を証し、一切如来虚空発生等を獲得す、と。又云く[7]、無尽、無余に有情界を救済し、一切の主宰として安楽・悦意ならしむるが故に。乃至、一切如来の平等智と神境通と無上大乗と見証の最勝悉地の果を得るが故に。既に是れ内証、亦是れ大乗なり。故に方広と為す。

十一には阿浮陀達摩。此には希法と云う。亦、未曾有と云う。謂く、諸衆の共・不共の徳、及び余の最勝殊特の驚異を説く。此の経[8]に云うが如し。復、正法に住する有情有り。一切衆生の為に、一切如来の戒・定・恵の、最勝悉地と方便と仏菩提とを求むるが故に、久しく禅定の解脱地等を修して労倦す。彼等は此の金剛界大曼荼羅に入り、纔かに入り已れば、一切如来の果も尚、難からず。何に況や、余の悉地の類をや、と。是れ即ち不共行の徳なり。

又云く[9]、彼の無量数の如来身は、一一の身従り無量阿僧祇の仏刹を現じ、彼の仏刹に於いて還って此の法の理趣を説く、と。又、(10)纔かに一切如来心を出さば、即ち彼の婆伽梵普賢は衆多の月輪と為って、普く一切有情の大菩提心を浄む。彼の衆多の月輪従り一切如来の智金剛を出して、即ち如来心に入る、と。是れ即ち希有殊特の事なり。十二には優婆提舎。此には論議（イ義）と云う。問答往復して真理を顕すが故に。此れに二の別有り。謂く、仏の所説、及び弟子の説なり。此の経(11)の中の如くんば、十方諸仏は一切義成就を驚覚す。即ち彼の菩薩は還って諸仏に問い、諸仏は還た菩薩の所疑に答う。是の如く研覈して頓証秘密の真理を顕現す。此れ即ち是れなり。

此の十二分の応頌と諷頌は、是れ単・重の別なり。本生と本事は、即ち師資の異なり。余の分は知る可し。当に此の経に十二教を具すべし。

問う。諸々の顕教等も、亦同じく之を説く。今と何の異なりあるや。

答う。顕教の立つる所は是れ随他の説、密教の弁ずる所は是れ大日尊随自意の説なり。

問う。顕密の二教、同じく十二を立つ。何を以て随他と随自を別と為すや。

答う。顕教の十二は、同じく名づけて修多羅等と為すと雖も、但、随機浅略の六度・四摂等の法を説き、未だ如来結要の三密・内証の五智を顕さず。故に随他と云う。三密を知らざるが故に、歴劫修行すと雖も、而も仏果は得難し。内証の智に非ざるが故に、法界の色・心に於いて、周遍の身を見ず。今の経は然らず。纔かに一印を結べば、法界の仏に供し、暫く真言を念ぜば、一切（衆）生を利す。況んや復、法界は洞寂として、忽爾に月輪の真仏を見ることを得んをや。金剛の三密力、如来の加持力、及以（および）法界力、是の如き等の力に由って、早く仏位に登ることを得。故に五秘密(12)に云く、須臾の頃に於いて、当に無量の三昧、無量の陀羅尼門を証すべし。不思議の法を以て、能く弟子の倶生我執(13)の種子を変易し、応時に身中の一大阿僧祇劫所集の福徳智恵を集得せば、則ち仏家に生在すと為す、と云云。一切の諸色、一切の諸心は、一一皆是れ阿字本不生の法性・法界なり。若し一色を見ば、十方三世の海会の大曼荼羅を悟ることを得ること、具に此の中に在り。一切の賢聖も、亦復同居し、因を修し果を証するに、或は無量無数の大劫を経、仏国土を浄め、衆生を成就するも、一切の凡聖の依正二報は、一色を出でず。色法界の故に。若し亦、心に於いても亦復是の如し。何を以ての故に。心法界の故に。一の色・心の如く、一切の色・心も、亦復是の如し。曼荼羅海会として、遍在せざるは無し。是の故に経に毘盧遮那遍一切処と云う[14]。是の如き甚深秘密無礙の大曼荼羅は、彼の顕教の演説する所に非ず。故に今の十二は顕教に同じからず。

（1）余処　ここで円仁が参照している文献として、良賁述『仁王護国般若波羅蜜多経疏』巻上一（大正三三・四三三頁上中）の記述が注目される。また、その先蹤として、基（窺基）の『大乗法苑義林章』巻二「十二分章」（大正四五・二七六頁中～）が挙げられる。

（2）別序の末の偈　『金剛頂経』巻上。大正一八・二〇七頁中下。『金剛頂経疏』巻二（大正六一・二八頁下）では、別序を『金剛頂経』巻上（大正一八・二〇七頁上）の「与恒河沙等数如来」からとする。

（3）此の経　『金剛頂経』巻上。大正一八・二〇八頁中。「乃至」は中略。経文は「嚩曰羅薩怛嚩（金剛薩埵Vajrasattva）」まで。

（4）時に普賢大菩提薩埵の身　『金剛頂経』巻上（大正一八・二〇八頁下）の経文。

（5）此の経　『金剛頂経』巻上。大正一八・二〇七頁上。

（6）経文　『金剛頂経』巻上。大正一八・二〇八頁中。

（7）又云く　『金剛頂経』巻上。大正一八・二〇八頁下。「乃至」は経文中の表記。

（8）此の経　『金剛頂経』巻下。大正一八・二一七頁下。

（9）又云く　『金剛頂経』巻上。大正一八・二〇七頁上。
（10）又　『金剛頂経』巻上。大正一八・二〇八頁中。
（11）此の経　『金剛頂経』巻上。大正一八・二〇七頁下。取意。
（12）五秘密　『金剛頂瑜伽金剛薩埵五秘密修行念誦儀軌』。大正二〇・五三五頁下。
（13）倶生我執　生まれながら持っている我執。
（14）経　『観普賢菩薩行法経』。大正九・三九二頁下。

解説

修多羅（sūtra）・祇夜（geya）・和伽羅那（vyākaraṇa）・伽陀（gāthā）・優陀那（udāna）・尼陀那（nidāna）・阿波陀那（avadāna）・伊帝曰多伽（itivṛttaka）・闍陀伽（jātaka）・毘仏略（vaipulya）・阿浮陀達摩（adbhuta-dharma）・優婆提舎（upadeśa）という十二分教について論じている。その大綱は先行する論著に負うものであるが、円仁がそれぞれに『金剛頂経』の該当箇所をあてがっていることは、研鑽の様子を伝えるものである。因みに、安然は『教時問答』巻四（大正七五・四四三頁上〜四四四頁下）で、この円仁の説を基本として、『大日経』についても論及している。また、円仁は顕教と密教の違いについて問答のかたちで論じ、密教は随自意の説であり、金剛の三密力、如来の加持力、法界力という所謂、三力を具備していることを強調している。円仁が、三力の中、特に三密（行）を尊重したことは大きな特色である。

①―V　処会

五明処会者、今経只是一処・一会。所謂、本有金剛界、阿迦尼吒天王宮中大摩尼殿処、既不動会亦不移故、為一処・会也。言阿迦尼吒天者、不是世間所説三有色界頂天。是則大毘盧遮那心中本有大菩提心光明心殿。故瑜祇経云、金剛界遍照如来、以五智所成四種法身、於本有金剛界、自在大三昧耶、自覚本初大菩提心、普賢満月不壊金剛光明心殿中、与自性所成眷属金剛手等十六大菩薩、及四摂行天女使、金剛内・外供養金剛天女使。已上経文 阿迦尼吒、此云色究竟。心是諸法究竟所帰故為色究竟。故花厳云三界唯心也。実相功徳妙住之境、金剛五智心王所都故、為天王宮。

問。今案経文、金剛界如来、受諸仏加持已、往詣須弥盧頂金剛摩尼宝峯楼閣。若爾、処・会既移。何故、但云一処・会。

答。言須弥盧者、非是世間所知須弥。即是毘盧遮那所座之名、為堅勝法界座也。是仏座処、猶如彼山。故云須弥盧頂。是故訣云、今人、共号為須弥座者、従此立名。非是須弥盧山四宝所成者。此妙高顕如彼山故以喩之云云。於如来座而有両種。謂、世俗・勝義。真・俗不二而論仏座也。言往詣者、従本不生際赴差別之境故云往詣。即是差・無差不二而論往詣耳。又、或経云、即下須弥山頂者、亦復准知也。

五に処会を明かすとは、今の経は只是れ一処・一会なり。所謂、本有金剛界、阿迦尼吒天王宮の中の大摩尼殿の処なれば、既に不動の会にして亦、移らざるが故に、一処・会と為すなり。阿迦尼吒天と言うは、是れ世間所説の三有の色界頂の天ならず。是れ則ち大毘盧遮那心中の本有大菩提心の光明心殿なり。故に瑜祇経(1)に云く、金剛界遍照如来は、五智所成の四種法身を以て、本有金剛界、自在大三昧耶、自覚本初大菩提心、普賢満月不壊金剛光明心殿中に於いて、自性所成の眷属金剛手等の十六大菩薩、及び四摂行天女使、金剛内・外供養金剛天女使と与なり、と。（已上経文）阿迦尼吒は、此には色究竟と云う。心は是れ諸法究竟して帰する所なるが故に色究竟と為す。故に花厳(2)に三界唯心と云うなり。実相功徳妙住の境にして、金剛五智の心王の都する所なるが故に、天王宮と為す。

問う。今、経文(3)を案ずるに、金剛界の如来は、諸仏の加持を受け已って、須弥盧頂の金剛摩尼宝峯楼閣に往詣す、と。若し爾らば、処・会既に移る。何が故ぞ、但、一処・会なりと云うや。

答う。須弥盧と言うは、是れ世間所知の須弥に非ず。即ち是れ毘盧遮那所座の名にして、堅勝法界の座と為すなり。是れ仏の座処にして、猶、彼の山の如し。故に須弥盧頂と云う。是の故に訣(4)に云く、今の人、共に号して須弥座と為すは、此れに従って名を立つ。是れ須弥盧山の四宝所成なる者に非ず。此の妙（座脱カ）の高顕なること彼の山の如きが故に以て之に喩う、と云云。如来の座に於いて而も両種有り。謂く、世俗と勝義となり。真・俗不二にして仏座を論ずるなり。往詣と言うは、本不生際従り差別の境に赴くが故に往詣と云う。即ち是れ差・無差不二にして往詣を論ずるのみ。又、或経(5)に云く、即ち須弥山頂に下る、とは、亦復准知せよ。

（1）瑜祇経　『金剛峯楼閣一切瑜伽瑜祇経』巻上。大正一八・二五三頁下～二五四頁上。

（2）花厳　良賁の『仁王護国般若波羅蜜多経疏』巻上一（大正三三・四三二頁下）に、「華厳経説三界唯心。」と見られるように、『華厳経』の思想を表す語とされる。因みに、「三界唯心」という表記は、八十『華厳』巻五五（大正一〇・二八八頁下）に見られるが、同じく、八十『華厳』巻三七（大正一〇・一九四頁上）に、「三界所有、唯是一心。」と記されていることは知られている。また、「三界唯一心」の語も、『華厳経』の立場を表すものとして著名。

（3）経文　『金剛頂経』巻上（大正一八・二〇八頁中）に、「由レ此往ニ詣須弥盧頂金剛摩尼宝峯楼閣一至已、金剛界如来、以ニ一切如来加持一、於ニ一切如来師子座一、一切面安立。」という記述が見られる。なお、円仁の引用と順序が異なっていることは、『金剛頂瑜伽略述三十七尊心要』（大正一八・二九一頁下）の冒頭に、「爾時、毘盧遮那如来、於ニ須弥盧金剛摩尼宝峯楼閣一至已、金剛界如来、以ニ一切如来加持一、於ニ一切如来獅子座一、一切面安立。」と見出される文でも同様である。

（4）訣　『金剛頂経大瑜伽秘密心地法門義訣』巻上。大正三九・八一四頁中。「此妙高顕」の箇所は、原文では「此妙座高顕」となっている。

（5）或経　『金剛寿命陀羅尼経』（大正二〇・五七七頁中）に、「爾時、毘盧遮那如来、於ニ色界頂第四禅一成ニ等正覚一、即下ニ須弥山頂一。」と見られる。『金剛寿命陀羅尼経法』（大正二〇・五七六頁上）も同じ。

解説

処と会を二処三会（『法華経』）、七処八会（六十『華厳』）等というように分類するのではなく、『金剛頂経』は一処・一会であることを論じている。そして、特に重要なのは、『金剛頂経』が阿迦尼吒天で説かれたとされることについて、それは所謂、三界の中の色頂ではなく、大毘盧遮那心中の本有大菩提心の光明心殿であると解釈したことである。この中の、一処は安然が『教時問答』で樹立する一仏・一時・一処・一教という四一判の一つに当て嵌まる。

②根性

第二弁法被根性者、就此為二。初約一切泛明根性、後就当経明所被機。

第二に法被の根性を弁ずるとは、此れに就いて二と為す。初めに一切に約して泛く根性を明かし、後に当経に就ついて所被の機を明かす。

解説

円仁の機根論が示される箇所であり、一切と当経の二つに分けて根性を論ずる。

②―Ⅰ　一切に約す

初約一切泛明根性者、毘盧遮那遍一切故、一切有情皆有仏性。是故無非秘密根性。若具毘盧遮那法身者、必具三昧、及大智恵、無不顕得毘盧遮那万徳之果。如得礦金必獲鐶釧。故最勝王経云、如是法身三昧・智恵、過一切相、不著於相、不可分別。非常非断、是名中道。雖有分別、体無分別。体雖有三数、而無三体。不増・不減、猶如夢幻。亦無所執、亦無能執。法体如如、是解脱処。過死王境、越生死闇。一切衆生、不能修行、所不能至一切諸仏・菩薩之所住処。善男子、譬如有人願欲得金、処処求覓、遂得金礦。既得礦已、即便砕之、択取精者、炉中銷錬、得清浄金。随意迴転、作諸鐶釧・種種厳具。雖有諸用、金性不改。既云得清浄金、随意迴転作諸鐶釧。当知、具法身者、応得如来三昧・智恵、亦復如是。三法既名中道。中道即是毘盧遮那遍一切処成仏種子故。涅槃経云、中道名為仏性種子。

若云雖有中道法身種子、而有不成仏有情者、豈有不具鐶釧礦金乎。又、中道法性、必有随縁作諸法義。当知、具足毘盧遮那真理法性、必為秘（密）教成仏之機。故十地経第九云、法性本寂随縁転。由此妙智向七地。又、勝天王経第四云、如来法性、在有情類蘊・界・処中、展転相続。諸仏如来無辺功徳・不共之法、従此性生、由是性出。一切聖者戒・定・恵品、従此性生。解釈此義、亦如後文。

初めに一切に約して泛く根性を明かすとは、毘盧遮那遍一切の故に、一切有情に皆、仏性有り。是の故に秘密の根性に非ざるは無し。若し毘盧遮那法身を具せば、必ず三昧、及び大智恵を具し、毘盧遮那万徳の果を顕得せざるは無し。礦金(1)を得れば必ず鐶釧(2)を獲るが如し。故に最勝王経(3)に云く、是の如き法身の三昧・智恵は、一切の相を過ぎ、相に著せず、分別す可からず。常に非ず断に非ず、是れを中道と名づく。分別有りと雖も、体に分別無し。体に三数(4)有りと雖も、而も三体無し。不増・不減なること、猶、夢幻の如し。亦、所執無く、亦、能執無し。法体如如にして、是れ解脱の処なり。死王の境を過ぎ、生死の闇を越ゆ。一切衆生、修行すること能わざれば、一切諸仏・菩薩の所住の処に至ること能わざる所なり。善男子よ、譬えば人有って金を得んことを願欲し、処処に求覓して、遂に金礦を得。既に礦を得已れば、即便(すなわ)ち之を砕き、精なる者を択取し、炉中に銷錬して、清浄の金を得。意に随って迴転し、諸々の鐶釧・種種の厳具を作る。諸用有りと雖も、金の性は改まらざるが如し、と。既に清浄の金を得、意に随って迴転し諸々の鐶釧を作ると云う。当に知るべし、法身を具せば、応に如来の三昧・智恵を得べきこと、亦復、是の如くなることを。三法(5)既に中道と名づく。中道は即ち是れ毘盧遮那遍一切処にして成仏の種子なるが故に。涅槃経(6)に云く、中道を名づけて仏性の種子と為す、と。若し中道法身の種子有りと雖も、而も成仏せざる有情有りと云わば、豈に鐶釧を礦金に具せざること有らんや。又、中道法性は、必ず縁に随って諸法と作る義有り。当に知るべし、毘盧遮那真理の法性を具足して、必ず秘（密）教成仏の機と為ることを。故に十地経第九[7]に云く、法性は本寂なれども縁に随って転ず。此の妙智に由って七地に向かう、と。又、勝天王経第四[8]に云く、如来の法性は、有情の類の蘊・界・処中に在って、展転相続す。諸仏如来の無辺の功徳・不共の法は、此の性従り生じ、是の性由り出ず。一切聖者の戒・定・恵品は、此の性従り生ず、と。此の義を解釈すること、亦、後文[9]の如し。

(1) 礦金　製錬していない段階の金。あらがね。
(2) 鐶釧　かなわ状の装身具。
(3) 最勝王経　義浄訳『金光明最勝王経』巻二。大正一六・四〇九頁下～四一〇頁上。引用は、「金性不改」まで。
(4) 三数　該当の品は分別三身品であり、法身・応身・化身という、所謂、合真開応の三身を説く。
(5) 三法　空・仮・中の三諦のことであろう。例えば、『法華玄義』巻二上（大正三三・六九五頁下）には、「中論偈云、因縁所生法、我説即是空、亦名為仮名、亦名中道義。」という三諦偈が示されている。
(6) 涅槃経　『大般涅槃経』巻二五（南本）。大正一二・七六七頁下～七六八頁上。北本は巻二七。大正一二・五二三頁中下。取意。
(7) 十地経第九　『十地経』巻九。大正一〇・五七三頁下。偈文。
(8) 勝天王経第四　この引用文の、前半「如来の法性は……展転相続す。」という箇所は、『大般若経』巻五六九（大正七・九三六頁下）に、「仏言、天王、如来法性、在有情類蘊・界・処中、従無始来、展転相続。」と見出される。「諸仏如来」以下は、『勝天王般若波羅蜜経』巻三（大正八・七〇一頁中）に、「大王、諸仏如来無辺功

徳・不共之法、従二此性一生、由二是性一出。大王、一切聖人戒・定・慧品、従二此性一生。」とある。

（9）後文　『金剛頂経疏』巻四（大正六一・六一頁下）でも、ここでの引用と同じ二文を『勝天王経』巻四からの証文として引用し、仏性について「既云下諸仏如来無辺功徳・不共之法、従二此性一生上。如何得レ云下雖レ有二理仏性一而不中得二成仏一也。」と論じている。

解説

二種の根性の中、先ず一切という見地から論じている。すなわち、一切衆生が密教の根性であり、毘盧遮那仏を具現しうることを、毘盧遮那遍一切を根拠として主張しているのであり、円仁の機根論、或いは仏性論として注目される。「毘盧遮那遍一切処」という名言が『観普賢菩薩行法経』（大正九・三九二頁下）に基づくことは言うまでもないが、ここでは証文として『金光明最勝王経』・『涅槃経』・『十地経』・『勝天王般若波羅蜜経』といった大乗経典を依用している。

②—Ⅱ　当経の所被

次就当経弁所被者、今此秘教、非対三乗顕教根性。但与内証心地眷属、説秘密道。故此経云、爾時、世尊毘盧遮那如来、不久現証等覚・一切如来普賢心、獲得一切如来虚空発生大摩尼宝灌頂、得一切如来観自在法智彼岸・一切如来毘首羯磨不空。依此得知。四方四仏、是大日如来内証之身。又云、時普賢大菩提薩埵身、従世尊心下、一切如来前依月輪而住。乃至、四摂作如是説。依此亦知、諸尊亦是大日世尊内証眷属。況復、分別聖位弁説三十七尊、皆悉称云毘盧遮那仏於内心証得乎。為是尊等但（イ倶）説此教。是故当知、此経是即内証境界之所説也。

問。如来内証、寂静無言、心思迴絶。何故今云於内証境説此経耶。

答。如汝所説、内証之境、言亡慮絶。何以故。非諸凡夫之境界故。又、如来内証、但是寂静無言等者、是即顕教之所説也。彼教未知如来内証甚深義故。今此秘教、其義不然。寂・照倶時。寂故法界倶寂。照故法界同散。散不妨寂、寂不妨散。如来内証、其義如是。

問。諸仏説法、必為利他。今与内証眷属説法、有何利益。

答。是即自受法楽。如転輪王与自眷属受大快楽。非是国内万民所知。故金剛峯瑜祇経云、金剛界遍照如来、与自性所成眷属、金剛手等十六大菩薩、及四摂行天女使、金剛内外供養金剛天女使。各各以本誓加持、自住金剛月輪。持本三摩地標幟、皆以微細法身秘密心地、超過十地身語心金剛。各於五智光明峯杵、出現五億倶胝微細金剛、遍満虚空法界。諸地菩薩、無有能見、倶不覚知。故知。此経即是如来自境界説、非余所知。一一眷属、各具五智、為表五智、各現五億倶胝金剛、展転相生、無有辺際。故云遍満虚空法界。

問。若諸地菩薩、倶不覚知者、此経於諸有情無分。詎(イ誰)以此教流転於世。

答。所言諸地菩薩、倶不覚知者、是約顕教諸地菩薩。若約秘密根、凡夫具縛、尚得聞知。何況、秘教諸地菩薩、何不得伝。是故彼経亦云、常於三世不壊化身、利益有情、無時暫息。以金剛自性光明遍照、清浄不染種種業用、方便加持、救度有情、演金剛乗、唯一金剛、能断煩悩。以此甚深秘密心地、普賢自性常住法身、摂諸菩薩。若依此文、応云不壊化身、能為有情演金剛乗。所言唯一金剛者、五種大智、互摂無外。故云唯一。能断惑障、顕現体性。故云能断。此智即是心地内証、普賢法身。以教菩薩故、云摂諸菩薩等也。


次に当経に就いて所被を弁ぜば、今此の秘教は、三乗顕教の根性に対するに非ず。但、内証心地の眷属の与(ため)に、秘密道を説く。故に此の経(1)に云く、爾の時、世尊毘盧遮那如来は、久しからずして等覚・一切如来の普賢心を現証し、一切如来の虚空発生大摩尼宝灌頂を獲得し、一切如来の観自在法智彼岸と一切如来の毘首羯磨不空を得たり、と。此れに依って知ることを得。四方四仏は、是れ大日如来内証の身なることを。又云く(2)、時に普賢大菩提薩埵の身は、世尊の心従り下って、一切如来の前に月輪に依って住す、と。乃至、四摂も是の如き説を作す。此れに依って亦知る、諸尊も亦是れ大日世尊の内証の眷属なることを。況や復、分別聖位(3)に三十七尊を弁説するに、皆悉く称して、毘盧遮那仏は内心に於いて証得すと云うをや。是の尊等の為に但(イ倶)、此の教を説く。是の故に当に知るべし、此の経は是れ即ち内証境界の所説なることを。

問う。如来の内証は、寂静無言にして、心思迥に絶す。何が故ぞ今、内証の境に於いて此の経を説くと云うや。

答う。汝の所説の如く、内証の境は、言亡慮絶なり。何を以ての故に。諸々の凡夫の境界に非ざるが故に。又、如来の内証は、但是れ寂静無言等とは、是れ即ち顕教の所説なり。彼の教は未だ如来内証の甚深の義を知らざるが故に。今此の秘教は、其の義然らず。寂・照倶時なり。寂なるが故に法界倶に寂なり。照なるが故に法界同じく散なり。散は寂を妨げず、寂は散を妨げず。如来の内証は、其の義是の如し。

問う。諸仏の説法は、必ず利他の為なり。今、内証の眷属の与に法を説くに、何の利益有るや。

答う。是れ即ち自受法楽なり。転輪王が自眷属と与に大快楽を受けるが如し。是れ国内の万民の知る所に非ず。故に金剛峯瑜祇経(4)に云く、金剛界の遍照如来は、自性所成の眷属、金剛手等の十六大菩薩、及び四摂行天女使、金剛内外供養金剛天女使と与なり。各各本誓加持を以て、自ら金剛月輪に住す。本三摩地の標幟を持し、皆、微細の法身秘密心地を以て、十地を超過せる身語心金剛なり。各々五智光明峯杵に於いて、五億倶胝の微細金剛を出現し、虚空法界に遍満す。諸地の菩薩、能く見ること有ること無く、倶に覚知せず、と。故に知んぬ。此の経は即ち是れ如来自境界の説にして、余の知る所に非ざることを。一一の眷属は、各々五智を具し、五智を表さんが為に、各々五億倶胝の金剛を現じ、展転相生して、辺際有ること無し。故に遍満虚空法界と云う。

問う。若し諸地の菩薩、倶に覚知せずんば、此の経は諸々の有情に於いて分無し。詎（イ誰）ぞ此の教を以て世に流転せん。

答う。言う所の諸地の菩薩、倶に覚知せずとは、是れ顕教の諸地の菩薩に約す。若し秘密の根に約せば、凡夫具縛も、尚、聞知することを得。何に況んや、秘教諸地の菩薩、何ぞ伝うることを得ざらんや。是の故に彼の経(5)に亦云く、常に三世に於いて化身を壊せず、有情を利益し、時として暫くも息むこと無し。金剛自性の光明遍照、清浄不染の種種の業用、方便加持を以て、有情を救度し、金剛乗を演べ、唯一の金剛、能く煩悩を断ず。此の甚深秘密の心地、普賢自性の常住法身を以て、諸々の菩薩を摂す、と。若し此の文に依らば、応に化身を壊せずして、能く有情の為に金剛乗を演ぶと云うべし。言う所の唯一金剛とは、五種の大智、互いに摂して外無し。故に唯一と云う。能く惑障を断じて、体性を顕現す。故に能断と云う。此の智は即ち是れ心地内証、普賢の法身なり。菩薩を教えるを以ての故に、諸々の菩薩を摂す等と云うなり。

(1) 此の経　『金剛頂経』巻上（大正一八・二〇八頁中）に、「爾時、世尊毘盧遮那如来、不レ久現二証等覚・一切如来普賢心一、獲二得一切如来虚空発生大摩尼宝灌頂一、得二一切如来観自在法智彼岸・一切如来毘首羯磨不空無礙教一、円二満事業一、円二満意楽一。」とある。

(2) 又云く　『金剛頂経』巻上。大正一八・二〇八頁下。

(3) 分別聖位　『略述金剛頂瑜伽分別聖位修証法門』（大正一八・二八八頁中〜）に、「毘盧遮那仏於二内心一証二得……一」といった表記が繰り返し出る。

（4）金剛峯瑜祇経　『金剛峯楼閣一切瑜伽瑜祇経』巻上。大正一八・二五三頁下〜二五四頁上。

（5）彼の経　『金剛峯楼閣一切瑜伽瑜祇経』巻上。大正一八・二五四頁上。なお、ここで言及されている『瑜祇経』の文は、空海の『秘密曼荼羅十住心論』巻一〇（大正七七・三六一頁上）に引用され、またそれと同様の方法による引用が『弁顕密二教論』巻下（大正七七・三八〇頁中）に見出されるが、円仁のような解釈は施されていない。

解説

ここでは、当経、すなわち『金剛頂経』所被の根性（機根）が、三乗顕教の根性ではなく、内証心地の眷属であることを説示し、それが自受法楽の境界であることを述べている。しかし、それだけでは有情に無関係となってしまうことを問題にして、まさに台密ならではの議論を展開する。すなわち、密教の機根であれば、諸地の菩薩は勿論、具縛の凡夫であっても内証を聞知するという教学を打ち立てたのである。この主張が後世に与えた影響は頗る大きい。

③判教

三正判教相者、亦分為二。初明説教時、後弁所説教。

三に正しく教相を判ずとは、亦分かちて二と為す。初めには説教の時を明かし、後には所説の教を弁ず。

解説
教相を判ずるに当たり、説教の時と所説の教の二に分けることを述べている。

③—I　説教の時

初明説教時者、亦復為二。初随他立、後随自立。他謂、随順衆生機立。自謂、但随仏自意立。

初めに説教の時を明かすとは、亦復二と為す。初めには随他立、後には随自立なり。他は謂く、衆生の機に随順して立つ。自は謂く、但、仏の自意に随って立つ。

解説
先ず、説教の時について、衆生の機に随順する随他立と、仏の自意に随う随自立という二つの見地に立つことを言う。

③—I—i　説教の時〔随他立〕

言随他立者、衆生宿殖、種種不同、遇仏説教、前後各別。或一時得入如来之恵、不云二・三時。故法華云、始見我身、聞我所説、皆入仏恵。或二時得悟。故涅槃経云、昔於波羅奈初転法輪、八万天人、得須陀洹果。今於此間拘尸那城転法輪時、八十万億人、得不退転。又、法華云、昔於波羅奈転四諦法輪、今復更転最大法輪。或三時得悟。如解深密経第一云。爾時、勝義生菩薩、復白仏言、世尊初於一時、在波羅尼斯仙人堕処施鹿林中、唯為発趣声聞乗者、以四諦相転正法輪。雖是深奇甚為希有、一切世間諸天人等、先無有能如法転者、而於彼時所転法輪、有上有容。是未了義。是諸諍論安足処所。世尊在昔第二時中、唯為発趣修大乗者、依一切法皆無自性、無生・無滅、本来寂静、自性涅槃、以隠密相転正法輪。雖更甚奇甚為希有、而於彼時所転法輪、亦是有上、有所容受。猶未了義。是諸諍論安足処所。世尊於今第三時中、普為発趣一切乗者、依一切法皆無自性、無生・無滅、本来寂静、自性涅槃無自性性、以顕了相転正法輪。第一甚奇最為希有。于今世尊所転法輪、無上無容。是真了義。非諸諍論安足処所。如是等例、種種不同。不可具説。是等皆悉随機所説、未是如来常恒不変普説時也。

随他立と言うは、衆生の宿殖、種種不同なれば、仏の説教に遇うこと、前後各々別なり。或は一時に如来の恵に入ることを得、二・三時と云わず。故に法華(1)に云く、始めに我が身を見、我が所説を聞きて、皆、仏恵に入る、と。或は二時に悟を得。故に涅槃経(2)に云く、昔、波羅奈に於いて初めて法輪を転ずるに、八万の天人は、須陀洹果を得たり。今、此間の拘尸那城に於いて法輪を転ずる時、八十万億人は、不退転を得たり、と。又、法華(3)に云く、昔、波羅奈に於いて四諦法輪を転じ、今復更に最大法輪を転ず、と。或は三時に悟を得。解深密経第一(4)に云うが如し。爾の時、勝義生菩薩は、復、仏に白して言く、世尊は初めに一時に於いて、波羅尼斯仙人堕処施鹿林中(5)に在って、唯、声聞乗に発趣する者の為に、四諦相を以て正法輪を転ず。是れ深く奇にして甚だ希有なりと為し、一切世間の諸々の天人等、先に能く法の如く転ずる者有ること無しと雖も、而も彼の時に於いて転ずる所の法輪に、上有り容有り。是れ未了義なり。是れ諸々の諍論安足の処所なり。世尊は在昔(むかし)第二時の中に、唯、大乗を修することを発趣する者の為に、一切の法は皆無自性、無生・無滅、本来寂静、自性涅槃なるに依って、隠密の相を以て正法輪を転ず。更に甚だ奇にして甚だ希有と為すと雖も、而も彼の時に於いて転ずる所の法輪に、亦是れ上有り、容受する所有り。猶未了義なり。是れ諸々の諍論安足の処所なり。世尊は今第三時中に於いて、普く一切乗に発趣する者の為に、一切法は皆無自性、無生・無滅、本来寂静、自性涅槃無自性の性なるに依って、顕了の相を以て正法輪を転ず。第一にして甚だ奇にして最も希有と為す。今に世尊の転ずる所の法輪は、無上にして無容なり。是れ真の了義なり。諸々の諍論安足の処所に非ず、と。是の如き等の例は、種種不同なり。具に説く可からず。是れ等は皆悉く随機の所説にして、未だ是れ如来常恒不変普説の時ならざるなり。

（1）法華　『法華経』従地涌出品第十五（大正九・四〇頁中）に、「此諸衆生、始見我身、聞我所説、即皆信受入如来慧。」と見られる。

（2）涅槃経　『大般涅槃経』巻一三（南本、大正一二・六八九頁下。北本は巻一四、大正一二・四四七頁下）に、「復次善男子、我昔於彼波羅㮈城初転法輪、八万天人得須陀洹果。今於此間拘尸那城、八十万億人不退転於阿耨多羅三藐三菩提。」と見出される。但し、ここでの引用は、『法華玄義』巻一〇上（大正三三・八〇二頁中）からの孫引き。

（3）法華　『法華経』譬喩品第三（大正九・一二頁上）に、「仏昔於波羅奈初転法輪、今乃復転無上最大法輪。爾時諸天子、欲重宣此義、而説偈言、昔於波羅奈、転四諦法輪、……今復転最妙無上大法輪。」と記されている。この引用もまた、『法華玄義』巻一〇（大正三三・八〇二頁中）を参照していると考えられる。

（4）解深密経第一　『解深密経』巻二。大正一六・六九七頁上中。引用は、「諸々の諍論安足の処所に非ず」まで。

（5）波羅尼斯仙人堕処施鹿林　波羅奈国の鹿野園。

衆生の機に随順して説く随他立について解説している。そして、それを分類して、一時に如来の智慧に入ることを説く場合、二時に悟りを得ることを説く場合、三時に悟りを得ることを説く場合があることを、『法華経』・『涅槃経』・『解深密経』に依って論じ、その説教の時は、如来常恒不変普説の時ではないと言う。

③—I—ii　説教の時〔随自立〕

次随自立者、如大毘盧遮那経第一云。而毘盧遮那一切身業・一切語業・一切意業、一切処・一切時、於有情界宣説真言道句法。已上経文 若准此文、応云一切時・処説法、普利有情。何但得局二・三時等。故大興善寺伝法阿闍梨云、諸家所立、皆是随機。若准実義、弁説毘盧遮那如来説法時者、応云一切時也。

問。出生義云、我能仁如来、憫三有・六趣之惑、常由蘊・界・入等受生死妄報(イ執)、空花無而虚計、衣珠有而不知。於是乎、収跡覩史天宮、下生于中印土、越化城以接之、由糞除以誘之。及乎大種性人、法縁已熟、三秘密教、説法方至、遂却住自受用身、拠色究竟天宮、入不空王三昧、普集諸（聖）賢、削地位之漸階、開等・妙之頓旨。若依此文、応云大日如来説法有時。何故今云一切時耶。

答。此亦且就一分機熟而為時至。非是謂為普説之時。

次に随自立とは、大毘盧遮那経第一(1)に云うが如し。而も毘盧遮那の一切身業・一切語業・一切意業は、一切処・一切時に、有情界に於いて真言道句の法を宣説す、と。已上経文 若し此の文に准ぜば、応に一切時・処に法を説き、普く有情を利すと云うべし。何ぞ但、二・三時等に局ることを得んや。故に大興善寺の伝法阿闍梨(2)云く、諸家の所立は、皆是れ随機なり。若し実義に准じて、毘盧遮那如来説法の時を弁説せば、応に一切時と云うべきなり、と。

問う。出生義(3)に云く、我が能仁如来は、三有・六趣の惑もて、常に蘊・界・入等に由って生死の妄報(イ執)を受け、空花無きも而も虚しく計し、衣珠(4)有るも而も知らざるを憫む。是に於いてか、跡を覩史天宮に収め、中印土に下生し、化城(5)を越えて以て之を接し、糞除(6)に由って以て之を誘う。大種性の人、法縁已に熟し、三秘密教、説法方に至れるに及んで、遂に却って自受用身に住し、色究竟天宮に拠って、不空王三昧に入り、普く諸(聖)賢を集め、地位の漸階を削って、等・妙の頓旨を開く、と。若し此の文に依らば、応に大日如来の説法に時有りと云うべし。何が故ぞ今、一切時と云うや。

答う。此れ亦且く一分の機熟するに就いて時至ると為す。是れ普説の時と為すと謂うには非ず。

(1) 大毘盧遮那経第一　『大日経』巻一、入真言門住心品第一。大正一八・一頁上中。
(2) 大興善寺の伝法阿闍梨　円仁の入唐中の師の一人である元政のことと言われる。特に後に示される「一大円教」についての示唆は、台密の根本となる。
(3) 出生義　『金剛頂瑜伽三十七尊出生義』。大正一八・二九七頁下。引用は「等・妙の頓旨を開く」まで。
(4) 衣珠　『法華経』七喩の一。五百弟子受記品第八に出る。
(5) 化城　『法華経』七喩の一。化城喩品第七に出る。
(6) 糞除　『法華経』七喩の一。信解品第四に出る長者窮子の喩に基づく。

解説

随自立について、円仁は、唐土における師の一人である大興善寺の阿闍梨元政の言葉を紹介し、大日如来の説時が一切時であることを説いている。そして、『法華経』の譬喩を活用する『三十七尊出生義』の記述については、普説の時となすのではないとする。

③―Ⅱ　所説の教

次弁所説教者、亦分為三門。初正明教、次依経文、及以義釈而弁教相、三問答分別也。

次に所説の教を弁ずとは、亦分って三門と為す。初めには正しく教を明かし、次には経文、及以義釈に依って教相を弁じ、三には問答分別するなり。

解説

時間に注目した説教の時に続き、ここからは最後に所説の教を論ずる。そして、それを明教、教証、問答分別の三門に分けて明かすのである。

③―Ⅱ―ⅰ　所説の教〔明教〕

言正明教者、亦分為二。初明随他立、後弁随自立。

言随他立者、於真言教、総有五種三摩耶教。謂、仏三摩耶教・菩薩三摩耶教・縁覚三摩耶教・声聞三摩耶教・世間三摩耶教。故毘盧遮那経第二説諸真言道竟、説摂偈云、秘密主、当知、此等三昧道、若住仏世尊・菩薩救世者・縁覚・声聞説、摧害於諸過。若諸天・世間真言法教道、如是、勤勇者、為利衆生故。此等偈文、如次、即是五種三摩耶教。雖中有仏三摩耶教、且随機別以為随他。故毘盧遮那経義釈判此偈云、五位三昧、皆是毘盧遮那秘密加持。其与相応者、皆可一生成仏。何有浅深之殊。今偈中所説、就彼等自所流転法教而言耳。

後弁随自立者、唯随如来自意説之。故云随自。故彼経云、毘盧遮那一切身業・一切語業・一切意業、一切処・一切時、於有情界宣説真言道句法。所謂、初発心乃至十地、次第此生満足。今准此文、如来但説真言頓証無上法門、曾無他事。是即名為随自立也。是故大興善寺阿闍梨云、若就真言而立教者、応云一大円教。如来所演無非真言秘密道故。

正しく教を明かすと言うは、亦分かちて二と為す。初めには随他立を明かし、後には随自立を弁ず。

随他立と言うは、真言教に於いて、総じて五種の三摩耶教有り。謂く、仏の三摩耶教・菩薩の三摩耶教・縁覚の三摩耶教・声聞の三摩耶教・世間の三摩耶教なり。故に毘盧遮那経第二(1)に諸真言道を説き竟り、摂偈を説いて云く、秘密主よ、当に知るべし、此れ等の三昧道は、若し仏世尊・菩薩救世者・縁覚・声聞の説に住しては、諸過を摧害す。若し諸天・世間の真言法教道、是の如くなるは、勤勇者が、衆生を利せんが為の故なり、と。此れ等の偈文は、次(ついで)の如く、即ち是れ五種の三摩耶教なり。中に仏の三摩耶教有りと雖も、且く機に随って別して以て随他と為す。故に毘盧遮那経義釈(2)に此の偈を判じて云く、五位の三昧は、皆是れ毘盧遮那の秘密加持なり。其の与に相応する者は、皆、一生成仏す可し。何ぞ浅深の殊なり有らんや。今の偈の中に説く所は、彼等自ら流転する所の法教に就いて言うのみ、と。

後に随自立を弁ぜば、唯、如来の自意に随って之を説く。故に随自と云う。故に彼の経[3]に云く、毘盧遮那の一切身業・一切語業・一切意業は、一切処・一切時に、有情界に於いて真言道句の法を宣説す。所謂、初発心乃至十地、次第に此生に満足す、と。今、此の文に准ずるに、如来は但、真言頓証無上の法門を説くのみにして、曾て他事無し。是れ即ち名づけて随自立と為すなり。是の故に大興善寺の阿闍梨云く、若し真言に就いて教を立つれば、応に一大円教と云うべし。如来の演ぶる所は真言秘密道に非ざるは無きが故に、と。

（1）毘盧遮那経第二　『大日経』巻二、入漫荼羅具縁真言品第二之余。大正一八・九頁下。偈文。

（2）毘盧遮那経義釈　『大日経義釈』巻五。続天全、密教1・一七九頁上。『疏』巻七。ここに引用される記述は、五位の三昧、すなわち五種の三昧道が実は毘盧遮那の秘密加持であり、全てが一生成仏の法門となるという深秘の釈を述べたものなので、随自意の説明と言える。しかし、円仁は随他の意味で五種が説かれることの証文として用いたのである。

（3）彼の経　『大日経』巻一、入真言門住心品第一。大正一八・一頁上中。

解説

ここでは所説の教を随他立と随自立とに分けて論じ、先ず真言密教における随他立とは五種の三摩耶教であると言う。その、五種の三摩耶教とは、『大日経』、及び『大日経義釈』に説かれる五種の三昧道に他ならないが、それらは大日如来随自意の立場からは、全てが区別なく一生成仏を可能にする教えとなる。従って、円仁が随他立の証文として引用した『大日経義釈』の教義は、随自意の説明としても極めて重要なものでもある。一方、随自立の証文としては『大日経』巻一の記述を用いるのであり、それは円仁ならではの着眼に基づいている。その特色については、拙稿「台密に見る密教の東漸―円仁撰『金剛頂経疏』の教学的特色を中心に―」（新川登亀男編『仏教文明の転開と表現―文字・言語・造形と思想―』所収）参照。また、右の証文の中に、初発心乃至十地を次第に此生に満足することが説示されていることは、中国天台で「一生超登十地」を説くことからも緊要である。そのことについては、拙著『天台教学と本覚思想』「円仁の即身成仏論に関する一、二の問題」参照。更に、ここで大興善寺の阿闍梨元政が説いた「一大円教」の語を紹介したことは、台密教学の基盤となったと言える。

③―Ⅱ―ⅱ　所説の教〔教証〕

次依経文、及以義釈弁教相者、亦分為四。初明教本源、二弁教起由、三釈教浅深、四明教義別。

㈠教の本源

初明教（本）源者、彼経第二云、秘密主、此真言相、非一切諸仏所作、不令他作、亦不随喜。何以故。以是諸法法如是故。若諸如来出現、若諸如来不出、諸法法爾如是住。謂、諸真言法爾故。義釈云、次説真言如実相。以如来身・語・意畢竟等故、此真言相・声・字皆常。常故不流、無有変易、法爾如是、非造作所成。若可造成即是生法。法若有生則可破壊。四相遷流、無常・無我。何得名為真実語耶。是故仏不自作、不令他作。設令有能作主（之カ）、亦不随喜。是故此真言相、若仏出興于世、若不出世、若已説、若未説、若現説、法住法位、性相常住。是故名必定印、衆聖通（道カ）同。即此大悲曼荼羅一切真言、一一真言之相、皆法爾如是。故重言之也。

㈡教の起由

二弁教起由者、謂、明真言諸教起之元由。彼経亦云、秘密主、成等正覚一切知者・一切見者、出興于世、而自此法説種種道、随種種楽欲・種種諸衆生心、以種種句・種種文・種種随方語言・種種諸趣音声、而以加持説真言道。義釈云、若如是者、則是諸真言相、畢竟寂滅、不授与人。何故有時出興、有時隠没。故経復（イ後）釈所由云、秘密主、或（成カ）正等覚一切知者・一切見者、出興于世、而自此法、説種種道、随種種楽欲、乃至種種諸趣音声、而以加持説真言道。此意言、如来自証法体、非仏自作、非余天人所作、法爾常住。而以加持神力出興于世、利益衆生。今此真言門秘密身・口・意、即是〔仏〕（衍カ）法仏平等身・口・意。然亦以加持力故、出現于世、利益衆生也。如来無礙知見、在一切衆生相続中、法爾成就、無有欠減、以於此真言体相不如実覚故、名為生死中人。若能自智（知カ）、自見時、即名一切知者・一切見者。是故如是知見非仏自所造作、亦非他所伝授也。仏坐道場、証（如カ）知是法已、了知一切世界従本以来、常是法界、即時生大悲心。云何衆生去仏道甚近、不能自覚。故以此因縁、如来出興于世、還用如是不思議法界、分作種種道、開示種種乗、随種種楽欲心機、以種種文句・方言、自在加持説真言道。雖従機感因縁生、而不動実際。雖善巧方便無所不為、然非仏所作。雖普門異説、而但以仏之知見示悟衆生。若行者、於此真言十喩中、妄見有為生滅、更増心垢、則非如来之本意也。

㈢教の浅深

三釈教浅深者、若引経文如前引摂偈是也。義釈云、経中仏説摂偈、就五種三昧道中、大分為二。謂、仏・菩薩・縁覚・声聞四種、皆名出世三昧。若諸天等所説真言法教道、皆属世間三昧。出世間三昧、皆有実益。故云摧害於諸過。世間三昧、但有摧（権カ）益。故云為利衆生故也。如余経所説、求小乗人、当修行作観、即便於世間法教、深生厭離。求大乗人、又於声聞法教、深生怖畏。此皆為未知秘密蔵者、作此方便説耳。就此経宗、則五種三昧、皆是開心実相門。如行者、初住有相瑜伽、則是世間三昧。但於此中了知唯蘊無我、即是声聞三昧。若以十縁生句、観諸蘊無性・無生、即是菩薩三昧。余如住心品中広明。不同余教以心性之旨未明故、五乗殊轍不相融会也。若更作深秘〔密〕釈者、如三重漫荼羅中五位三昧、皆是毘盧遮那秘密加持。其与相応者、皆可一生成仏。何有浅深之殊。今偈中所説、就彼等自所流伝法教而言耳。

㈣教義の別

四明教義別者、経亦云、秘密主、汝、当諦聴諸真言相。等正覚真言、言名成立相、如因陀羅宗、諸義利成就。有増加法句、本名・行相応。乃至云、此正覚仏子、救世者真言。若声聞所説、一一句安布。是中辟支仏、復有少差別。謂、三昧分異、浄除於業生。義釈云、大判真言、略有五種。謂、如来説、或菩薩金剛説、或二乗説、或諸天説、或地居天説、謂龍・鳥・修羅之類。又、前三種通名聖者真言、第四名諸天衆真言、第五名地居者真言。亦可通名諸神真言也。如聖者真言、亦説阿字、或囉字等、彼諸世天、乃至地居鬼神等、亦復説之。彼相有何殊異者、阿闍梨言、若仏・菩薩所説、則於一字之中具無量義。且略言之、阿字自有三義。謂、不生義、有義、空義。如梵本阿字、有本初声。若有本初、則是因縁之法。故名為有。又、阿者、是無生義。若法攬因縁成、則自無有性。是故為空。又、不生者、即是一実境界。即是中道。故龍樹云、因縁生法、亦空亦仮亦中。又、大論明薩婆若、有三種名。一切智与二乗共、道種智与菩薩共、一切種智、是仏不共法。此三智、其実一心中得、為分別令人易解故、作三種名。即此阿字義也。又、如囉字、亦有三義。一者塵義、二者以入阿字門故、即是無塵義。又有波羅蜜義。亦[以カ]究竟到彼岸故、即是本初不生。当知、亦具三点。三点即摂一切法。如阿字・囉字者、余諸字義皆然。又、一切語言中帯阿声者、皆阿字門所摂。若帯囉声者、皆、囉字門所摂。余字亦爾。与大論語等・字等中釈義亦同。下文亦復（不カ）広釈也。若諸菩薩真言有阿字者、当知、各於自所通達法界門中具一切義。非法（原、於）普門法界中具一切義。若二乗真言有阿字者、当知、只約尽無生智・寂滅涅槃明不生義。若梵天所説真言有阿字者、是約出離五欲、覚観不生明義。若帝釈・護世真言有阿字者、是約十不善道、及災横不生明義。余皆以類可知也。如上所説、皆是随他意語、明浅略義耳。若就随自意語明深密義、随入一門、皆具一切法界門。乃至、諸世天等、悉是毘盧遮那。何有浅深之別。若行者能於無差別中解差別義、差別中解無差別義、当知、是人通達二諦義、亦識真言相也。偈云、正等覚真言、乃至、諸義利成就等者、此明如来真言通相、及以別相。具如彼釈。皆是諸仏・菩薩真言相也。次云若声聞所説、一一（二カ）句安布者、以声聞因他得解、入法性未深、不能於一言中具含衆徳。如説諸行無常一四句偈。要令次第安布、文義無欠、乃成真言。不得以字門明義、及増加名句。辟支仏雖無言説、亦能以神通力現出真言。諸有受持之者、此（皆カ）獲義利。是中少有差別者、謂、辟支仏与声聞、漏尽則同。而三昧有浅深之異。能以神通利物、令其所願皆得成就。除四大弟子之外、余声聞力所不能。又、其真言、唯説十二因縁寂滅之理故云、謂、三昧分異、浄除於業生也。

次に経文、及以（および）義釈に依って教相を弁ずとは、亦分かちて四と為す。初めには教の本源を明かし、二には教の起由を弁じ、三には教の浅深を釈し、四には教義の別を明かす。

㈠教の本源

初めに教の（本）源を明かすとは、彼の経の第二[1]に云く、秘密主よ、此の真言の相は、一切諸仏の所作に非ず、他をして作さしめず、亦、随喜せず。何を以ての故に。是の諸法は法として是の如くなるを以ての故に。若しは諸々の如来出現するも、若しは諸々の如来出でざるも、諸法は法爾として是の如く住す。謂く、諸々の真言は法爾なるが故に、と。義釈[2]に云く、次に真言の如実の相を説く。如来の身・語・意は畢竟して等しきを以ての故に、此の真言の相と声と字とは皆常なり。常なるが故に流れず、変易有ること無く、法爾として是の如く、造作の所成に非ず。若し造成す可くんば即ち是れ生ずる法なり。法若し生ずること有らば則ち破壊す可し。四相に遷流して、無常・無我なり。何ぞ名づけて真実語と為すことを得んや。是の故に仏は自ら作さず、他をして作さしめず。設令(たとい)能作の主〈能く之を作すこと〉有るも、亦、随喜せず。是の故に此の真言相は、若しは仏、世に出興するも、若しは世に出でざるも、若しは已に説くも、若しは未だ説かざるも、若しは現に説くも、法は法位に住し[3]、性相常住なり。是の故に必定印と名づけ、衆聖通(道カ)同なり。即ち此の大悲曼荼羅の一切の真言と、一一真言の相とは、皆法爾として是の如し。故に重ねて之を言うなり、と。

㈡教の起由

二に教の起由を弁ずとは、謂く、真言諸教の起りの元由を明かす。彼の経[4]に亦云く、秘密主よ、等正覚を成ぜる一切知者・一切見者は、世に出興し、而も自ら此の法もて種種の道を説き、種種の楽欲と種種の諸々の衆生の心に随って、種種の句・種種の文・種種の随方の語言・種種の諸趣の音声を以て、而も加持を以て真言道を説く、と。義釈[5]に云く、若し是の如くなれば、則ち是の諸々の真言相は、畢竟寂滅にして、人に授与せず。何が故ぞ有る時には出興し、有る時には隠没するや。故に経に復(イ後)、所由を釈して云く、秘密主よ、正等覚を成ぜる一切知者・一切見者は、世に出興し、而も自ら此の法もて、種種の道を説き、種種の楽欲、乃至種種の諸趣の音声に随って、而も加持を以て真言道を説く、と。此の意の言く、如来自証の法体は、仏の自作に非ず、余の天人の所作に非ず、法爾常住なり。而して加持神力を以て世に出興して、衆生を利益す。今此の真言門の秘密の身・口・意は、即ち是れ〔仏〕法仏平等の身・口・意なり。然るに亦、加持力を以ての故に、世に出現して、衆生を利益するなり。如来無礙の知見は、一切衆生の相続中に在って、法爾に成就して、欠減有ること無けれども、此の真言の体相に於いて実の如く覚らざるを以ての故に、名づけて生死中の人と為す。若し能く自ら智り、自ら見る時、即ち一切知者・一切見者と名づく。是の故に是の如き知見は仏が自ら造作する所に非ず、亦、他の伝授する所に非ざるなり。仏は道場に坐して、是の法を証知〈是の如き法を証〉し已り、一切世界は本従り以来、常に是れ法界なりと了知して、即時に大悲心を生ず。云何ぞ衆生は仏道を去ること甚だ近くして、自ら覚ること能わざるや。故に此の因縁を以て、如来は世に出興して、還って是の如き不思議法界を用て、分かちて種種の道と作し、種種の乗を開示し、種種の楽欲の心機に随って、種種の文句・方言を以て、自在に加持して真言道を説く。機感の因縁従り生ずと雖も、而も実際を動ぜず。善巧方便もて為さざる所無しと雖も、然れども仏の所作に非ず。普門に異説すと雖も、而も但、仏の知見を以て衆生に示悟す。若し行者、此の真言の十喩(6)の中に於いて、妄りに有為生滅を見て、更に心垢を増さば、則ち如来の本意に非ざるなり、と。

㊂教の浅深

三に教の浅深を釈すとは、若し経文を引かば前に摂偈(7)を引くが如き是れなり。義釈(8)に云く、経の中に仏は摂偈を説くに、五種の三昧道の中に就いて、大いに分かちて二と為す。謂く、仏・菩薩・縁覚・声聞の四種を、皆、出世の三昧と名づく。若し諸天等の所説の真言法教道は、皆、世間の三昧に属す。出世間の三昧は、皆、実益有り。故に諸過を摧害すと云う。世間の三昧は、但、摧益のみ有り。故に衆生を利せんが為の故なりと云うなり。余経に説く所の如きは、小乗を求むる人は、当に修行し作観して、即便ち世間の法教に於いて、深く厭離を生ずべし。大乗を求むる人は、又、声聞の法教に於いて、深く怖畏を生ず。此れ皆、未だ秘密蔵を知らざる者の為に、此の方便の説を作すのみ。此の経宗に就かば、則ち五種の三昧は、皆是れ心の実相の門を開く。如し行者、初めに有相瑜伽に住するは、則ち是れ世間の三昧なり。但、此の中に於いて唯蘊無我を了知するは、即ち是れ声聞の三昧なり。若し十縁生句を以て、諸蘊の無性・無生を観ずるは、即ち是れ菩薩の三昧なり。余は住心品の中に広く明かすが如し。余教に心性の旨未だ明かさざるを以ての故に、五乗轍を殊にして相融会せざるに同じからざるなり。若し更に深秘〔密〕の釈を作さば、三重漫荼羅中の五位の三昧の如きは、皆是れ毘盧遮那の秘密加持なり。其の与に相応する者は、皆、一生成仏す可し。何ぞ浅深の殊なり有らんや。今の偈の中に説く所は、彼等自ら流伝する所の法教に就いて言うのみ、と。

㈣教義の別

四に教義の別を明かすとは、経[9]に亦云く、秘密主よ、汝、当に諦かに諸々の真言相を聴くべし。等正覚真言の、言名成立相は、因陀羅宗[10]の如くして、諸々の義利成就す。増加の法句と、本名と行と相応すること有り、と。乃至云く、此れ正覚仏子、救世者の真言なり。若し声聞の所説は、一一の句安布す。是の中に辟支仏は、復、少しき差別有り。謂く、三昧分異にして、業生を浄除す、と。義釈[11]に云く、大いに真言を判ずるに、略して五種有り。謂く、如来の説、或は菩薩金剛の説、或は二乗の説、或は諸天の説、或は地居天の説、龍・鳥・修羅の類を謂う。又、前の三種を通じて聖者の真言と名づけ、第四を諸天衆の真言と名づけ、第五を地居者の真言と名づく。亦、通じて諸神の真言と名づく可し。聖者の真言に、亦、阿字、或は囉字等を説くが如く、彼の諸々の世天、乃至地居の鬼神等も、亦復之を説く。彼の相に何の殊異有りとは、阿闍梨言く、仏・菩薩の所説の若きは、則ち一字の中に於いて無量義を具す。且く略して之を言わば、阿字に自ら三義有り。謂く、不生の義、有の義、空の義なり。梵本の阿字の如きは、本初の声有り。若し本初有らば、則ち是れ因縁の法なり。故に名づけて有と為す。又、阿とは、是れ無生の義なり。若し法が因縁を攬(と)って成ぜば、則ち自ら性有ること無し。是の故に空と為す。又、不生とは、即ち是れ一実の境界なり。即ち是れ中道なり。故に龍樹(12)云く、因縁生の法は、亦空亦仮亦中なり、と。又、大論(13)に薩婆若を明かすに、三種の名有り。一切智は二乗と共じ、道種智は菩薩と共じ、一切種智は、是れ仏不共の法なり。此の三智は、其れ実に一心の中に得るも、分別して人をして解し易からしめんが為の故に、三種の名を作す。即ち此れ阿字の義なり。又、囉字の如きも、亦、三義有り。一には塵の義、二には阿字門に入るを以ての故に、即ち是れ無塵の義なり。又、波羅蜜の義有り。亦(以カ)、究竟して彼岸に到るが故に、即ち是れ本初不生なり。当に知るべし、亦、三点を具することを。三点に即ち一切法を摂す。阿字・囉字の如く、余の諸字の義も皆然り。又、一切語言の中に阿の声を帯する者は、皆阿字門の所摂なり。若し囉の声を帯する者は、皆、囉字門の所摂なり。余字も亦爾り。大論(14)の語等・字等の中に釈する義と亦同じ。下の文に、復広く釈せざるなり。若し諸々の菩薩の真言に阿字有るは、当に知るべし、各々自ら通達する所の法界門の中に於いて一切の義を具することを。普門法界の中に於いて一切の義を具するには非ず。若し二乗の真言に阿字有るは、当に知るべし、只、尽無生智・寂滅涅槃に約して不生の義を明すことを。若し梵天所説の真言に阿字有るは、是れ五欲を出離して、覚観生ぜざるに約して義を明かす。若し帝釈・護世(15)の真言に阿字有るは、是れ十不善道、及び災横の不生に約して義を明かす。余は皆、類を以て知る可し。上に説く所の如きは、皆是れ随他意語にして、浅略の義を明かすのみ。若し随自意語に就いて深密の義を明かさば、一門に入るに随って、皆、一切法界門を具す。乃至、諸々の世天等も、悉く是れ毘盧遮那なり。何ぞ浅深の別有らん。若し行者能く無差別の中に於いて差別の義を解し、差別の中に無差別の義を解せば、当に知るべし、是の人は二諦の義に通達し、亦、真言の相を識ることを。(16)偈に云く、正等覚の真言、乃至、諸々の義利成就す等とは、此れ如来の真言の通相、及以(および)別相を明かす。具には彼の釈の如し。皆是れ諸仏・菩薩の真言の相なり。(17)次に若し声聞の所説は、一一の句安布すと云うは、声聞は他に因って解を得るを以て、法性に入ること未だ深からず、一言中に於いて具に衆徳を含むこと能わず。諸行無常の一四句(18)の偈を説くが如し。要(かなら)ず次第に安布して、文義欠くること無からしめ、乃ち真言を成ず。字門を以て義を明かし、及び名句を増加することを得ず。辟支仏は言説無しと雖も、亦能く神通力を以て真言を現出す。諸々の之を受持すること有る者は、此(皆カ)れ義利を獲。是の中に少しく差別有りとは、謂く、辟支仏と声聞とは、漏尽は則ち同じ。而して三昧に浅深の異なり有り。能く神通を以て物を利し、其の所願をして皆、成就することを得せしむ。四大弟子(19)を除くの外、余の声聞の力の能わざる所なり。又、其の真言は、唯、十二因縁寂滅の理を説くが故に、謂く、三昧分異にして、業生を浄除すと云うなり、と。

（1）彼の経の第二　『大日経』巻二、入漫荼羅具縁真言品第二之余。大正一八・一〇頁上。

（2）義釈　『大日経義釈』巻五。続天全、密教1・一八二頁上下。『疏』巻七。

（3）法は法位に住し　『法華経』方便品第二（大正九・九頁中）に、「是法住法位、世間相常住。」と見られ、それが、「是の法は法位に住して、世間相常住なり。」と訓まれてきたことは知られている。因みに、『大日経』巻一（入漫荼羅具縁真言品第二、大正一八・四頁下）には、「仏法離二諸相一、法住二於法位一。」と見られる。「（一）釈名③頂」の註（2）参照。

（4）彼の経　『大日経』巻二、入漫荼羅具縁真言品第二之余。大正一八・一〇頁上。「（二）経体②別体」、註

（5）に既引。

（5）義釈　『大日経義釈』巻五。続天全、密教1・一八二頁下〜一八三頁上。『疏』巻七。

（6）十喩　『大日経』巻一（入真言門住心品第一、大正一八・三頁下）に、「秘密主、若真言門修㆓菩薩行㆒諸菩薩、深修観㆓察十縁生句㆒、当㆘於㆓真言行㆒通達作証㆖。云何為㆑十。謂、如㆓幻・陽焔・夢・影・乾闥婆城・響・水月・浮泡・虚空華・旋火輪㆒。」と示される十縁生句のこと。因みに、『維摩経』巻上（方便品第二、大正一四・五三九頁中）では、聚沫・泡・炎・芭蕉・幻・夢・影・響・浮雲・電という十喩を挙げている。

（7）摂偈　『大日経』巻二、入漫荼羅具縁真言品第二之余。大正一八・九頁下。「（五）教相③—Ⅱ—ⅰ　所説の教（明教）」、註（1）所引。

（8）義釈　『大日経義釈』巻五。続天全、密教1・一七八頁下〜一七九頁上。円仁の引用する『義釈』は、続天台宗全書の底本よりも、対校㋭本の『大日経疏』と一致する箇所が見られる。

（9）経　『大日経』巻二、入漫荼羅具縁真言品第二之余。大正一八・九頁下〜一〇頁上。原文は、「復次世尊、告㆓執金剛秘密主㆒言、秘密主、汝当㆔諦聴㆓諸真言相㆒。金剛手言、唯然。世尊、願楽欲㆑聞。爾時世尊、復説㆑頌曰、等正覚真言、言名成立相、如㆓因陀羅宗㆒、諸義利成就。有㆓増加法句、本名・行相応㆒。……此正覚仏子、救世者真言。若声聞所説、一一句安布。是中辟支仏、復有㆓少差別㆒。謂、三昧分異、浄㆓除於業生㆒。」となっている。

（10）因陀羅宗　因陀羅（Indra）は帝釈天。『大日経義釈』巻五（続天全、密教1・一八〇頁下）には、「如因陀羅宗者、因陀羅是天帝釈異名。帝釈自造㆓声論㆒、能於㆓一言㆒具含㆓衆義㆒。故引以為㆑証。」と見られる。

（11）義釈　『大日経義釈』巻五。続天全、密教1・一七九頁上〜一八二頁上。引用は最後までであるが、中略がある。

(12) 龍樹　『中論』巻四（大正三〇・三三頁中）に、「衆因縁生法、我説二即是無一、亦為二是仮名一、亦是中道義。」と見られる偈文に基づき、天台が、例えば、『法華玄義』巻二上（大正三三・六九五頁下）で、「中論偈云、因縁所生法、我説二即是空一、亦名為二仮名一、亦名二中道義一。」という三諦偈として活用したことに依拠している。

(13) 大論　『大品般若経』巻二一（大正八・三七五頁中）には、「須菩提言、仏説二一切智一、説二道種智一、説二一切種智一。是三種智有二何差別一。仏告二須菩提一、薩婆若是一切声聞・辟支仏智、道種智是菩薩摩訶薩智、一切種智是諸仏智。」と見出され、『大智度論』巻八四（大正二五・六四六頁中）にその経文を記している。

(14) 大論　『大智度論』巻四八（大正二五・四〇七頁下〜）で、『大品般若』巻五（大正八・二五六頁上中）の文章に基づき、議論を展開している。

(15) 護世　護世四天王。帝釈天に仕える四天王のこと。

(16) 偈　註（9）。この箇所は、『大日経義釈』巻五（続天全、密教1・一八〇頁上〜）の略抄。

(17) 次　『大日経義釈』巻五。続天全、密教1・一八二頁上。

(18) 諸行無常の一四句　『大日経義釈』巻五（続天全、密教1・一八〇頁下）に、「復次、如下以二多名一共成中一句上、所謂、諸行無常等。乃至、綜二此多句一共為二一偈一。然後義円、即是諸行無常、是生滅法、生滅滅已、寂滅為楽等。皆是真言所二成立一相。余皆倣レ此。」と見出される。

(19) 四大弟子　『大智度論』巻四〇（大正二五・三五四頁下）に、「問曰、五千比丘中上有二千余上座一。所謂、漚楼頻螺迦葉等。何以止説二此四人名一。答曰、是四比丘、是現世無量福田。舎利弗、是仏右面弟子。目揵連、是仏左面弟子。須菩提、修二無諍定一、行空第一。摩訶迦葉、行二十二頭陀一第一。」と記されている。

解説
ここでは、ほぼ『大日経』と『大日経義釈』の記述を教証として引くのみであり、円仁の具体的な説示はないと言ってよい。その引用も、『大日経』巻二（入漫荼羅具縁真言品第二之余）とそれを釈した『大日経義釈』巻五の教説に限られている。内容としては、教の本源、教の起由、教の浅深、教義の別に分かれるが、根幹は一大円教論と言えるであろう。特に第三の浅深で用いる『大日経義釈』の要文は、五種の三昧道の深秘釈を掲げることで、あらゆる諸尊の法門が毘盧遮那の秘密加持の教えであり、平等に一生成仏の法門となることを説くものである。既に引用した文を詳引したと言えよう。また、第四の教義では、随自意語について述べる『大日経義釈』の主張を採り上げている。すなわち、各々の一門が一切門を具えていることを述べ、詰まるところ諸世天等も毘盧遮那如来に他ならないという見解が示されているのである。

③―Ⅱ―ⅲ　所説の教〔問答分別〕

三問答分別者、義門非一。謂、顕教・密教別、即身成仏義、四智・五智別、法身説・不説等。具如別章也。

三に問答分別とは、義門一に非ず。謂く、顕教と密教との別、即身成仏の義、四智・五智の別、法身の説・不説等なり。具には別章の如し。

解説
所説の教の第三は問答分別ということであるが、教義の中枢とも言うべき顕・密の区別や、即身成仏、法身説法等については別章に譲るとしている。

あとがき

私が修士論文を書いたのは、三十年以上前のことであり、手書きであった。当時は正字（旧字）での出版物が今より多かったので、正字での執筆を敢行したことを覚えている。その際、何枚も書き直すので、指が字を記憶するというような感覚を持った。その後、何本かの論文を手書きで執筆した後、一字一字変換するようなワードプロセッサーの一般化により、ワープロに移行したものの、しばらくはコンピュータの利用には到らなかった。

現今は、そういった機器が筆記用具の代替品として急速に進歩し、誰しもが用いうる道具となっている。そのような器具の依用は、恐らく、コピー機の流通が学問や日常生活に画期とも言うべき変化を与えたのと同様、時代性を照射するものであり、日常の新たな展開をもたらした。加えて、文献のデータ化により、経論章疏の検索が容易に行えるようになったことは驚天動地の変革とも言えるように思う。しかしながら、古来の学匠が手作業で行ってきた研鑽が、極めて網羅的であり、正確であることの証明がなされるようになったという面もある。

本書所載の論考は、手書きの時代のものではないが、一字一字打ち込んで書いたものがあると同時に、極最近の引用文献のコピーによる論考もある。時代の変遷である。

初出を示せば次の通りである。『金剛頂経疏』巻一（大綱・玄義）の訳註は新たに作成した。

［初出一覧］

Ⅰ

最澄の思想概説

伝教大師最澄と天台密教　『仏教文化講座たより』第七二号、妙法院門跡、二〇〇七年二月

日本天台創成期の仏教―最澄と円仁を中心に―　『浅草寺　佛教文化講座』第五六集、二〇一二年八月。『浅草寺』二〇一三年六月号、七・八月号に再録

Ⅱ

最澄の思想――その源流と新機軸――

天台教学における龍女成仏　『日本仏教綜合研究』第四号、日本仏教綜合研究学会、二〇〇六年五月

最澄の教学における成仏と直道　渡邊寶陽先生古稀記念論文集『法華仏教文化史論叢』、平楽寺書店、二〇〇三年三月

最澄の成仏思想　『仏教学』第四八号、仏教思想学会、二〇〇六年一二月

最澄と徳一の行位対論―最澄説を中心に―　加藤精一博士古稀記念論文集『真言密教と日本文化』上、ノンブル社、二〇〇七年一二月

名別義通の基本的問題　『天台学報』第五二号、天台学会、二〇一〇年一一月

最澄の経体論―徳一との論諍を中心に―　多田孝正博士古稀記念論集『仏教と文化』、山喜房佛書林、二〇〇八年一一月

Ⅲ

天台密教の特色と展開

安然と最澄　多田孝文名誉教授古稀記念論文集『東洋の慈悲と智慧』、山喜房佛書林、二〇一三年三月

天台密教の顕密説　福原隆善先生古稀記念論集『佛法僧論集』第二巻、山喜房佛書林、二〇一三年二月

一念成仏について　『早稲田大学大学院文学研究科紀要』第五〇輯・第一分冊、二〇〇五年二月
発心即到と自心仏　『天台学報』第五三号、天台学会、二〇一一年一一月
東密における十界論　『仏教文化論集』第一一輯、川崎大師教学研究所、二〇一四年三月
『大日経疏指心鈔』と台密　頼瑜僧正七百年御遠忌記念論集『新義真言教学の研究』、大蔵出版、二〇〇二年一〇月
台密諸流の形成　福井文雅博士古稀記念論集『アジア文化の思想と儀礼』、春秋社、二〇〇五年六月

Ⅳ　訳註　円仁撰『金剛頂経疏』大綱・玄義　本書のための書き下ろし

私も昨年還暦を迎え、一昨年には入院も経験した。時の移ろいについては誰しもが経験し思うことであろうが、環境や身体の変化には何か言葉を超えた閑情を覚えることがある。

それにしても、本書に収めた論考はそれほど古いものではないのに、読み返してみて、細部については記憶の外にあることに気づかされる。確かに、大学院生の頃、諸先生から、年を取ると自分の書いた論文の内容を忘れてしまうことがある、というようなことを言われたことが現実になっている。論文数が増えればそういうこともありうるであろうが、最近の論考も例外ではないのである。論文を書籍として纏めておくことは、私にとっては、備忘のためにも有益であるかもしれないと考えたりする。

しかし、それ以上に、他の研究者の目に触れることで、学問の進展に寄与できるのではないかという思いがある。不十分な成果ではあるが、近年の研究を世に問うことにしたい。

校正に関しては、法藏館による懇切な教示を賜り、また早稲田大学大学院博士課程の日比宣仁君、廣田誠嗣君、

弓場苗生子さん、ロンドン大学（ＳＯＡＳ）より交換研究員で来ていた眞野新也君にお世話になった。本書が法藏館から出版され、再び岩田直子さんに担当して頂けたことを嬉しく思っている。各位に、厚く御礼申し上げる次第である。

大久保　良峻

平成二十七年　弥生彼岸

※　本書の刊行には、天台宗教学振興事業団平成二十七年度出版刊行助成金の交付を受けた。

索　引

ア行

カ行

サ行

タ行

ナ行

ハ行

大久保良峻（おおくぼ　りょうしゅん）

1954年神奈川県に生まれる。1978年早稲田大学第一文学部（心理学専修）卒業。1983年早稲田大学大学院文学研究科修士課程（東洋哲学専攻）修了。1989年同博士課程退学。2002年博士（文学）早稲田大学。現在、早稲田大学文学部教授。著書『天台教学と本覚思想』、『台密教学の研究』。編著『新・八宗綱要』、『天台学探尋』（以上、法藏館）、『山家の大師　最澄』（吉川弘文館）。

最澄の思想と天台密教

二〇一五年六月三〇日　初版第一刷発行

著　者　大久保良峻

発行者　西村明高

発行所　株式会社法藏館

京都市下京区正面通烏丸東入
郵便番号　六〇〇－八一五三
電話　〇七五－三四三－〇〇三〇（編集）
〇七五－三四三－五六五六（営業）

印刷・製本　亜細亜印刷株式会社

ISBN978-4-8318-7390-3 C3015